Confissões de um Assassino Econômico

John Perkins

Confissões de um Assassino Econômico

Tradução
HENRIQUE AMAT RÊGO MONTEIRO

EDITORA CULTRIX
São Paulo

Título original: *Confessions of an Economic Hit Man.*

Publicado originalmente por Berrett-Koehler Publishers, Inc., San Francisco, CA, USA.

Dados Internacionais de Catalogação na Publicação (CIP)
(Câmara Brasileira do Livro, SP, Brasil)

Perkins, John
Confissões de um assassino econômico / John Perkins ; tradução Henrique Amat Rêgo Monteiro. — São Paulo : Cultrix, 2005.

Título original: Confissions of an economic hit man.
ISBN 85-316-0880-5

1. Banco Mundial — Países em desenvolvimento 2. Corporações norte-americanas — corrupção 3. Corporações norte-americanas — Países estrangeiros 4. Economistas — Estados Unidos — Biografia 5. Imperialismos — História 6. Perkins, John, 1945 — I. Título.

05-1325 CDD-332.042092

Índices para catálogo sistemático:

1. Economistas financeiros internacionais : Biografia 332.042092

O primeiro número à esquerda indica a edição, ou reedição, desta obra. A primeira dezena à direita indica o ano em que esta edição, ou reedição, foi publicada.

Edição	Ano
1-2-3-4-5-6-7-8-9-10-11	05-06-07-08-09-10-11-12

Direitos de tradução para o Brasil
adquiridos com exclusividade pela
EDITORA PENSAMENTO-CULTRIX LTDA.
Rua Dr. Mário Vicente, 368 — 04270-000 — São Paulo, SP
Fone: 6166-9000 — Fax: 6166-9008
E-mail: pensamento@cultrix.com.br
http://www.pensamento-cultrix.com.br
que se reserva a propriedade literária desta tradução.

Impresso em nossas oficinas gráficas.

À minha mãe e ao meu pai, Ruth Moody e Jason Perkins, que me ensinaram sobre o amor e a vida e inspiraram em mim a coragem que me permitiu escrever este livro.

SUMÁRIO

TERCEIRA PARTE: 1975-1981

QUARTA PARTE: 1981 — PRESENTE

PREFÁCIO

"Assassinos econômicos" (AEs) são profissionais altamente remunerados cujo trabalho é lesar países ao redor do mundo em golpes que se contam aos trilhões de dólares. Manipulando recursos financeiros do Banco Mundial, da Agência Americana para o Desenvolvimento Internacional (USAID), além de outras organizações americanas de "ajuda" ao exterior, eles os canalizam para os cofres de enormes corporações e para os bolsos de algumas famílias abastadas que controlam os recursos naturais do planeta. Entre os seus instrumentos de trabalho incluem-se relatórios financeiros adulterados, pleitos eleitorais fraudulentos, extorsão, sexo e assassinato. Eles praticam o velho jogo do imperialismo, mas um tipo de jogo que assumiu novas e aterradoras dimensões durante este tempo de globalização.

Eu sei do que estou falando; eu fui um AE.

Escrevi este texto em 1982 como as palavras iniciais para um livro ao qual atribuí o título provisório de *Conscience of an Economic Hit Man.** O livro era dedicado aos presidentes de dois países, homens que haviam sido meus clientes, a quem eu respeitava e considerava como consciências semelhantes à minha — Jaime Roldós, presidente do Equador, e Omar Torrijos, presidente do Panamá. Ambos acabavam de morrer em desastres aéreos. A morte deles não foi acidental. Eles foram assassinados porque se opunham àquela fraternidade de chefes de corporações, de governos e de bancos cuja meta é o império mundial. Nós, os AEs, fracassamos no nosso trabalho de cooptar Roldós e Torrijos, e os outros tipos de matadores, os chacais a serviço da CIA que vinham imediatamente depois de nós, entraram em ação.

---

* *Consciência de um Assassino Econômico.* (N. do T.)

Fui persuadido a parar de escrever este livro. Retomei a redação dele ainda umas quatro vezes nos vinte anos seguintes. A cada ocasião, a minha decisão de recomeçar era influenciada pelos acontecimentos mundiais no momento: a invasão americana do Panamá em 1989, a primeira Guerra do Golfo, a Somália, o surgimento de Osama bin Laden. No entanto, as ameaças ou os subornos convenciam-me a parar.

Em 2003, o presidente de uma importante editora americana subsidiária de uma poderosa corporação internacional leu o rascunho do que agora se tornou *Confissões de um Assassino Econômico*. Ele o classificou como "uma história emocionante, que precisa ser contada". Então ele deu um sorriso triste, abanou a cabeça e me disse que, se os executivos da sede mundial da empresa fizessem alguma objeção, não poderia assumir os riscos de publicar a obra. Aconselhou-me a transformá-la em obra de ficção. "Poderíamos promover a sua imagem nos moldes de um romancista como John Le Carré ou Graham Greene."

Mas esta história não é ficção. É a história verdadeira da minha vida. Outro editor, mais corajoso, não subordinado a uma corporação internacional, concordou em me ajudar a contá-la.

Esta história *precisa* ser contada. Vivemos em uma época de crises terríveis — e de enormes oportunidades. A história deste assassino econômico em particular é a história de como chegamos ao ponto onde estamos e por que atualmente deparamos com crises que parecem insuperáveis. Esta história precisa ser contada porque só depois de compreender os nossos erros no passado seremos capazes de aproveitar as oportunidades que surgirem no futuro; porque o 11 de Setembro aconteceu e também a segunda guerra no Iraque; porque além das 3 mil pessoas que morreram no 11 de Setembro de 2001, pelas mãos de terroristas, outras 24 mil morreram de fome e causas semelhantes. Na verdade, 24 mil pessoas morrem a cada dia porque são incapazes de obter o alimento necessário para o seu sustento diário.[1] Mais importante ainda, esta história precisa ser contada porque hoje em dia, pela primeira vez na história, uma nação tem a capacidade, o dinheiro e o poder de mudar tudo isso. É a nação em que eu nasci e aquela à qual servi como um AE: os Estados Unidos da América.

O que, afinal, acabou me convencendo a ignorar as ameaças e os subornos?

A resposta breve é que a minha filha única, Jessica, terminou a faculdade e foi viver por conta própria. Quando, há algum tempo, eu disse a ela que estava pensando em publicar este livro e contei-lhe sobre os meus temores, ela comentou: "Não se preocupe, pai. Se eles pegarem você, eu continuo de onde você parou. Precisamos fazer isso em nome dos netos que espero lhe dar algum dia!" Esta é a resposta breve.

A versão mais extensa tem a ver com a minha dedicação ao país em que fui criado, tem a ver com o meu amor pelos ideais expressos pelos Fundadores e Patriarcas desta nação, tem a ver com o meu profundo compromisso com a república americana que hoje promete "vida, liberdade e a busca da felicidade" a todas as pessoas, em qualquer lugar, e também tem a ver com a minha determinação, depois do 11 de Setembro, de não permanecer mais omisso enquanto os AEs transformam essa república num império mundial. Esse é o conceito por trás da versão mais extensa da resposta; o conteúdo que o fundamenta é desenvolvido nos capítulos a seguir.

Esta é uma história verídica. Eu a vivi cada minuto. As visões, as pessoas, os diálogos e os sentimentos que traduzo aqui são todos parte da minha vida. Esta é a minha história pessoal, e ainda assim aconteceu dentro do contexto maior dos acontecimentos mundiais que moldaram a nossa história, trouxeram-nos até o ponto em que nos encontramos hoje e formam o alicerce do futuro dos nossos filhos. Fiz tudo o que estava ao meu alcance para representar essas experiências, essas pessoas e esses diálogos com a maior exatidão possível. Toda vez que discuto acontecimentos históricos ou recrio diálogos com outras pessoas, faço-o com a ajuda de diversas fontes: documentos publicados; registros e anotações pessoais; materiais diversos colecionados — meus e de outras pessoas que participaram dos acontecimentos; os cinco rascunhos que esbocei anteriormente; e relatos históricos de outros autores, em especial os publicados recentemente e que revelam informações que antes eram classificadas ou não estavam disponíveis por outras razões. As citações são listadas como Notas, no fim do livro, permitindo aos leitores interessados aprofundar-se nesses assuntos.

O meu editor perguntou-me se nos chamávamos mesmo de assassinos econômicos*. Eu lhe garanti que sim, muito embora normalmente apenas pelas iniciais. Na verdade, no dia em que comecei a trabalhar com a minha professora Claudine, em 1971, ela me informou: "A minha missão é transformar você num assassino econômico. Ninguém pode saber so-

* Em inglês, *economic hit man (EHM)*. (N. do T.)

bre o seu envolvimento, nem mesmo a sua mulher". Então ela acrescentou num tom mais grave ainda: "Depois que entrar, será para o resto da sua vida". Depois disso, ela raramente usou o nome por extenso; éramos simplesmente AEs.

O papel de Claudine é um exemplo muito interessante da manipulação que está por trás do negócio em que entrei. Bonita e inteligente, ela era altamente eficaz; percebia os meus pontos fracos e os usava da melhor maneira possível em benefício próprio. O trabalho dela e a maneira como o executava exemplifica o grau de sutileza das pessoas por trás daquele sistema.

Claudine movia os pauzinhos quando explicava o que eu seria convocado a fazer. O meu trabalho, dizia ela, era "encorajar os líderes mundiais a tornar-se parte de uma vasta rede de relações de trabalho que promove os interesses comerciais americanos. No final, esses líderes estarão completamente enredados numa teia de débitos que garante a sua lealdade. Podemos manobrá-los como quisermos — para satisfazer as nossas necessidades políticas, econômicas ou militares. Eles, por sua vez, sustentam as suas posições políticas oferecendo ao povo parques industriais, usinas energéticas e aeroportos. Os proprietários de empresas de engenharia e construção americanas tornam-se fabulosamente ricos".

Hoje vemos os resultados desse sistema revoltar-se contra a sociedade. Os executivos das nossas mais respeitadas empresas contratam pessoas com base em remunerações que beiram o trabalho escravo para jornadas escorchantes em condições de trabalho desumano em fábricas com as piores condições de trabalho nos países asiáticos. As companhias petrolíferas não fazem outra coisa a não ser bombear toxinas nos rios das florestas tropicais, matando conscientemente pessoas, animais e plantas e cometendo genocídio entre as culturas seculares. A indústria farmacêutica nega medicamentos para salvar as vidas de milhões de africanos infectados com o vírus do HIV. Doze milhões de famílias dentro dos próprios Estados Unidos preocupam-se sobre como obter a próxima refeição.[2] O setor energético cria uma Enron. O setor administrativo cria uma Andersen. A relação entre a renda de um quinto da população mundial nos países mais ricos e um quinto dos mais pobres passou de 30 para 1 em 1960 para 74 para 1 em 1995.[3] Os Estados Unidos gastam mais de 87 bilhões de dólares na condução da guerra no Iraque enquanto as Nações Unidas calculam que com menos da metade dessa quantia seria possível água potável, alimentação adequada, saneamento básico e educação elementar para todas as pessoas do planeta.[4]

E nós, os americanos, ainda nos perguntamos por que os terroristas nos atacam.

Alguns poriam a culpa pelos problemas atuais numa conspiração organizada. Eu gostaria que fosse assim tão simples. Os integrantes de uma conspiração poderiam ser localizados e levados a julgamento. Esse sistema, no entanto, é alimentado por algo muito mais perigoso que uma conspiração. É movido não por um pequeno grupo de homens mas por um conceito que se tornou aceito como uma doutrina sagrada: a idéia de que todo o crescimento econômico beneficia a humanidade e que quanto maior o crescimento, mais amplos são os benefícios. Essa crença tem também um corolário: de que as pessoas que são mais bem-sucedidas em estocar os combustíveis do crescimento econômico devem ser exaltadas e recompensadas, ao passo que as que nascem nas margens estão disponíveis à exploração.

Está claro que esse conceito é errado. Sabemos que em muitos países o crescimento econômico beneficia apenas uma pequena parcela da população e pode na verdade resultar em circunstâncias cada vez mais desesperadas para a maioria. Esse efeito é reforçado pela crença do corolário de que os líderes dos setores que impulsionam esses sistemas devam desfrutar de uma posição privilegiada, uma crença que está na base de muitos dos nossos problemas atuais e é talvez também a razão pela qual abundam teorias conspiratórias. Quando homens e mulheres são recompensados pela cobiça, a cobiça torna-se um elemento motivador de corrupção. Quando equiparamos o consumo ávido dos recursos da terra com uma valorização que se aproxima à da santidade, quando ensinamos aos nossos filhos a admirar pessoas que levam uma vida de abundância e quando definimos grandes setores da população como subservientes a uma elite minoritária, estamos procurando problemas. E conseguimos.

No seu esforço para expandir o império mundial, as corporações, os bancos e os governos (coletivamente a *corporatocracia)* usam as suas forças financeiras e políticas para assegurar que as nossas escolas, empresas e meios de comunicação apóiem tanto o seu conceito falacioso quanto o seu corolário. Eles nos levaram a um ponto em que a nossa cultura mundial é uma máquina monstruosa que requer quantias exponencialmente cada vez maiores de combustível e manutenção, de modo que no fim ela terá consumido tudo o que se vê e ficará sem nenhuma escolha a não ser devorar a si mesma.

A corporatocracia não é uma conspiração, mas os seus integrantes adotam valores e metas comuns. Uma das funções mais importantes da corporatocracia é expandir e fortalecer continuamente o sistema e para todo o sempre. A vida daqueles que "fazem acontecer" e os seus "bens materiais" — as suas mansões, iates e jatos particulares — são apresentados como modelos para nos inspirar a todos a consumir, consumir, consumir. Todas as oportunidades são aproveitadas para nos convencer de que comprar coisas é o nosso dever cívico, que a pilhagem da terra é boa para a economia e, portanto, atende aos nossos mais elevados interesses. As pessoas como eu recebem salários escandalosamente elevados para promover a licitação do sistema. Se falhamos em nosso trabalho, uma forma de matador ainda mais maligna, o chacal, entra em cena. E se o chacal falha, então a tarefa recai sobre os militares.

Este livro é a confissão de um homem que, desde o momento em que se tornou um AE, participou de um grupo relativamente pequeno de pessoas. Hoje as pessoas que desempenham tarefas semelhantes são mais numerosas. Elas têm títulos mais eufemísticos e transitam pelos corredores de empresas como a Monsanto, a General Electric, a Nike, a General Motors, a Wal-Mart, e praticamente a grande maioria das outras principais corporações mundiais. Num sentido muito real, *Confissões de um Assassino Econômico* é a história tanto minha quanto daquelas pessoas.

É também a sua história, a história do seu mundo e do meu, do primeiro império verdadeiramente mundial. A história nos ensina que a menos que modifiquemos essa história, é certo que o fim será trágico. Os impérios nunca duram para sempre. Todos eles acabam em desastre. Eles destroem muitas culturas à medida que correm para uma dominação cada vez maior, e então acabam por cair. Nenhum país nem uma reunião de países pode subsistir a longo prazo pela exploração dos outros.

Este livro foi escrito para que possamos retomar as rédeas da nossa história e consigamos refazê-la. Estou certo de que, quando um número suficiente de nós tomar consciência de como estamos sendo explorados pela máquina da economia que cria um apetite insaciável pelos recursos mundiais, resultando em sistemas que fomentam a escravidão, não iremos mais tolerá-la. Vamos reassumir o nosso papel num mundo em que uns poucos nadam na riqueza e a maioria chafurda na miséria, poluição e violência. Vamos nos comprometer a tomar o curso em direção à compaixão, à democracia e justiça social para todos.

Admitir o problema é o primeiro passo no sentido de encontrar a solução. Confessar um pecado é o começo da redenção. Que este livro seja, então, o começo da nossa salvação. Que este livro nos inspire a encontrar novos níveis de dedicação e nos leve a realizar o nosso sonho de sociedades mais equilibradas e dignas de respeito.

Sem as muitas pessoas cuja vida compartilhei e que serão relatadas nas páginas a seguir, este livro não teria sido escrito. Com elas tenho uma dívida de gratidão pelas experiências e lições.

Além dessas pessoas, agradeço àquelas que me encorajaram a sair do limbo e contar a minha história: Stephan Rechtschaffen, Bill e Lynne Twist, Ann Kemp, Art Roffey, entre tantas outras que participaram das viagens e dos seminários de Mudança do Sonho, especialmente os meus co-facilitadores, Eve Bruce, Lyn Roberts-Herrick e Mary Tendall, além da minha incrível esposa e parceira ao longo de 25 anos, Winifred, e a nossa filha Jessica.

Sou grato a muitos homens e mulheres que contribuíram com idéias e informações sobre os bancos multinacionais, corporações internacionais e opiniões políticas sobre vários países, com um agradecimento especial a Michael Ben-Eli, Sabrina Bologni, Juan Gabriel Carrasco, Jamie Grant, Paul Shaw e muitos outros, que preferem permanecer anônimos mas que sabem quem são vocês.

Depois de concluído o texto original, o fundador da editora Berrett-Koehler, Steven Piersanti, não só teve a coragem de me receber como também dedicou horas incontáveis do seu trabalho brilhante de editor, ajudando-me a preparar e acabar cada vez melhor o livro. Os meus mais profundos agradecimentos a Steven, a Richard Perl, que me apresentaram a ele, e também a Nova Brown, Randi Fiat, Allen Jones, Chris Lee, Jennifer Liss, Laurie Pellouchoud e Jenny Williams, que leram e criticaram o original; a David Korten, que não só leu e criticou o texto, como também me obrigou a fazer acrobacias para atender aos seus elevados e excelentes padrões; a Paul Fedorko, meu agente; a Valerie Brewster, por se encarregar da produção e paginação do livro; e a Todd Manza, meu editor de texto, um artista da palavra e um filósofo extraordinário.

Uma palavra de gratidão especial a Jeevan Sivasubramanian, o gerente editorial da Berrett-Koehler, e a Ken Lupoff, Rick Wilson, María Jesús Aguiló, Pat Anderson, Marina Cook, Michael Crowley, Robin Donovan, Kristen Frantz, Tiffany Lee, Catherine Lengronne, Dianne Platner — toda a equipe da BK, que reconhece a necessidade de ampliar as consciências e que trabalha incansavelmente para fazer deste mundo um lugar melhor.

Devo agradecer a todos os homens e mulheres que trabalharam comigo na MAIN e que não sabiam dos papéis que desempenhavam em ajudar os AEs a moldar o império mundial; agradeço especialmente àqueles que trabalharam para mim e com quem eu viajei a terras distantes e compartilhei tantos momentos preciosos. Também a Ehud Sperling e a sua equipe da Inner Traditions International, editor dos meus primeiros livros sobre culturas indígenas e xamanismo, e aos bons amigos que me colocaram no caminho de me tornar um escritor.

Sou eternamente grato aos homens e mulheres que me acolheram nas suas casas nas selvas, desertos e montanhas, nas cabanas de papelão às margens dos canais de Jacarta, e nas favelas de incontáveis cidades ao redor do mundo, que compartilharam comigo o seu alimento e a sua vida, e que foram a minha maior fonte de inspiração.

John Perkins
Agosto de 2004

PRÓLOGO

Quito, a capital do Equador, espalha-se sobre um vale vulcânico no alto da cordilheira dos Andes, a 2.700 metros de altitude. Os habitantes dessa cidade, que foi fundada muito antes da chegada de Colombo às Américas, estão acostumados a ver a neve nos picos ao redor, apesar de viverem a poucos quilômetros ao sul do Equador.

A cidade de Shell, um posto avançado na fronteira e base militar encravada na selva amazônica para servir à companhia petrolífera cujo nome ostenta, é habitada principalmente por soldados, trabalhadores dos poços de petróleo e indígenas naturais das tribos Shuar e Quíchua que trabalham para eles como prostitutas e operários.

Para viajar de uma cidade a outra, você deve seguir por uma estrada sinuosa e emocionante. Os habitantes locais dizem que se experimentam ali as quatro estações em apenas um dia.

Embora eu já tenha viajado por essa estrada muitas vezes, nunca me canso desse cenário espetacular. De um lado, elevam-se paredões de rocha, pontuados por cascatas e bromélias resplandecentes. No outro lado, a terra despenca abruptamente em profundos abismos onde o rio Pastaza, uma das nascentes do Amazonas, segue serpenteando até os Andes. O Pastaza leva as águas das geleiras do Cotopaxi, um dos maiores vulcões ativos e uma divindade no tempo dos incas, para o oceano Atlântico por uma distância de mais de 5 quilômetros.

Em 2003, parti de Quito numa caminhonete em direção a Shell em uma missão como nenhuma outra que já havia assumido. Esperava acabar com uma guerra que eu mesmo tinha começado. Como é o caso em muitas coisas pelas quais nós, os AEs, devemos nos responsabilizar, aquela era uma guerra virtualmente desconhecida em qualquer lugar fora do país onde ela era travada. Eu estava a caminho para encontrar os shuars, os quíchuas e seus vizinhos, os achuars, zaparos e os shiwiars — tribos determinadas a impedir que nossas companhias petrolíferas destruíssem suas casas, famílias e terras, mesmo que isso significasse que devessem morrer. Para eles, aquela era uma guerra pela sobrevivência de seus filhos e culturas, enquanto para nós significava poder, dinheiro e recursos naturais. Era apenas uma parte da batalha pela dominação do mundo e do sonho de uns poucos homens gananciosos pelo império mundial.[1]

Isto é o que nós AEs fazemos melhor: construímos um império mundial. Somos um grupo de elite de homens e mulheres que utilizam organizações financeiras internacionais para tornar outras nações subservientes à corporatocracia e fazer funcionar as nossas maiores corporações, o nosso governo e os nossos bancos. Como os nossos equivalentes na Máfia, os AEs fazem favores. Estes são em forma de empréstimos para desenvolver a infra-estrutura — usinas de geração de eletricidade, estradas, portos, aeroportos ou parques industriais. Uma condição desses empréstimos é que as companhias de engenharia e de construção do nosso próprio país construam todos esses projetos. Na essência, grande parte desse dinheiro nunca deixa os Estados Unidos; é simplesmente transferido das agências bancárias de Washington para escritórios de engenharia de Nova York, Houston e San Francisco.

Apesar do fato de que esse dinheiro é devolvido quase imediatamente para as corporações que integram a corporatocracia (os credores), o país recebedor é requisitado a pagar todo o dinheiro de volta, o principal mais os juros. Se um AE for completamente bem-sucedido, os juros são tão altos que o devedor é forçado a deixar de honrar os seus pagamentos depois de alguns anos. Quando isso acontece, então, como a Máfia, cobramos nosso pagamento com violência. Isso inclui uma ou mais formas como: controle sobre os votos na Organização das Nações Unidas, a instalação de bases militares ou o acesso a preciosos recursos como petróleo ou o Canal do Panamá. É claro que o devedor ainda continua nos devendo dinheiro — e assim outro país é agregado ao nosso império mundial.

Dirigindo de Quito para Shell em um ensolarado dia de 2003, eu me lembrei de 35 anos antes quando cheguei pela primeira vez a essa parte do mundo. Eu tinha lido que, embora o Equador seja apenas do tamanho do Estado de Nevada, ele tem mais de trinta vulcões ativos, mais de 15 por cento das espécies de pássaros do mundo e milhares de plantas ainda não classificadas, e que é uma terra de diversas culturas onde muitas pessoas falam idiomas indígenas antigos além do espanhol. Eu achei o país fascinante e sem dúvida exótico; ainda assim, as palavras que voltavam à minha mente no momento eram *puro, intocável* e *inocente*.

Muita coisa mudou nesses 35 anos.

Em 1968, por ocasião da minha primeira viagem, a Texaco acabara de descobrir petróleo na região amazônica do Equador. Hoje, o petróleo é responsável por cerca da metade das exportações do país. O oleoduto transandino construído pouco tempo depois da minha primeira viagem vazou mais de meio milhão de barris de petróleo através da floresta — duas vezes mais do que o montante despejado no mar pelo navio *Valdez* da Exxon.[2] Hoje, um novo oleoduto de 480 quilômetros, e de 1,3 bilhões de dólares, construído por um consórcio organizado pelos AEs promete transformar o Equador num dos dez maiores fornecedores de petróleo para os Estados Unidos em todo o mundo.[3] Grandes áreas de floresta tropical foram derrubadas, araras e jaguares desapareceram, três culturas indígenas foram levadas à beira do colapso e rios primitivos transformaram-se em flamejantes fossas sanitárias.

Durante esse mesmo período, as culturas indígenas começaram a reagir. Por exemplo, em 7 de maio de 2003, um grupo de advogados americanos representando mais de 30 mil índios equatorianos entraram com uma ação judicial de 1 bilhão de dólares contra a ChevronTexaco Corp. A ação declara que entre 1971 e 1992 a gigante petrolífera derramou em fossas abertas e rios cerca de 15 milhões de litros por dia de resíduos tóxicos contaminados com petróleo, metais pesados e elementos cancerígenos, e que a companhia deixou para trás cerca de 350 fossos de lixo descobertos que continuam a matar tanto pessoas quanto animais.[4]

Pela janela da minha caminhonete, eu via as grandes massas de névoa subirem da floresta e seguirem pelos cânions do Pastaza. O suor ensopava a minha camisa e o meu estômago começava a gemer, não só em razão do intenso calor tropical como também graças às curvas sinuosas da estrada. A consciência do papel que eu desempenhara na destruição desse belo país voltava a cobrar o seu preço. Por causa dos meus parceiros AEs e de mim mesmo, o Equador encontrava-se no momento em pior forma do que antes de lhe apresentarmos os milagres da nova economia, das operações bancárias e da engenharia moderna. Desde 1970, durante o período conhecido eufemisticamente como o *Boom* do Petróleo, o nível oficial de pobreza subiu de 50 a 70 por cento, o subemprego ou o desemprego aumentaram de 15 a 70 por cento e a dívida pública do país cresceu de 240 milhões para 16 bilhões de dólares. Enquanto isso, a parcela de recursos alocados para os segmentos mais pobres da população caiu de 20 para 60 por cento.[5]

Infelizmente, o Equador não é uma exceção. Quase todos os países que nós AEs colocamos sob o guarda-chuva do império mundial sofrem o mesmo destino.[6] A dívida do Terceiro Mundo subiu para mais de 2,5 trilhões de dólares e o custo de manutenção desse montante — mais de 375 bilhões de dólares por ano, como em 2004 — é mais do que todo o Terceiro Mundo gasta em saúde e educação, e vinte vezes o que os países em desenvolvimento recebem anualmente em ajuda financeira. Mais da metade das pessoas no mundo sobrevive com menos de 2 dólares por dia, o que é quase o mesmo que recebiam no início da década de 1970. Enquanto isso, 1 por cento das famílias mais ricas do Terceiro Mundo responde por 70 a 90 por cento de toda a riqueza financeira privada e pelas propriedades imobiliárias do seu país; o percentual exato depende do país considerado.[7]

A caminhonete rodou vagarosamente pelas ruas da bela cidade e estação de Baños, famosa pelos banhos quentes criados pelos rios vulcânicos subterrâneos que fluem do altamente ativo monte Tungurahgua. As crianças corriam ao nosso lado, acenando e tentando nos vender chicletes e biscoitos. Em seguida deixamos Baños para trás. O cenário espetacular terminou abruptamente assim que a caminhonete saiu do paraíso e entrou numa moderna visão do *Inferno* de Dante.

Um monstro gigantesco erguia-se do rio, um enorme paredão cinzento. Seu concreto gotejante estava totalmente fora de lugar, completamente antinatural e incompatível com a paisagem. É claro, vê-lo ali não deveria me surpreender. Eu sabia desde o início o que me esperava. Já o encontrara muitas vezes antes e no passado o elogiava como um símbolo das realizações de um AE. Mesmo assim, aquela visão fez a minha pele arrepiar.

Aquele paredão horroroso e incongruente era de uma represa que bloqueia o curso do rio Pastaza, desvia as suas águas por túneis enormes perfurados na montanha e converte a sua força em eletricidade. Esse é o projeto da hidrelétrica de 156 megawatts de Agoyan. A usina alimenta as indústrias que tornam um punhado de famílias equatorianas mais ricas e tem sido a fonte de incontável sofrimento para os pequenos agricultores e indígenas que vivem ao longo do rio. A usina hidrelétrica é apenas um dos muitos projetos desenvolvidos graças aos meus esforços e daqueles outros AEs. Tais projetos são o motivo pelo qual o Equador é agora um dos integrantes do império mundial e o motivo pelo qual os shuars, quíchuas e os seus vizinhos ameaçam começar uma guerra contra as nossas companhias petrolíferas.

Por causa dos projetos dos AEs, o Equador está à mercê da dívida externa e deve dedicar uma parte excessiva do orçamento nacional para pagá-la, em vez de usar o seu capital para ajudar os milhões de cidadãos oficialmente classificados como perigosamente empobrecidos. A única maneira de o Equador pagar as suas obrigações com o exterior é vender as suas florestas tropicais para as companhias petrolíferas. Na verdade, um dos motivos pelos quais os AEs fixaram-se em primeiro lugar no Equador foi porque se acreditou que o mar de petróleo submerso na região Amazônica rivalizava com os campos de petróleo do Oriente Médio.[8] O império mundial exige o seu pagamento na forma de concessões de petróleo.

Essas exigências tornaram-se especialmente insistentes depois do 11 de Setembro de 2001, quando Washington temeu que cessassem os fornecimentos do Oriente Médio. Acima de tudo isso, a Venezuela, o nosso terceiro maior fornecedor de petróleo, acabara de eleger um presidente populista, Hugo Chávez, que assumiu uma firme posição contra o que ele chamou de imperialismo americano — ameaçando interromper o fornecimento de petróleo para os Estados Unidos. Os AEs tinham falhado no Iraque e na Venezuela, mas foram bem-sucedidos no Equador; agora nós os exploraríamos para valer.

O Equador é um caso típico dos países ao redor do mundo que os AEs incluíram no pacote político-econômico. Para cada 100 dólares de petróleo bruto extraído das florestas tropicais equatorianas, as companhias petrolíferas recebem 75 dólares. Dos 25 dólares restantes, três quartos devem ir para pagar a dívida externa. A maior parte do restante cobre os gastos com o Exército e outras despesas governamentais — o que deixa cerca de 25 dólares para a saúde, a educação e programas de combate à pobreza.[9] Assim, de cada 100 dólares do valor do petróleo extraído da Amazônia, menos que 3 dólares vão para as pessoas que mais precisam de dinheiro, cujas vidas foram negativamente afetadas pelas represas, pela perfuração dos poços, pelos oleodutos, e que estão morrendo por falta de alimento e de água potável.

Todas essas pessoas — milhões no Equador, bilhões ao redor do mundo — são terroristas potenciais. Não porque elas acreditem em comunismo ou anarquismo, ou porque sejam intrinsecamente más, mas simplesmente porque estão desesperadas. Olhando para essa represa, eu imaginei — como tenho feito com muita freqüência em muitos lugares ao redor do mundo — quando essas pessoas vão agir, como os americanos fizeram contra a Inglaterra na década de 1770 e os latino-americanos contra a Espanha na década de 1800.

A sutileza da construção desse império moderno faria os centuriões romanos, os conquistadores espanhóis e as forças colonizadoras européias dos séculos XVII e XIX se envergonharem. Nós os AEs somos astutos; aprendemos com a história. Hoje nós não usamos espadas. Não envergamos armaduras ou roupas especiais para nos proteger. Em países como o Equador, a Nigéria e a Indonésia, nós nos vestimos como professores e donos de lojas. Em Washington e Paris, parecemos burocratas do governo e banqueiros. Parecemos humildes, normais. Visitamos os locais do projeto e passeamos pelas aldeias empobrecidas. Professamos o altruísmo, falamos oficialmente sobre as maravilhosas coisas humanitárias que estamos fazendo. Cobrimos as mesas de conferências das comissões dos governos com as nossas planilhas eletrônicas e projeções financeiras, e proferimos palestras na Harvard Business School sobre os milagres da macroeconomia. Somos conhecidos, acessíveis. Ou nos apresentamos como tais e somos aceitos. É assim que o sistema funciona. Vendemos recursos para qualquer coisa ilegal porque o próprio sistema é construído sobre subterfúgios, e o sistema por definição é legítimo.

Entretanto — e esse é um grande empecilho — se falhamos, uns tipos ainda mais sinistros entram em ação, os quais nós AEs chamamos de chacais, homens cuja linhagem remonta diretamente aos impérios primitivos. Os chacais estão sempre presentes, espreitando nas sombras. Quando eles aparecem, os chefes de Estado são derrubados ou mortos em violentos "acidentes".[10] Se por acaso os chacais falham, como falharam no Afeganistão e no Iraque, então os antigos modelos ressurgem. Quando os chacais falham, jovens americanos são enviados para matar e morrer.

Enquanto passava pelo monstro, aquele gigantesco paredão de concreto cinzento que se erguia do rio, eu estava muito consciente do suor que encharcava as minhas roupas e da contração dos meus intestinos. Tomei o sentido da selva para me encontrar com o povo nativo que estava determinado a lutar até o último homem para deter esse império que eu ajudara a criar, e me sentia sufocar pela sensação de culpa.

Como, eu me perguntei, um bom rapaz do interior de New Hampshire acabara por se envolver num negócio sujo daqueles?

PRIMEIRA PARTE: 1963–1971

CAPÍTULO 1

Nasce um Assassino Econômico

Comecei de forma bem inocente.

Eu era filho único, nascido numa família de classe média em 1945. Os meus pais descendiam de uma linhagem de três séculos de ianques da Nova Inglaterra; as atitudes deles, rígidas, moralistas, firmemente republicanas, refletiam gerações de antepassados puritanos. Eles foram os primeiros da família a fazer faculdade — com bolsas de estudos. A minha mãe tornou-se professora de latim do curso secundário. O meu pai serviu na Segunda Guerra Mundial como tenente da Marinha e era o encarregado da tripulação da guarda de um navio-tanque altamente inflamável no Atlântico. Quando eu nasci, em Hanover, New Hampshire, ele se recuperava de uma fratura no quadril em um hospital do Texas. Só vim a conhecê-lo depois de completar o primeiro ano de vida.

Ele arrumou um emprego como professor de idiomas na Tilton School, um internato para meninos na zona rural de New Hampshire. O campus ficava no alto de uma montanha, sobrepujando imponentemente — alguns diriam arrogantemente — a cidade de mesmo nome. Essa instituição exclusiva limitava as suas matrículas a aproximadamente 50 alunos em cada nível de graduação, de 9 a 12. Os alunos eram principalmente os herdeiros de famílias ricas de Buenos Aires, Caracas, Boston e Nova York.

A minha família não tinha um tostão; mas nós, com certeza, não nos víamos como pobres. Embora os professores da escola recebessem um salário muito baixo, todas as nossas necessidades eram supridas sem custos: comida, alojamento, aquecimento, água e até os jardineiros que aparavam o nosso gramado e removiam a neve das imediações da casa. A partir do meu quarto aniversário, eu comecei a fazer as refeições no salão da escola preparatória, encher as bolas para os times de futebol que meu pai treinava e trocar as toalhas do vestiário.

Desnecessário dizer que os professores e as suas esposas sentiam-se superiores aos moradores locais. Eu ouvia sempre os meus pais gracejando quanto a serem os senhores do feudo, governando os humildes camponeses — os *caipiras*. Eu sabia que isso era mais do que uma piada.

Os meus amigos do curso fundamental e médio pertenciam àquela classe de camponeses; eles eram muito pobres. Os pais deles eram os desprezíveis fazendeiros, madeireiros e trabalhadores do moinho. Eles se ressentiam contra "os *prepotentes* da colina", e o meu pai e a minha mãe por sua vez me desencorajavam de me relacionar com as meninas caipiras, que eles chamavam de "vadias" e "fáceis". Eu trocava livros escolares e lápis com essas meninas desde o primeiro ano e com o passar dos anos me apaixonei por três delas: Ann, Priscilla e Judy. Era difícil compreender o ponto de vista dos meus pais; no entanto, eu acabava cedendo aos desejos deles.

Todos os anos, passávamos os três meses das férias de verão do meu pai no lago, em uma cabana construída pelo meu avô em 1921. Ela era cercada por florestas e à noite ficávamos ouvindo o pio das corujas e o rugido dos leões da montanha. Não tínhamos nenhum vizinho; eu era a única criança das redondezas. Nos primeiros anos, eu passava os dias fingindo que as árvores eram os Cavaleiros da Távola Redonda e as donzelas ameaçadas chamavam-se Ann, Priscilla ou Judy (dependendo do ano). A minha paixão era tão forte, eu não tinha a menor dúvida, quanto a de Lancelot por Guinevere — e até mesmo mais secreta.

Aos 14 anos, recebi uma bolsa de estudos para freqüentar a Tilton School gratuitamente. Por insistência dos meus pais, rejeitei tudo o que tivesse a ver com a cidade e nunca mais tornei a ver os meus velhos amigos. Quando os meus novos colegas de classe voltavam para as suas mansões e coberturas luxuosas nas férias, eu ficava sozinho na montanha. As namoradas deles eram as debutantes; eu não tinha namorada. Todas as garotas que eu conhecia eram "fáceis"; eu as rejeitava e elas me esqueciam. Eu ficava só — e terrivelmente frustrado.

Os meus pais eram mestres na manipulação; eles me asseguravam que eu era privilegiado por ter uma oportunidade daquelas e que algum dia seria grato por isso. Eu encontraria a esposa perfeita, alguém que se encaixaria nos nossos altos padrões morais. Por dentro, entretanto, eu fervia. Ansiava pela companhia feminina — sexo; a idéia de uma mulher fácil era muito atraente.

Em vez de me rebelar, porém, reprimi a minha raiva e expressei a minha frustração tornando-me um vencedor. Eu era um aluno exemplar, o capitão de duas equipes esportivas e o editor do jornal da escola. Estava determinado a me mostrar aos meus colegas ricos e deixar Tilton para trás para sempre. Durante o meu último ano, fui premiado com uma bolsa de estudos integral para atletas na Brown e uma bolsa de estudos acadêmica em Middlebury. Escolhi a Brown, principalmente porque preferia me tornar um atleta — e porque a universidade ficava em uma cidade. A minha mãe tinha se formado em Middlebury e o meu pai fizera o mestrado dele lá; assim, embora a Brown pertencesse à Ivy League, a liga das melhores universidades americanas, os meus pais preferiam a Middlebury.

"E se você quebrar uma perna?", o meu pai questionou. "Melhor aceitar a bolsa de estudos acadêmica." Eu cedi.

Middlebury era, a meu ver, apenas uma versão inchada de Tilton — ficava na zona rural de Vermont em vez da zona rural de New Hampshire. Na verdade, era uma escola mista, mas eu era pobre e a maioria dos estudantes era rica, e havia quatro anos eu não freqüentava uma escola com garotas. Eu me sentia inseguro, desclassificado, era infeliz. Implorei ao meu pai para me deixar sair da escola ou ficar um ano longe. Queria mudar para Boston e aprender sobre a vida e as mulheres. Ele não queria nem ouvir falar disso. "Como posso preparar os filhos de outros pais para a faculdade se o meu próprio filho não quer ir para a faculdade?", argumentou ele. "Vai parecer que estou sendo falso."

Compreendi que esta vida é composta de uma série de coincidências. Como nós reagimos a elas — como exercemos aquilo que alguns chamam de livre-arbítrio — é tudo; as escolhas que fazemos dentro dos limites das reviravoltas do destino determinam o que somos. As duas maiores coincidências que moldaram a minha vida aconteceram em Middlebury. Uma manifestou-se na forma de um iraniano, filho de um general que era um conselheiro pessoal do xá; a outra foi uma jovem bonita chamada Ann, também uma das minhas amadas da infância.

O primeiro, a quem eu chamarei de Farhad, jogara futebol profissional em Roma. Tinha um porte físico atlético, cabelos pretos cacheados, olhos castanhos meigos e uma formação e um carisma que o tornavam irresistível às mulheres. Ele era o meu rival de muitas maneiras. Precisei me esforçar muito para conquistar a amizade dele, e ele me ensinou muitas coisas que me serviriam muito bem nos anos futuros. Também conheci a Ann. Embora estivesse comprometida seriamente com um rapaz que freqüentava outra faculdade, ela me colocou sob a sua proteção. A nossa relação platônica foi o primeiro amor verdadeiro que experimentei.

Farhad me encorajou a beber, a ir a festas e ignorar os meus pais. Optei conscientemente por parar de estudar. Decidi que interromperia a minha carreira acadêmica para ir contra o meu pai. As minhas notas despencaram; perdi a bolsa de estudos. Na metade do segundo ano, resolvi dar o fora. O meu pai ameaçou me renegar; Farhad me estimulava. Causei um tumulto no gabinete do reitor e deixei a escola. Foi um momento decisivo na minha vida.

Farhad e eu comemoramos juntos a minha última noite em um bar local na cidade. Um fazendeiro bêbado, um verdadeiro gigante, me acusou de flertar com a esposa dele, me pegou pelos pés e me atirou contra a parede. Farhad colocou-se entre nós, sacou uma faca e de surpresa abriu um talho na bochecha do fazendeiro. Em seguida me arrastou pelo salão e me pôs para fora por uma janela, sobre uma ribanceira que ia dar no rio Otter Creek. Fugimos correndo pela beira do rio até o nosso dormitório.

Na manhã seguinte, a polícia nos interrogou no campus e eu menti, recusando-me a admitir qualquer conhecimento do incidente. Não obstante, Farhad foi expulso. Nós nos mudamos para Boston e dividimos um apartamento lá. Eu arrumei um emprego nos jornais *RecordAmerican/SundayAdvertiser* da Hearst, como assistente pessoal do editor-chefe do *SundayAdvertiser*.

Mais tarde naquele ano, 1965, vários dos meus amigos do jornal foram demitidos. Para evitar um destino semelhante, entrei na faculdade de administração de empresas da Boston University. Àquela altura, Ann tinha se separado do seu antigo namorado e viajava freqüentemente de Middlebury para me visitar. A atenção dela era sempre bem-vinda. Ela se formou em 1967, quando ainda me faltava mais um ano para completar a faculdade de administração. Ela se recusou terminantemente a morar comigo enquanto não estivéssemos casados. Embora eu ironizasse, dizendo que estava sendo chantageado, e na realidade me ressentisse com o que considerava uma continuação do velho jogo arcaico e pudico de padrões morais dos meus pais, também desfrutava dos nossos momentos juntos e queria mais. Nós nos casamos.

O pai da Ann, um engenheiro talentoso, desenvolvera um sistema de navegação para um tipo importante de míssil e fora recompensado com um posto de alto nível no Departamento da Marinha. O melhor amigo dele, um homem a quem Ann chamava de "Tio Frank" (não era o nome verdadeiro dele), fora contratado como um executivo nos mais altos escalões da Agência de Segurança Nacional (ASN), a menos conhecida — e, na opinião da maioria, a maior — organização de espionagem do país.

Logo após o nosso casamento, o Serviço Militar me convocou para o exame físico. Passei no exame e então vi-me diante da perspectiva de ir para o Vietnã antes de me formar. A idéia de lutar no Sudeste Asiático me dilacerava emocionalmente, embora a guerra sempre me tivesse fascinado. Fui criado em meio a histórias sobre os meus antepassados coloniais — entre os quais se incluem Thomas Paine e Ethan Allen — e tinha visitado todos os locais das batalhas contra os franceses e os índios da Nova Inglaterra e no interior do estado de Nova York. Eu lia todo romance histórico que encontrava pela frente. Na verdade, desde que as unidades das Forças Especiais do Exército invadiram o Sudeste Asiático, eu estava ansioso para me alistar. Mas enquanto a mídia mostrava as atrocidades e as incoerências da política americana, eu me sentia emocionalmente inseguro. Ficava imaginando de que lado Paine ficaria. Tinha certeza de que ele se inclinaria pelos nossos inimigos vietcongues.

Tio Frank saiu em meu socorro. Ele me informou que um trabalho na ASN era perfeito para um pós-recrutamento e agendou uma série de reuniões na agência, incluindo um dia de extenuantes entrevistas monitoradas pelo detector de mentiras. Informaram-me que aqueles testes determinariam se eu era fisicamente apto para o recrutamento e o treinamento na ASN, e caso fosse, traçariam um perfil dos meus pontos fortes e fracos que seriam usados para projetar a minha carreira. Considerando a minha atitude em relação à guerra do Vietnã, convenceram-me de que eu fracassaria nos testes.

No exame, declarei que como um americano leal eu me opunha à guerra, e fiquei surpreso quando os entrevistadores não insistiram no assunto. Em vez disso, eles se concentraram na minha formação, nas minhas atitudes em relação aos meus pais, nas emoções criadas pelo fato de ter crescido como um puritano pobre entre tantos prepotentes ricos e egoístas. Eles também discutiram a minha frustração em relação à falta de mulheres, sexo e dinheiro na vida, e o mundo de fantasia daí resultante. Fiquei impressionado com a atenção que deram à minha relação com Farhad e com o interesse que demonstraram pela minha disposição de mentir à polícia do campus para protegê-lo.

No início presumi que todas essas coisas que pareciam tão negativas para mim tinham me marcado como rejeitado pela ASN, mas as entrevistas continuaram, sugerindo o contrário. Só vários anos depois foi que percebi que, do ponto de vista da ASN, aquelas negativas eram de fato positivas. A avaliação deles tinha menos a ver com questões de lealdade ao meu país do que com as frustrações da minha vida. A raiva contra os meus pais, a obsessão pelas mulheres e a minha ambição de viver a boa vida dava-lhes uma deixa: eu era seduzível. A minha determinação de me superar nos estudos e nos jogos esportivos, a minha rebelião final contra o meu pai, a minha capacidade de me relacionar bem com os estrangeiros e a minha disposição de mentir para a polícia eram exatamente os tipos de atributos que eles buscavam. Eu também descobri, depois, que o pai de Farhad trabalhava para a comunidade de informações americana no Irã; a minha amizade com Farhad era então uma evidente vantagem.

Algumas semanas depois do teste na ASN, ofereceram-me uma tarefa para iniciar o treinamento na arte de espionar, que começaria depois de eu me formar na faculdade de administração vários meses depois. Contudo, antes de eu aceitar oficialmente essa oferta, não resisti a assistir na faculdade a um seminário ministrado por um recrutador do Corpo de Paz do Exército. Um dos maiores argumentos a favor era que, como o ASN, o trabalho no Corpo de Paz do Exército tornava a pessoa qualificada para o adiamento do recrutamento.

A decisão de participar daquele seminário foi uma dessas coincidências que parecem insignificantes na ocasião, mas mais tarde mostrou ter implicações capazes de mudar toda a minha vida. O recrutador falou sobre vários lugares no mundo que mais precisavam de voluntários. Um desses era a floresta tropical amazônica onde, segundo ele, os índios viviam de maneira muito próxima dos nativos da América do Norte antes da chegada dos europeus.

Eu sempre sonhara em viver como os abnakis que habitavam New Hampshire na época em que os meus antepassados resolveram se estabelecer por lá. Eu sabia que tinha sangue abnaki nas veias e queria aprender sobre a vida na floresta que eles conheciam tão bem. Procurei o recrutador depois da palestra e indaguei sobre a possibilidade de ser indicado para a Amazônia. Ele me assegurou que havia uma grande necessidade por voluntários para aquela região e que as minhas possibilidades seriam excelentes. Telefonei para o Tio Frank.

Para minha surpresa, o Tio Frank me incentivou a pensar em me alistar no Corpo de Paz do Exército. Ele me confidenciou que depois da queda de Hanói — que naqueles dias era considerada uma certeza por homens na posição dele — a Amazônia se tornaria uma área de conflito.

"É uma região com muito petróleo", ele disse. "Vamos precisar de bons agentes lá, pessoas que entendam os nativos." Ele me assegurou que o Corpo de Paz do Exército seria uma base de treinamento excelente, e apressou-me a me tornar fluente em espanhol bem como nos dialetos indígenas locais. "Você pode acabar trabalhando para uma empresa privada em vez do governo", concluiu, rindo.

Na ocasião não entendi o que ele queria dizer. Eu estava sendo promovido de espião a AE, embora nunca tivesse ouvido falar do termo e não ouviria por mais alguns anos. Eu não fazia nenhuma idéia de que havia centenas de homens e mulheres, espalhados pelo mundo, trabalhando para empresas de consultorias e outras empresas privadas, pessoas que nunca receberam um centavo de salário de qualquer agência do governo e ainda assim serviam aos interesses do império. Nem poderia adivinhar que esse novo tipo de agente, com títulos mais eufemísticos, seria contado aos milhares no fim do milênio, e que eu faria um papel importante na formação desse exército em crescimento.

Ann e eu nos alistamos no Corpo de Paz do Exército e pedimos para ser indicados para a Amazônia. Quando a notificação de que fôramos aceitos chegou, a minha primeira reação foi de um extremo desapontamento. A carta indicava que nos enviariam para o Equador.

Ah, não, pensei. Pedi a Amazônia, não a África.

Peguei um atlas e comecei a procurar o Equador. Fiquei abismado quando não consegui encontrá-lo em nenhum lugar do continente africano. No índice, entretanto, descobri que realmente situava-se na América Latina, e vi no mapa que os sistemas fluviais que fluíam a partir das geleiras andinas formavam as cabeceiras do caudaloso rio Amazonas. Uma pesquisa mais aprofundada me asseverou que as selvas do Equador faziam parte das mais diversificadas e formidáveis do mundo, e que os índios nativos ainda viviam de maneira muito semelhante como tinham vivido durante milênios. Nós aceitamos.

Ann e eu completamos o treinamento do Corpo de Paz do Exército no sul da Califórnia e fomos para o Equador em setembro de 1968. Na Amazônia, convivemos com pessoas cujo estilo de vida se assemelhava realmente ao dos nativos americanos do período pré-colonial; também trabalhamos nos Andes com descendentes dos incas. Era um lugar do mundo que nunca sonhara que ainda existisse. Até então, os únicos latino-americanos que eu conhecera eram os *preppies* ricos da escola em que o meu pai lecionava. Acabei simpatizando com aqueles povos indígenas que subsistiam de caça e da agricultura primitiva. Sentia um estranho tipo de parentesco com eles. De alguma maneira, eles me faziam lembrar dos *townies* que eu havia deixado para trás.

Um dia, um homem em trajes de executivo, Einar Greve, desceu de uma aeronave que acabara de chegar à pista de pouso da nossa comunidade. Ele era um dos vice-presidentes da Chas. T. Main, Inc. (MAIN), uma empresa de consultoria internacional que mantinha um perfil muito discreto e que era encarregada dos estudos para determinar se o Banco Mundial deveria emprestar ao Equador e seus países vizinhos bilhões de dólares para construir usinas elétricas e outros projetos de infra-estrutura. Einar também era coronel da reserva do Exército americano.

Ele começou falando comigo sobre os benefícios de trabalhar para uma empresa como a MAIN. Quando mencionei que fora aceito pela ASN antes de entrar para o Corpo de Paz do Exército e que estava considerando voltar atrás com eles, ele me informou que ele próprio às vezes funcionava como uma ligação da ASN; ele me lançou um olhar que me fez suspeitar de que parte da tarefa dele era avaliar as minhas potencialidades. Agora acredito que ele estava atualizando o meu perfil, e especialmente avaliando a minha capacidade de sobreviver em ambientes que a maioria dos americanos consideraria hostis.

Passamos alguns dias juntos no Equador, e depois disso passamos a nos comunicar por carta. Ele me pediu para enviar relatórios de avaliação das perspectivas econômicas do Equador. Eu tinha uma máquina de escrever portátil, adorava escrever e fiquei muito feliz em atender a esse pedido. Ao longo de um período de mais ou menos um ano, enviei para Einar pelo menos umas quinze longas cartas. Nessas cartas, eu especulava sobre o futuro político-econômico do Equador e avaliava a frustração crescente entre as comunidades indígenas ao mesmo tempo que elas lutavam contra as companhias petrolíferas, as agências de desenvolvimento internacional e outras tentativas de trazê-las para o mundo moderno.

Quando o meu período no Corpo de Paz do Exército chegou ao fim, Einar me convidou para uma entrevista de trabalho na sede da MAIN, em

Boston. Durante a nossa entrevista privada, ele enfatizou que o principal negócio da MAIN era a engenharia, mas que o seu maior cliente, o Banco Mundial, começara recentemente a insistir em que mantivesse economistas no seu quadro de funcionários para fazer previsões de análises econômicas que determinassem a viabilidade e a magnitude dos projetos de engenharia. Ele me confidenciou que contratara três economistas altamente qualificados e com credenciais impecáveis — dois com mestrado e um com Ph.D. Eles tinham fracassado totalmente.

"Nenhum deles", Einar disse "foi capaz de considerar a idéia de fazer previsões econômicas em países onde não havia disponibilidade de estatísticas confiáveis." Ele me disse ainda que, além disso, todos eles consideraram impossível cumprir as condições dos seus contratos, que lhes exigiam viajar para lugares remotos em países como o Equador, Indonésia, Irã e Egito, para entrevistar os líderes locais e fornecer avaliações pessoais sobre as perspectivas para o desenvolvimento econômico nessas regiões. Um deles tinha sofrido um colapso nervoso em uma aldeia isolada do Panamá; tivera de ser escoltado ao aeroporto pela polícia panamenha, que o colocara em um avião de volta para os Estados Unidos.

"As cartas que você me enviou indicam que você não se importa em se arriscar, mesmo quando não se tem informações precisas. E considerando as suas condições de vida no Equador, acredito que você é capaz de sobreviver praticamente em qualquer lugar." Ele me contou que ele já havia demitido um daqueles economistas e estava pensando em fazer o mesmo com os outros dois, se eu aceitasse o trabalho.

Foi assim que, em janeiro de 1971, recebi a proposta para me tornar um economista da MAIN. Eu tinha passado dos 26 anos — a idade mágica em que a junta de recrutamento já não me queria mais. Aconselhei-me com a família de Ann; eles me encorajaram a aceitar o trabalho, e eu concluí que isso refletia também a idéia do Tio Frank. Lembrei-me de quando ele mencionara a possibilidade de eu acabar trabalhando para uma empresa privada. Nunca nada fora declarado abertamente, mas eu não tinha nenhuma dúvida de que o meu emprego na MAIN era uma conseqüência dos acordos que Tio Frank fizera três anos antes, além das minhas experiências no Equador e da minha disposição em escrever sobre a situação econômica e política daquele país.

Fiquei atordoado durante várias semanas, ao mesmo tempo que me sentia muito envaidecido. Mal conseguira um bacharelado apenas em administração de empresas, que não parecia ser suficiente para me garantir o cargo de economista numa tão conceituada empresa de consultoria. Eu sabia que muitos dos meus colegas de curso que haviam sido rejeitados pelo recrutamento militar e conseguiram o MBA e outros níveis de graduação ficariam mortificados de inveja. Eu me imaginava como um intrépido agente secreto, enviado para países exóticos, relaxando em piscinas de hotel, cercado por mulheres deslumbrantes de biquíni e com um copo de martini na mão.

Embora isso fosse meramente fantasia, eu descobriria que tinha elementos de verdade. Einar me contratara como economista, mas logo eu descobriria que o meu verdadeiro trabalho iria muito além disso, e que era na realidade mais próximo do trabalho de James Bond do que eu jamais poderia ter imaginado.

CAPÍTULO 2

"Para o Resto da Vida"

Em linguagem técnica, a MAIN seria denominada uma corporação fechada; cerca de 5 por cento dos seus 2 mil funcionários eram os proprietários da empresa. Esses eram tratados como sócios ou associados e a sua posição era cobiçada. Os sócios não só tinham poder sobre quem quer que fosse, mas também ganhavam uma montanha de dinheiro. A discrição era a sua marca registrada; eles tratavam com os chefes de Estado e outros executivos do mais alto escalão que esperavam que os seus consultores, assim como os seus advogados e psicoterapeutas, observassem um código estrito de sigilo absoluto. Falar à imprensa era um tabu. Simplesmente não era tolerado. Como conseqüência disso, dificilmente alguém de fora da MAIN jamais ouviu falar de nós, embora muitos tivessem familiaridade com os nossos concorrentes, como Arthur D. Little, Stone & Webster, Brown & Root, Halliburton e Bechtel.

Uso o termo *concorrentes* de maneira indiferente, porque na verdade a MAIN estava sozinha na parada. A maioria dos profissionais do nosso pessoal era composta por engenheiros, muito embora a empresa não tivesse equipamento nenhum e nunca construiu nem sequer um depósito de materiais. Muitos integrantes da MAIN eram ex-militares; entretanto, não tínhamos contratos com o Departamento da Defesa nem com nenhuma das corporações militares. A nossa atividade era algo tão diferente da norma que durante os meus primeiros meses lá nem mesmo eu conseguia entender qual era o nosso negócio. Eu só sabia que a minha primeira missão concreta seria na Indonésia e que eu faria parte de uma equipe de 11 homens enviados para criar um planejamento básico de energia para a ilha de Java.

Eu também sabia que Einar e outros que discutiam o trabalho comigo estavam ansiosos para me convencer de que a economia de Java passaria por um surto de prosperidade acelerado e que se eu quisesse me destacar como um bom analista (e portanto receber propostas de promoção), deveria fazer projeções que demonstrassem exatamente isso.

"Do papel para a realidade", Einar gostava de dizer. Ele corria os dedos pelo ar passando por cima da cabeça. "Uma economia que vai voar como um pássaro!"

Einar saía em freqüentes viagens que normalmente duravam apenas dois ou três dias. Ninguém comentava muito sobre elas nem parecia saber aonde ele fora. Quando estava na empresa, ele costumava me convidar para ir à sua sala por alguns minutos para um café. Ele me perguntava sobre Ann, ou sobre o apartamento novo, e sobre o gato que trouxéramos do Equador. Criei mais coragem à medida que o conhecia melhor e tentei saber mais a respeito dele e sobre o que se esperava de mim no meu trabalho. Mas eu nunca obtive respostas que me satisfizessem; ele era um mestre em desconversar. Em uma ocasião, ele me dirigiu um olhar significativo.

"Não precisa se preocupar", disse ele. "Temos grandes expectativas em relação a você. Estive em Washington recentemente..." A voz dele se desvaneceu e ele deu um sorriso indecifrável. "Em todo caso, você sabe que temos um grande projeto no Kuwait. Será para algum tempo antes da sua ida à Indonésia. Acho que deveria dedicar um pouco do seu tempo para se informar melhor sobre o Kuwait. A biblioteca municipal de Boston é uma grande fonte de informações, e podemos conseguir para você o cartão de leitor para as bibliotecas do MIT e de Harvard."

Depois disso, eu passei muitas horas nessas bibliotecas, em especial na biblioteca municipal, que ficava a poucos quarteirões da sede da empresa e muito perto do meu apartamento em Back Bay. Fiquei bem familiarizado com o Kuwait, assim como com muitos livros sobre estatísticas econômicas, publicados pelas Nações Unidas, pelo Fundo Monetário Internacional (FMI) e pelo Banco Mundial. Eu sabia que esperavam que eu apresentasse modelos econométricos para a Indonésia e Java e concluí que podia também começar a fazer um para o Kuwait.

No entanto, o meu bacharelado em administração de empresas não me preparara como econometrista, assim passava muito tempo tentando entender como fazê-lo. Cheguei ao ponto de me inscrever em alguns cursos sobre o assunto. Durante o processo, descobri que a estatística podia ser manipulada para produzir uma vasta gama de conclusões, incluindo aquelas que fundamentassem as predileções do analista.

A MAIN era uma corporação machista. Só havia quatro mulheres trabalhando lá em 1971 como profissionais. No entanto, havia talvez duzentas mulheres divididas entre os quadros de secretárias pessoais — todo vice-presidente e gerente de departamento tinha uma — e o grupo de estenografia, que atendia aos restantes. Acostumei-me com esse preconceito sexual e portanto fiquei especialmente impressionado com o que aconteceu um dia na seção de obras de referência da biblioteca municipal.

Uma morena atraente se aproximou e sentou-se numa cadeira à minha frente do outro lado da mesa. Com o seu discreto vestido verde-escuro ela parecia muito sofisticada. Eu a considerava vários anos mais velha que eu na empresa, mas tentei me concentrar e não prestar atenção a ela, procurando me manter indiferente. Depois de alguns minutos, sem pronunciar uma palavra, ela empurrou um livro aberto na minha direção. Continha uma tabela com informações que eu vinha procurando sobre o Kuwait — e um cartão com o nome dela, Claudine Martin, e o seu cargo, Consultora Especial da Chas. T. Main, Inc. Levantei os olhos para os seus sedosos olhos verdes e ela estendeu-me a mão.

"Pediram que eu ajudasse no seu treinamento", disse ela. Eu não conseguia acreditar que aquilo estivesse acontecendo comigo.

A partir do dia seguinte, nos encontrávamos no apartamento de Claudine, na Beacon Street, alguns quarteirões adiante da sede da MAIN, que ficava no Prudential Center. Durante a nossa primeira hora juntos, ela me explicou que a minha posição era pouco convencional e que precisávamos manter tudo altamente confidencial. Ela me contou que ninguém dera informações específicas sobre o meu trabalho porque ninguém tinha autorização para isso — a não ser ela. Então ela me informou que a sua tarefa era me preparar para ser um assassino econômico.

O próprio título em si evocava as antigas aventuras românticas de capa e espada. Fiquei embaraçado pela risada nervosa que me ouvi dar. Ela sorriu e me garantiu que o senso de humor fora uma das razões pelas quais eles usavam o termo.

"Quem o levaria a sério?", indagou ela.

Eu confessei a minha ignorância a respeito do papel de um assassino econômico.

"Você não é o único", ela deu uma risada. "Somos uma estirpe rara, num negócio sujo. Ninguém pode saber sobre o seu envolvimento — nem mesmo a sua esposa." Então ficou séria. "Vou ser muito franca com você, ensinar-lhe tudo o que puder durante as próximas semanas. Depois você terá de escolher. A sua decisão é absoluta. Depois que estiver dentro, será pelo resto da vida." Depois disso, ela raramente usou o nome por extenso; éramos simplesmente AEs.

Agora eu sei o que não sabia na época — que Claudine se aproveitou ao máximo dos pontos fracos da minha personalidade que o perfil feito pela ASN revelara a meu respeito. Eu não sei quem fornecia as informações a ela — Einar, a ASN, o departamento de pessoal da MAIN, ou quem quer que seja — só sei que ela as usava com categoria. A atitude dela, um misto de sedução física e manipulação verbal, era feita sob medida para mim, e ainda assim se ajustava aos procedimentos operacionais padronizados que desde aquela época eu passei a notar numa variedade de empresas quando o que está em jogo é significativo e a pressão para acordos reservados lucrativos é grande. Ela sabia desde o começo que eu não poria em risco o meu casamento revelando as nossas atividades clandestinas. E ela era brutalmente franca quando se tratava de descrever o lado sombrio das coisas que seriam esperadas de mim.

Não faço a menor idéia de quem pagava o salário dela, embora não tenha razões para suspeitar de que não fosse a MAIN, conforme implicava o cartão de visitas dela. Na época, eu era muito ingênuo, intimidado e obnubilado para lhe fazer perguntas que hoje em dia parecem óbvias.

Claudine me disse que havia dois objetivos básicos no meu trabalho. Primeiro, eu devia justificar os enormes empréstimos internacionais que canalizariam rios de dinheiro de volta para a MAIN e outras companhias americanas (como a Bechtel, Halliburton, Stone & Webster e a Brown & Root), por meio de gigantescos projetos de engenharia e construção. Segundo, eu trabalharia para a falência de países que recebiam esses empréstimos (depois de terem pago a MAIN e as outras contratadas americanas, é claro) de modo que eles seriam dependentes para sempre dos seus credores e assim apresentaria alvos fáceis quando precisássemos de favores, incluindo bases militares, votos na ONU, ou acesso a petróleo e outros recursos naturais.

O meu trabalho, disse ela, era fazer as previsões dos efeitos de investir bilhões de dólares num país. Especificamente, eu produziria estudos que projetassem crescimento econômico 20 a 25 anos no futuro e que avaliassem as conseqüências de diversos projetos. Por exemplo, se uma decisão fosse tomada para emprestar 1 bilhão de dólares a um país a fim de persuadir os seus líderes a não se alinharem com a União Soviética, eu compararia os benefícios de investir aquele dinheiro em usinas elétricas com os benefícios de investir numa nova rede ferroviária nacional ou num sistema de telecomunicações. Ou eu poderia ser informado de que aquele país estava tendo a oferta de uma oportunidade de receber um moderno sistema de abastecimento elétrico, e dependeria de mim demonstrar que aquele sistema resultaria em crescimento econômico suficiente para justificar o empréstimo. O fator crítico, em cada caso, era o produto nacional bruto. O projeto que resultasse na maior média anual de crescimento do PNB venceria. Se apenas um projeto estivesse em consideração, eu precisaria demonstrar que desenvolvê-lo traria benefícios superiores ao PNB.

O aspecto velado de cada um desses projetos era que eles pretendiam criar grandes lucros para os contratantes, e fazer a felicidade de um punhado de famílias ricas e influentes nos países recebedores, enquanto assegurava a dependência financeira a longo prazo e, portanto, a lealdade política de governos ao redor do mundo. Quanto maior o empréstimo, melhor. O fato de que a carga da dívida colocada sobre um país privaria os seus cidadãos mais pobres de saúde, educação e de outros serviços sociais por décadas no futuro não era levado em consideração.

Claudine e eu discutíamos a natureza enganosa do PNB. Por exemplo, o crescimento do PNB pode ocorrer mesmo quando ele favorece apenas uma pessoa, como um sujeito que seja proprietário de uma empresa prestadora de serviços públicos, e mesmo que a maioria da população seja sobrecarregada com a dívida. Os ricos ficam mais ricos e os pobres cada vez mais pobres. Ainda assim, do ponto de vista da estatística, isso é registrado como progresso econômico.

A exemplo da maioria dos cidadãos americanos em geral, a maior parte dos funcionários da MAIN acreditava que estávamos favorecendo os países quando construíamos usinas elétricas, estradas e portos. As nossas escolas e a nossa imprensa nos ensinaram a considerar todas as nossas ações como altruístas. Ao longo dos anos, ouvi repetidamente comentários do tipo: "Se eles continuam queimando a bandeira americana e protestando contra a nossa embaixada, por que nós simplesmente não saímos do maldito país deles e os deixamos chafurdando na própria pobreza?"

As pessoas que dizem coisas desse tipo geralmente têm diplomas certificando que elas são instruídas. No entanto, essas pessoas não fazem a menor idéia de que a principal razão pela qual estabelecemos embaixadas ao redor do mundo é para atender aos nossos próprios interesses, os quais durante a última metade do século XX significavam converter a república americana num império mundial. Apesar das credenciais, essas pessoas são tão ignorantes quanto os colonialistas do século XVIII que acreditavam que os índios que lutavam para defender a própria terra eram servos do demônio.

Dali a alguns meses, eu partiria para a ilha de Java no país da Indonésia, classificado naquela época como a porção territorial do planeta com a maior densidade populacional. Acontece que a Indonésia também era uma nação muçulmana com alta concentração de petróleo e um foco de atividade comunista.

"Trata-se do próximo dominó depois do Vietnã", foi a maneira como Claudine explicou. "Precisamos cativar os indonésios. Se eles se aliarem ao bloco comunista, bem..." Ela passou um dedo pelo pescoço e depois sorriu com doçura. "Vamos resumir a questão dizendo apenas que você precisa aparecer com uma previsão altamente otimista da economia, de como ela vai florescer depois que todas as novas usinas elétricas e linhas de distribuição forem construídas. Isso permitirá à USAID e aos bancos internacionais justificar os empréstimos. Você será bem remunerado, é claro, e poderá passar a outros projetos em lugares exóticos. O mundo é o seu catálogo de compras." Em seguida ela me advertia de que o meu papel seria difícil. "Especialistas dos bancos cairão em cima de você. É o trabalho deles encontrar brechas nas suas previsões... afinal eles ganham para isso. Prejudicando a sua imagem eles favorecem a deles."

Um dia lembrei a Claudine que a equipe da MAIN que iria a Java incluía dez outros homens. Perguntei se todos estavam recebendo o mesmo tipo de treinamento que o meu. Ela me garantiu que não. "Eles são engenheiros", disse ela. "Eles projetam usinas elétricas, linhas de transmissão e distribuição e portos marítimos e estradas para distribuir o combustível. Você é aquele que prediz o futuro. As suas previsões determinam a magnitude dos sistemas que eles projetam... e o tamanho dos empréstimos. Veja só, você é a chave."

Todas as vezes que eu saía do apartamento de Claudine, ficava me perguntando se estava fazendo a coisa certa. No fundo do coração, eu suspeitava que não. Mas as frustrações do meu passado me perseguiam. A MAIN parecia oferecer tudo o que faltava na minha vida, e ainda assim eu continuava me questionando se Tom Paine teria aprovado. No fim das contas, eu me convenci de que depois de aprender mais, passar pela experiência, poderia questionar melhor mais tarde — a velha justificativa "visão de dentro".

Quando comentei essa idéia com Claudine, ela me lançou um olhar de perplexidade. "Não seja ridículo. Depois que você estiver dentro, nunca mais poderá sair. Você precisa se decidir de uma vez por todas, antes de ir mais fundo."

Compreendi o que ela queria dizer e o que ela dizia me assustou. Depois que saí, desci pela Commonwealth Avenue, virei na Dartmouth Street e me assegurei de que eu era a exceção.

Uma tarde alguns meses depois, Claudine e eu estávamos sentados à janela observando a neve cair na Beacon Street. "Somos um clube bem pequeno e exclusivo", ela me disse. "Somos pagos... muito bem pagos... para enganar países ao redor do mundo e subtrair-lhes bilhões de dólares. Uma grande parte do seu trabalho é encorajar os líderes mundiais a fazer parte de uma extensa rede de conexões operacionais que promove os interesses comerciais americanos. No final das contas, esses líderes acabam enredados nessa teia de dívidas que assegura a lealdade deles. Poderemos aliciá-los sempre que desejarmos — para atender às nossas necessidades políticas, econômicas ou militares. Em troca, esses líderes sustentam as suas posições políticas com a construção de parques industriais, usinas energéticas e aeroportos para o seu povo. Enquanto isso, os proprietários americanos de empresas de engenharia e construção tornam-se muito ricos."

Naquela tarde, no aconchego idílico do apartamento de Claudine, relaxando à janela enquanto a neve rodopiava lá fora, aprendi a história da profissão em que estava prestes a ingressar. Claudine explicou como, ao longo da maior parte da história, os impérios se erigiam amplamente pelo uso da força armada ou pela ameaça do seu uso. Mas com o fim da Segunda Guerra Mundial, o surgimento da União Soviética e o espectro de um holocausto nuclear, a solução militar tornara-se arriscada demais.

O momento decisivo ocorreu em 1951, quando o Irã se levantou contra uma empresa petrolífera britânica que estava explorando os recursos naturais e o povo iraniano. A empresa era uma precursora da British Petroleum, a atual BP. Em resposta, o primeiro-ministro iraniano, altamente popular e eleito democraticamente (além de "Homem do Ano" de 1951, segundo a revista *Time*), Mohammad Mossadegh, nacionalizou todos os recursos petrolíferos iranianos. A Inglaterra, ultrajada, buscou a ajuda do seu aliado na Segunda Guerra Mundial, os Estados Unidos. No entanto, os dois países temiam que uma retaliação militar fizesse com que a União Soviética saísse em socorro do Irã.

Em vez de mandar os fuzileiros navais, portanto, Washington despachou para lá o agente da CIA, Kermit Roosevelt (neto de Theodore). Ele teve uma atuação excepcional, aliciando pessoas por meio de subornos e ameaças. Em seguida insuflou essas pessoas a organizar uma série de tumultos nas ruas e violentas manifestações, criando a impressão de que Mossadegh seria tanto impopular quanto incompetente. No fim, Mossadegh foi deposto e passou o resto da vida em prisão domiciliar. O xá Mohammad Reza, favorável à política americana, tornou-se o ditador incontestável. Kermit Roosevelt abrira o caminho para uma nova profissão, aquela em cujas fileiras eu estava me alistando.[1]

A manobra de Roosevelt remodelou a história do Oriente Médio ao mesmo tempo que tornava obsoletas todas as antigas estratégias para a construção de um império. Também coincidiu com o início de experimentos sobre "ações militares limitadas sem o uso de armas nucleares", que acabaram resultando nas humilhações americanas na Coréia e no Vietnã. Em 1968, o ano em que fui entrevistado pela ASN, tornara-se claro que se os Estados Unidos quisessem realizar o seu sonho de império mundial (conforme imaginaram homens como os presidentes Johnson e Nixon), teriam de empregar estratégias nos moldes do exemplo iraniano de Roosevelt. Essa seria a única maneira de vencer os soviéticos sem a ameaça de uma guerra nuclear.

Havia um problema, contudo. Kermit Roosevelt era um funcionário da CIA. Se ele tivesse sido pego, as conseqüências teriam sido terríveis. Ele orquestrara a primeira operação americana que derrubara um governo estrangeiro, e era provável que muitas outras semelhantes a sucedessem, mas era importante encontrar um método de atuar que não implicasse Washington diretamente.

Felizmente para os estrategistas, a década de 1960 também atestou outro tipo de revolução: o fortalecimento de corporações internacionais e de organizações multinacionais a exemplo do Banco Mundial e do FMI. Este último era financiado basicamente pelos Estados Unidos e as nossas irmãs imperialistas da Europa. Uma relação simbiótica se desenvolveu entre governos, corporações e organizações multinacionais.

Na época em que eu entrei na faculdade de administração de empresas, uma solução para o problema "Roosevelt como agente da CIA" já tinha sido resolvida. As agências de informações americanas — incluindo a ASN — identificariam potenciais candidatos a AE, que poderiam então ser contratados por corporações internacionais. Esses AEs jamais seriam pagos pelo governo; em vez disso, eles tirariam o salário do setor privado. Como resultado disso, o seu trabalho sujo, se aparecesse, seria creditado à ganância corporativa em vez de uma política governamental. Além disso, as corporações que os contratassem, embora pagas pelas agências governamentais e as suas contrapartidas bancárias multinacionais (com dinheiro dos contribuintes), seriam isoladas da supervisão do Congresso e das investigações públicas, escudadas por um corpo crescente de iniciativas legais, incluindo marcas registradas, comércio internacional e leis sobre liberdade de informação.[2]

"Veja só", concluiu Claudine, "nós somos a nova geração de uma orgulhosa tradição que remonta à época em que você ainda estava no curso primário."

CAPÍTULO 3

Indonésia: Lições para um AE

Além de conhecer a minha nova carreira, eu também passava um bom tempo lendo livros sobre a Indonésia. "Quanto mais você souber sobre um país antes de chegar lá, mais fácil será o seu trabalho", advertira Claudine. Levei os conselhos dela muito a sério.

Quando Colombo zarpou em 1492, estava tentando chegar à Indonésia, conhecida na época como as Ilhas das Especiarias. Ao longo de todo o período colonial, ela foi considerada um tesouro que valia muito mais do que as Américas. Java, com os seus tecidos suntuosos, especiarias fabulosas e reinos opulentos, foi tanto a jóia da coroa quanto o cenário de violentos embates entre aventureiros espanhóis, holandeses, portugueses e britânicos. A Holanda saiu triunfante em 1750, mas muito embora os holandeses controlassem Java, eles precisaram de mais de 150 anos para subjugar as ilhas circunvizinhas.

Quando os japoneses invadiram a Indonésia durante a Segunda Guerra Mundial, as forças holandesas ofereceram pouca resistência. Em conseqüência disso, os indonésios, especialmente os javaneses, sofreram terrivelmente. Em seguida à rendição japonesa, um líder carismático chamado Sukarno apareceu para declarar a independência. Quatros anos de lutas finalmente terminaram em 27 de dezembro de 1949, quando os holandeses arriaram a sua bandeira e devolveram a soberania a um povo que não conhecia nada além de lutas e dominação por mais de três séculos. Sukarno tornou-se o primeiro presidente da nova república.

Governar a Indonésia, contudo, mostrou-se um desafio maior do que derrotar os holandeses. Longe de ser homogêneo, o arquipélago de cerca de 17.500 ilhas era um caldeirão fervente de tribalismo, culturas divergentes, dezenas de idiomas e dialetos, além de grupos de diferentes etnias que acalentavam hostilidades seculares. Os conflitos eram freqüentes e brutais, e Sukarno deu um basta. Suspendeu o Parlamento em 1960 e foi nomeado presidente vitalício em 1963. Estreitou alianças com governos comunistas em todo o mundo, em troca de treinamento e equipamentos militares. Enviou tropas indonésias armadas pela Rússia para a vizinha Malásia numa tentativa de disseminar o comunismo por todo o Sudeste Asiático e conquistou a aprovação dos líderes socialistas mundiais.

A oposição cresceu e um golpe foi desfechado em 1965. Sukarno escapou de ser assassinado apenas pela rápida interferência da esposa. Muitos dos seus chefes militares e os seus mais próximos colaboradores não tiveram semelhante sorte. Os acontecimentos eram reminiscências daqueles ocorridos no Irã em 1953. No fim, o Partido Comunista foi responsabilizado — especialmente as facções alinhadas com a China. Nos massacres iniciados nas Forças Armadas que se sucederam, um total estimado de 300 mil a 500 mil pessoas foram mortas. O comandante militar, general Suharto, tomou posse como presidente em 1968.[1]

Em 1971, a determinação dos Estados Unidos de afastar a Indonésia do comunismo cresceu porque o resultado da guerra do Vietnã estava parecendo muito incerto. O presidente Nixon começara uma série de retiradas de tropas no verão de 1969 e a estratégia americana assumia uma perspectiva mais mundial. A estratégia concentrava-se em impedir um efeito dominó de um país após outro caindo sob o domínio comunista, e concentrara-se em dois países; a Indonésia era a chave. O projeto de eletrificação da MAIN era parte de um plano abrangente para assegurar o domínio americano no Sudeste Asiático.

A premissa da política externa americana era que Suharto serviria a Washington de maneira semelhante ao xá do Irã. Os Estados Unidos também esperavam que a nação servisse como um modelo para outros países da região. Washington baseou parte da sua estratégia no pressuposto de que os ganhos obtidos na Indonésia poderiam ter repercussões positivas por todo o mundo islâmico, especialmente no explosivo Oriente Médio. E se isso não fosse incentivo suficiente, a Indonésia ainda tinha petróleo. Ninguém conhecia ao certo a magnitude ou a qualidade das suas reservas, mas os sismologistas das companhias petrolíferas eram superlativos quanto às possibilidades.

À medida que eu meditava sobre os livros da biblioteca municipal, o meu entusiasmo crescia. Comecei a imaginar as aventuras à minha frente.

Trabalhando para a MAIN, eu estaria trocando o rude estilo de vida do Corpo de Paz por um outro muito mais luxuoso e glamouroso. O meu estágio com Claudine já representara a realização de uma das minhas fantasias; parecia bom demais para ser verdade. No mínimo eu me sentia em parte justificado por passar aquele período naquela escola preparatória só para homens.

Alguma coisa a mais também estava acontecendo na minha vida: Ann e eu não estávamos nos dando bem. Acho que ela deve ter percebido que eu estava tendo uma vida dupla. Eu me justificava como o resultado lógico do ressentimento que sentia contra ela ter-me forçado a casar antes de mais nada. Não interessa que ela tenha me sustentado e suportado ao longo dos desafios da nossa missão no Corpo de Paz no Equador; eu ainda a via como uma continuação do meu padrão de abandonar o controle dos meus pais. É claro que, quando olho para trás, estou certo que o meu relacionamento com Claudine era o fator mais importante. Eu não podia contar a Ann sobre isso, mas ela sentia. Em todo caso, decidimos nos mudar para apartamentos separados.

Um dia em 1971, cerca de uma semana antes da minha partida programada para a Indonésia, ao chegar à casa de Claudine encontrei a mesa de centro da sala de jantar disposta com um sortimento de queijos e pães, e havia ainda uma bela garrafa de Beaujolais. Ela me brindou. "Você conseguiu." Sorriu, mas alguma coisa parecia menos que sincero. "Agora você é um de nós."

Conversamos sobre nada especial por cerca de meia hora; então, enquanto acabávamos com o vinho, ela me dirigiu um olhar diferente de todos os que eu já vira antes. "Jamais conte a ninguém sobre os nossos encontros", disse num tom de voz solene. "Nunca o perdoarei por isso, jamais, e vou negar toda vez que encontrar você." Ela me fuzilou com o olhar — talvez única ocasião em que me senti ameaçado por ela — e então me deu um sorriso frio. "Falar sobre nós tornará a sua vida mais perigosa."

Fiquei embasbacado. Sentia-me péssimo. Mas depois, quando caminhava sozinho para o Prudential Center, tive de admitir a esperteza do esquema. O fato era que todo o nosso tempo juntos fora gasto no apartamento dela. Não havia o menor resquício de prova sobre o nosso relacionamento, e ninguém na MAIN estava implicado de maneira nenhuma. Havia também uma parte de mim que gostava da honestidade dela; ela não me decepcionara da maneira como os meus pais tinham feito a respeito de Tilton e Middlebury.

CAPÍTULO 4

Salvando um País do Comunismo

Eu fazia uma imagem romanceada da Indonésia, o país onde iria viver pelos próximos três meses. Alguns dos livros que eu lera apresentavam fotografias de mulheres lindas vestidas com sarongues de cores vistosas, exóticas dançarinas balinesas, xamãs soprando fogo e guerreiros remando canoas compridas escavadas em um tronco de árvore em águas cor de esmeralda ao pé de vulcões expelindo fumaça. Especialmente tocante era uma série de galeões magnificentes de velas pretas do infame pirata Bugi, que ainda navegava pelos mares do arquipélago e que aterrorizara tanto os primeiros navegantes europeus que, ao voltar para casa, amedrontavam os filhos: "Comportem-se, ou os piratas de Bugi virão pegar vocês". Ah, como aquelas imagens inflamaram a minha alma.

A história e as lendas daquele país representam uma cornucópia de imagens maiores-que-a-vida: deuses furiosos, dragões de Komodo, sultões tribais e antigas lendas que muito antes do nascimento de Cristo já atravessavam as montanhas asiáticas, passando pelos desertos persas e chegando até o Mediterrâneo para se incrustarem nos recônditos mais profundos da nossa psique coletiva. Os próprios nomes das suas ilhas fabulosas — Java, Sumatra, Bornéu, Sulawesi — seduzem os nossos pensamentos. Ali estava uma terra de misticismo, mitos e beleza erótica; um tesouro fugidio visto mas nunca encontrado por Colombo; uma princesa cortejada mas ainda assim nunca possuída pela Espanha, pela Holanda, por Portugal, pelo Japão; uma fantasia e um sonho.

As minhas expectativas eram elevadas, e acredito que eram semelhantes às dos grandes exploradores. Assim como Colombo, eu devia ter sabido moderar as minhas fantasias. Talvez eu pudesse ter adivinhado que o farol sinaliza para um destino que nem sempre é aquele que imaginamos. A Indonésia oferecia tesouros, mas não era o cofre de panacéias que eu estava esperando. Jacarta, no verão de 1971, era chocante.

A beleza com certeza estava presente. Lindas mulheres exibindo sarongues coloridos. Jardins luxuriantes com flores tropicais em pleno fulgor. Exóticas dançarinas balinesas. Táxis em bicicletas com cenas fantasiosas com todas as cores do arco-íris pintadas nas laterais dos assentos altos, onde os passageiros se reclinavam em frente do condutor-ciclista. Mansões coloniais holandesas e mesquitas com minaretes. Mas havia também um lado feio, trágico da cidade. Leprosos ostentando cotos ensangüentados em lugar de mãos. Meninas oferecendo o corpo em troca de poucas moedas. Os canais holandeses antes esplêndidos haviam se convertido em fossas sanitárias. Choupanas de papelão onde famílias inteiras viviam entulhavam as margens dos rios enegrecidos. Buzinas ensurdecedoras e fumaças sufocantes. O belo e o feio, o elegante e o vulgar, o espiritual e o profano. Essa era Jacarta, onde o sedutor aroma de cravo-da-índia e florações de orquídeas procuravam se sobrepor ao miasma do esgoto a céu aberto.

Eu já vira muita pobreza antes. Alguns dos meus colegas de classe de New Hampshire viviam em cabanas de aglomerado sem água quente e chegavam à escola usando paletós fininhos e tênis puídos em dias de inverno com a temperatura abaixo de zero, o corpo carente de um banho recendendo a suor velho e estrume. Eu vivera em casebres de barro com os camponeses andinos cuja alimentação consistia quase sempre de milho seco e batatas, e onde às vezes parecia que um recém-nascido teria mais probabilidade de morrer antes de completar o primeiro ano de vida. Eu tinha visto pobreza, mas nada que me preparasse para Jacarta.

A nossa equipe, é claro, ficou aquartelada no hotel mais extravagante do país, o Hotel InterContinental Indonesia. Propriedade da Pan American Airways, como o resto da cadeia InterContinental espalhada pelo mundo, ele atendia aos caprichos gastronômicos e acomodatícios de estrangeiros endinheirados, especialmente executivos de companhias petrolíferas e as suas famílias. Na noite do nosso primeiro dia, o nosso gerente de projeto Charlie Illingworth nos proporcionou um jantar no luxuoso restaurante no andar superior.

Charlie era um perito em guerra; dedicava a maior parte do seu tempo de folga à degustação de livros de história e romances históricos sobre grandes líderes militares e batalhas. Ele era o modelo ideal do soldado de gabinete em favor da guerra do Vietnã. Como de costume, nessa noite ele usava calça de brim cáqui e camisa de mangas curtas também de brim cáqui com dragonas no estilo militar.

Depois de nos dar as boas-vindas, ele acendeu um charuto.

"À boa vida", ele suspirou, erguendo a taça de champanhe.

Nós o acompanhamos.

"À boa vida." As nossas taças tilintaram.

A fumaça do charuto revoluteando ao seu redor, Charlie correu o olhar pelo salão. "Seremos bem paparicados aqui", disse, inclinando a cabeça de modo aprovador. "Os indonésios vão nos tratar muito bem. Assim como o pessoal da Embaixada americana. Mas não vamos nos esquecer de que temos uma missão a cumprir." Ele baixou o olhar para um punhado de cartões de anotações. "Sim, estamos aqui para desenvolver um plano geral para a eletrificação de Java: a terra mais populosa do mundo. Mas essa é apenas a ponta do iceberg."

A expressão dele tornou-se séria; ele me fez lembrar de George C. Scott interpretando o general Patton, um dos heróis de Charlie. "Estamos aqui para conseguir nada menos que salvar este país das garras do comunismo. Como vocês sabem, a Indonésia tem uma longa e trágica história. Agora, no momento em que está pronta para se lançar no século XX, será testada uma vez mais. A nossa responsabilidade é assegurar que a Indonésia não siga as pegadas dos seus vizinhos do norte, Vietnã, Camboja e Laos. Um sistema de eletrificação integrado é um elemento-chave. Esse, mais do que nenhum outro fator isolado (com a possível exceção do petróleo), irá assegurar que o capitalismo e a democracia imperem.

"Falando em petróleo", continuou ele. Deu outra baforada no seu charuto e virou de passagem dois cartões de anotações sobre a mesa. "Todos sabemos quanto o nosso país depende do petróleo. A Indonésia pode ser um importante aliado nosso quanto a esse aspecto. Portanto, enquanto desenvolvem esse plano geral, por favor façam tudo quanto puderem para se assegurar de que o setor petrolífero e todos os outros que o atendem: portos, oleodutos, empresas construtoras... recebam tudo de que provavelmente precisam no que diz respeito à eletricidade por toda a duração desse plano de 25 anos."

Ele ergueu os olhos dos cartões de anotações e olhou diretamente para mim. "É melhor errar para mais do que subestimar. Você não quer o sangue das crianças indonésias... ou o nosso próprio... nas suas mãos. Você não quer que eles vivam sob a foice e o martelo ou à sombra da bandeira vermelha da China!"

Quando me deitei na minha cama naquela noite, bem no alto da cidade, seguro na minha luxuosa suíte de primeira classe, formou-se na minha mente uma imagem de Claudine. Os seus sermões sobre dívida externa me assombraram. Tentei me confortar recordando as lições aprendidas nos meus cursos de macroeconomia na faculdade de administração. Acima de tudo, disse para mim mesmo, estou aqui para ajudar a Indonésia a renascer depois de uma economia medieval e assumir o seu lugar no moderno mundo industrial. Mas eu sabia que na manhã seguinte, quando olhasse pela minha janela, para além da opulência dos jardins e piscinas do hotel, veria a infinidade de telhados de favelas espalhados por quilômetros. Eu saberia que bebês estavam morrendo ali por falta de alimento e água potável, e que crianças e adultos da mesma maneira sofriam com doenças horríveis e viviam em condições terríveis.

Agitando-me e revirando-me na cama, eu achei impossível negar que tanto Charlie quanto qualquer outro da nossa equipe estivessem ali por razões egoístas. Estávamos promovendo a política externa e os interesses corporativos americanos. Éramos movidos mais pela ganância de lucros do que por algum desejo de tornar a vida melhor para a imensa maioria dos indonésios. Uma palavra formou-se nos meus pensamentos: corporatocracia. Eu não tinha certeza se a ouvira antes ou acabara de inventá-la, mas ela parecia caracterizar perfeitamente a nova elite que tinha se decidido a tentar governar o planeta.

Isso era quase uma fraternidade de cavaleiros justos constituída de uns poucos homens com objetivos comuns, e os membros da fraternidade mudavam de posição com facilidade e geralmente entre as diretorias de corporações e cargos no governo. Ocorreu-me que o presidente do Banco Mundial naquele momento, Robert McNamara, era um exemplo perfeito disso. Ele trocara o cargo de presidente da Ford Motor Company pelo de secretário de Defesa sob os presidentes Kennedy e Johnson, e agora ocupava o posto mais elevado da mais poderosa instituição financeira do mundo.

Também compreendi que os professores da minha faculdade não haviam entendido a verdadeira natureza da macroeconomia: que em muitos casos ajudar uma economia a crescer apenas torna aquelas poucas pessoas que se sentam nos postos mais elevados da pirâmide ainda mais ricas, enquanto não faz nada por aquelas na base a não ser empurrá-los ainda mais para baixo. Na verdade, promover o capitalismo geralmente resulta em um sistema que lembra as sociedades feudais medievais. Se algum dos meus professores soubesse disso, não admitiria — provavelmente porque as grandes corporações, e os homens que as controlam, fundam faculdades. Expor a verdade iria indubitavelmente custar o emprego daqueles professores — assim como essas revelações poderiam custar o meu.

Esses pensamentos continuaram a perturbar o meu sono todas as noites que passei no Hotel InterContinental Indonesia. No fim, a minha defesa fundamental era altamente pessoal: eu tinha vencido com muita luta desde aquela cidade de New Hampshire, a escola preparatória, o esboço. Por uma combinação de coincidências e muito trabalho, eu conquistara um lugar na boa vida. Eu também me confortava com o fato de que estava fazendo a coisa certa aos olhos da minha cultura. Estava no caminho de me tornar um economista respeitado e de sucesso. Estava fazendo aquilo para o que a faculdade de administração me preparara. Estava ajudando a implementar um modelo de desenvolvimento que era sancionado pelas melhores mentes das assessorias de mais alto nível do mundo.

Não obstante, no meio da noite eu sempre tinha de me consolar com uma promessa de que algum dia revelaria toda a verdade. Então eu adormecia lendo os romances de Louis L'Amour sobre os pistoleiros do Velho Oeste.

CAPÍTULO 5

Vendendo a Minha Alma

A nossa equipe de onze homens passou seis dias em Jacarta cadastrando-se na Embaixada americana, reunindo-se com diversos funcionários públicos, organizando-se e relaxando ao redor da piscina. O número de americanos que moravam no Hotel InterContinental me deixou impressionado. Tive grande prazer em observar as lindas jovens — esposas de executivos de empresas de construção e de companhias petrolíferas — que passavam o dia na piscina e as noites na meia dúzia de elegantes restaurantes da moda no hotel e ao redor dele.

Então Charlie levou a nossa equipe para a cidade de Bandung, nas montanhas. O clima era mais ameno, a pobreza menos óbvia e as distrações menores. Deram-nos uma casa de hóspedes do governo conhecida como Wisma, completa com um gerente, um cozinheiro, um jardineiro e uma equipe de criados. Construída durante o período colonial holandês, Wisma era um paraíso. Sua varanda espaçosa dava de frente para as plantações de chá que se estendiam sem interrupção por colinas ondeantes e até o alto das escarpas das montanhas vulcânicas de Java. Além das acomodações, tínhamos à nossa disposição onze veículos Toyota próprios para estradas acidentadas, cada um com um motorista e um tradutor. Finalmente, éramos presenteados com o título de sócios do exclusivo Bandung Golf and Racket Club, e alojados num conjunto de escritórios na sede local da Perusahaan Umum Listrik Negara (PLN), a empresa pública de fornecimento de energia elétrica do governo.

Para mim, os primeiros vários dias em Bandung envolveram uma série de reuniões com Charlie e Howard Parker. Howard estava na casa dos 70 e era o encarregado-chefe das previsões de carga aposentado da New England

Electric System. No momento ele era responsável pela previsão da quantidade de energia e capacidade geradora (a carga) de que a ilha de Java precisaria nos 25 anos seguintes, assim como pela sua projeção em previsões para a cidade e região. Uma vez que a demanda de eletricidade está intimamente relacionada com o crescimento econômico, as previsões dele dependiam das minhas projeções econômicas. O resto da nossa equipe iria desenvolver o plano geral em torno dessas previsões, localizando e projetando usinas elétricas, linhas de transmissão e distribuição e sistemas de transporte de combustíveis de maneira que satisfizesse as nossas projeções da maneira mais eficiente possível. Durante as nossas reuniões, Charlie enfatizava continuamente a importância do meu trabalho, e ele me assinalara quanto à necessidade de ser muito otimista nas minhas previsões. Claudine estava certa; eu era a chave de todo o plano geral.

"As primeiras semanas aqui", Charlie explicou, "serão para a coleta de informações."

Ele, Howard e eu estávamos sentados em grandes cadeiras de palhinha no chique e luxuoso escritório privativo de Charlie. As paredes eram forradas com tapeçarias estampadas em *batik* ilustrando lendas épicas dos antigos livros hindus do Ramayana. Charlie soltava baforadas de um grosso charuto.

"Os engenheiros vão compor um quadro detalhado do atual sistema elétrico, capacidades portuárias, estradas, ferrovias, todo esse tipo de coisa." Ele apontou o charuto para mim. "Você terá de andar depressa. No final do primeiro mês, Howard precisa ter uma boa idéia sobre toda a extensão dos milagres econômicos que vão ocorrer quando colocarmos a nova programação em funcionamento. No fim do segundo mês, vamos precisar de mais detalhes... divididos por regiões. No último mês estaremos prontos para preencher as lacunas. Isso será decisivo. Todos nós vamos pôr as nossas cabeças para funcionar juntas. Portanto, antes de irmos embora, teremos de ter absoluta certeza de que temos todas as informações de que iremos precisar. Deveremos voltar para casa lá pelo Dia de Ação de Graças, esse é o meu palpite. Não tem discussão."

Howard parecia ser um tipo amigável, com um jeito de avô, mas na verdade era um velho amargurado que se sentia traído pela vida. Ele nunca chegara ao topo do New England Electric System e se ressentia profundamente disso. "Fui passado para trás", ele me disse várias vezes, "porque me recusei a comprar a linha de transmissão da empresa." Ele fora forçado a se aposentar e então, incapaz de suportar ficar em casa com a esposa, aceitara um emprego como consultor da MAIN. Aquela era a sua segunda missão, e eu fora advertido tanto por Einar quanto por Charlie para tomar cuidado com ele. Eles o classificaram com palavras como *teimoso, mesquinho* e *vingativo.*

Conforme se evidenciou, Howard foi um dos meus mais sábios professores, embora não do tipo que eu estivesse pronto para aceitar na época. Ele nunca recebera o tipo de treinamento que Claudine me ministrara. Acho que o consideravam velho demais, ou talvez teimoso demais. Ou talvez imaginaram que ele tivesse entrado por pouco tempo, até que eles conseguissem aliciar um colaborador em tempo integral como eu. Seja como for, do ponto de vista deles, ele se revelou um problema. Howard via claramente a situação e o papel que queriam que desempenhasse, e estava determinado a não ser um peão. Todos os adjetivos que Einar e Charlie usaram para classificá-lo eram adequados, mas pelo menos algo da sua teimosia resultara da sua decisão pessoal de não ser um escravo para eles. Duvido que ele jamais tenha ouvido a expressão "assassino econômico", mas ele sabia que eles pretendiam usá-lo para promover uma forma de imperialismo com a qual ele não podia concordar.

Ele me puxou para um lado depois de uma das nossas reuniões com Charlie. Usava um aparelho auditivo e vivia mexendo na caixinha embaixo da camisa onde controlava o volume.

"Isso fica entre nós", Howard disse em voz baixa. Estávamos próximos à janela do escritório que dividíamos, olhando para o canal de água parada que circundava o prédio da PLN. Uma jovem banhava-se nas suas águas imundas, tentando reter alguma aparência de modéstia ao envolver frouxamente um sarongue ao redor do corpo nu. "Eles vão tentar convencê-lo de que esta economia está prestes a disparar como um foguete", disse ele. "Charlie é impiedoso. Não deixe que o impressione."

As palavras dele me deram uma sensação de afundar, mas também uma vontade de convencê-lo de que Charlie estava certo; afinal de contas, a minha carreira dependia de agradar os meus chefes na MAIN.

"Sem dúvida esta economia vai passar por um rápido crescimento", eu disse, os olhos atraídos pela mulher no canal. "Basta ver o que está acontecendo."

"Aí está você", ele murmurou, aparentemente indiferente à cena à nossa frente. "Você já entrou na deles, não entrou?"

Um movimento acima do canal chamou a minha atenção. Um velho que descera da barreira baixou as calças e se agachou na borda da água para atender a um chamado da natureza. A jovem o viu mas não se abalou; continuou se banhando. Eu me afastei da janela e olhei diretamente para Howard.

"Tenho alguma experiência", disse. "Posso ser jovem, mas acabo de voltar de três anos na América do Sul. Fui testemunha do que pode acontecer quando se descobre petróleo. As coisas mudam rápido."

"Ah, eu também passei por algumas experiências", ele caçoou. "Por uma porção de anos. Vou lhe dizer uma coisa, rapaz. Não dou a mínima para as suas descobertas de petróleo e todo o resto. Fiz previsões de carga de eletricidade durante toda a minha vida: durante a Depressão, Segunda Guerra Mundial, épocas de baixa e crescimento. Eu vi o que a Rota 128 então chamada 'Milagre de Massachusetts' fez por Boston. E posso dizer com segurança que nenhuma carga de eletricidade jamais cresceu por mais do que 7 a 9 por cento ao ano durante qualquer período sustentado. E isso no melhor dos tempos. Seis por cento é mais razoável."

Eu fiquei olhando para ele. Em parte suspeitava que ele estava certo, mas estava na defensiva. Sabia que precisava convencê-lo, porque a minha própria consciência implorava em altos brados uma justificativa.

"Howard, isto aqui não é Boston. Este é um país onde, até agora, ninguém podia nem ter energia elétrica em casa. As coisas são diferentes aqui."

Ele virou nos calcanhares e acenou com a mão como se quisesse apagar a minha figura.

"Vá em frente", ele falou entre os dentes. "Venda-se. Não dou a mínima para o que você apresentar." Ele arrastou com violência a cadeira da escrivaninha e caiu sentado nela. "Vou fazer a minha previsão de eletricidade baseado no que acredito, não em algum estudo econômico mirabolante." Ele pegou o lápis e começou a rabiscar num bloco de papel.

Era um desafio que eu não poderia ignorar. Postei-me diante da sua escrivaninha.

"Você vai ficar parecendo um idiota se eu apresentar o que todo mundo espera... um crescimento acelerado que rivalize com a corrida do ouro da Califórnia... e as suas previsões de crescimento de demanda de eletricidade foram comparadas às taxas de Boston na década de 1960."

Ele jogou o lápis sobre a escrivaninha e me fuzilou com o olhar.

"Exorbitante! É o que tudo isso é. Você... todos vocês...", ele agitava os braços para os escritórios além das paredes, "venderam a alma ao demônio. Vocês só pensam em dinheiro. Agora", ele esboçou um sorriso e tocou a caixinha embaixo da camisa, "estou desligando o meu aparelho auditivo e voltando ao trabalho."

Aquilo me abalou profundamente. Saí da sala batendo os pés e me encaminhei para o escritório de Charlie. No meio do caminho, parei, em dúvida sobre o que pretendia fazer. Em vez de ir em frente, dei meia-volta e desci as escadas, saindo do prédio, para receber o sol da tarde. A jovem estava saindo do canal, o sarongue amarrado firmemente ao redor do corpo. O velho tinha sumido. Diversos meninos brincavam no canal, mergulhando e jogando água uns nos outros. Uma velha ajoelhara-se no fundo da água, e escovava os dentes; outra esfregava roupas.

Senti um grande nó na garganta. Sentei-me em um pedaço de uma laje de concreto, tentando ignorar o intenso mau cheiro do canal. Precisei fazer um esforço para conter as lágrimas; eu precisava entender por que eu me sentia tão infeliz.

Você está nisso por dinheiro. As palavras de Howard ecoaram no meu pensamento várias vezes. Ele atingira um nervo exposto.

Os meninos continuavam a jogar água uns nos outros, enchendo o ar com as suas vozes exultantes. Imaginei o que poderia fazer. O que seria preciso para me tornar tão despreocupado quanto eles? A pergunta me atormentou pelo tempo que fiquei ali sentado observando-os brincar na sua feliz inocência, aparentemente inconscientes do risco que corriam brincando naquela água fétida. Um velho encurvado apoiado num bastão retorcido claudicava ao longo da barreira acima do canal. Ele parou olhando para os meninos e sua face se abriu num sorriso desdentado.

Talvez eu pudesse confiar em Howard; quem sabe juntos encontrássemos uma solução. Imediatamente experimentei uma sensação de alívio. Peguei uma pedrinha e atirei-a no canal. Enquanto as ondulações que ela provocara se desmanchavam, no entanto, o mesmo aconteceu com a minha euforia. Eu sabia que não poderia fazer aquilo. Howard era velho e amargo. Ele já deixara para trás as oportunidades de avançar na própria carreira. Com certeza, ele não lutaria agora. Eu era jovem, no começo da carreira, e certamente não queria acabar como ele.

Olhando para a água pútrida do canal, uma vez mais eu vi imagens da escola preparatória de New Hampshire na colina, onde eu passava os feriados sozinho enquanto os outros meninos saíam para os seus bailes de debutante. Pouco a pouco a realidade triste se estabelecia. Mais uma vez, não havia ninguém com quem eu pudesse contar.

Naquela noite fiquei deitado na cama, pensando por um longo tempo sobre as pessoas da minha vida — Howard, Charlie, Claudine, Ann, Einar, Tio Frank — imaginando como seria a minha vida se nunca as tivesse conhecido. Onde será que estaria vivendo? Não na Indonésia, com certeza. Pensei também sobre o meu futuro, sobre para onde eu estava me encaminhando. Ponderei sobre a decisão que me confrontava. Charlie deixara claro que esperava que Howard e eu apresentássemos taxas de crescimento de no mínimo 17 por cento ao ano. Que tipo de previsão eu faria?

De repente surgiu-me um pensamento que acalmou a minha alma. Por que aquilo não me ocorrera antes? A decisão não era minha absolutamente. Howard tinha dito que faria o que considerava correto, independentemente das minhas conclusões. Por mais elevadas que fossem as previsões que eu apresentasse aos meus chefes a decisão dele seria a mesma; o meu trabalho não teria efeito nenhum sobre o plano geral. As pessoas enfatizavam a importância do meu papel, mas elas estavam enganadas. Aquilo foi como tirar um grande peso das minhas costas. Adormeci profundamente.

Alguns dias depois, Howard adoeceu acometido de um grave acesso de amebíase. Nós o levamos às pressas a um hospital missionário católico. Os médicos prescreveram a medicação e recomendaram enfaticamente que ele retornasse imediatamente aos Estados Unidos. Howard nos garantiu que já tinha todas as informações de que precisava e poderia concluir com facilidade a previsão de carga a partir de Boston. As palavras que ele me dirigiu antes de partir foram uma reiteração da advertência que fizera antes.

"Não esquente a cabeça com os números", disse ele. "Não vou fazer parte desse engodo, não importa o que você diga sobre os milagres do crescimento econômico!"

SEGUNDA PARTE: 1971–1975

CAPÍTULO 6

No Papel de Inquisidor

Os nossos contratos com o governo indonésio, o Asian Development Bank e a USAID requeriam que alguém da nossa equipe visitasse todos os maiores centros populacionais da área coberta pelo plano geral. Eu fui designado para atender a essa condição. Conforme Charlie observou, "Você sobreviveu à Amazônia; sabe lidar com percevejos, cobras e água contaminada".

Acompanhado de um motorista e um tradutor, visitei muitos lugares lindos e fiquei em algumas pousadas bem tristes. Reuni-me com empresários e líderes políticos locais e ouvi suas opiniões sobre as perspectivas de crescimento econômico. No entanto, achei a maioria deles relutante a compartilhar informações comigo. Eles pareciam intimidados pela minha presença. Na maioria dos casos, diziam que precisariam consultar os chefes, as agências governamentais ou a sede da empresa em Jacarta. Em algumas ocasiões, cheguei a suspeitar de algum tipo de conspiração contra mim.

Essas viagens geralmente eram curtas, não se estendendo por mais de dois ou três dias. Nos intervalos, eu retornava a Wisma, em Bandung. A mulher que gerenciava o local tinha um filho alguns anos mais novo do que eu. O nome dele era Rasmon, mas para todo mundo a não ser para a mãe ele era Rasy. Um aluno de economia da universidade local, ele imediatamente se interessou pelo meu trabalho. Na verdade, desconfiei de que a certa altura ele me procuraria para pedir um emprego. Ele também começou a me ensinar a falar a *bahasa* indonésia.

Criar uma língua fácil de aprender fora a principal prioridade do presidente Sukarno depois que a Indonésia conquistou a sua independência da Holanda. Mais de 350 línguas e dialetos eram falados em todo o arquipélago,[1] e Sukarno entendeu que o país precisava de um vocabulário comum para unir as populações de tantas ilhas e culturas. Recrutou uma equipe internacional de lingüistas e a *bahasa* indonésia foi um resultado altamente compensador. Baseada no malaio, ela evita muitas das mudanças de tempo, verbos irregulares e outras complicações que caracterizam a maioria das línguas. No início da década de 1970, a grande maioria dos indonésios falava a nova língua, embora continuasse a depender do javanês ou outros dialetos locais nas suas comunidades. Rasy era um ótimo professor com um maravilhoso senso de humor, e em comparação a aprender o *shuar* ou até mesmo o espanhol, a *bahasa* era fácil.

Rasy tinha uma motoneta e me levou com ele para me apresentar a sua cidade e a sua gente. "Vou lhe mostrar um lado da Indonésia que você não viu", ele prometeu uma noite e me convidou a montar na garupa da motoneta e seguir com ele.

Passamos por espetáculos de fantoches de sombra, músicos tocando instrumentos tradicionais, engolidores de fogo, malabaristas e camelôs vendendo de tudo que se possa imaginar, de fitas-cassete americanas contrabandeadas a artefatos indígenas raros. Finalmente, acabamos indo a um café freqüentado por jovens cujas roupas, chapéus e estilo de cabelo acompanhavam a moda lançada numa apresentação dos Beatles no fim da década de 1960; no entanto, todos eram tipicamente indonésios. Rasy me apresentou a um grupo sentado a uma mesa e nos sentamos.

Todos eles falavam inglês, com variados graus de fluência, mas apreciaram e me incentivaram nas minhas tentativas com a *bahasa*. Eles falavam sobre isso abertamente e me perguntavam por que os americanos nunca aprenderam a língua deles. Eu não soube o que responder. Nem pude explicar por que eu era o único americano ou europeu naquela parte de cidade, ainda que pudesse sempre encontrar muitos de nós no Golf e Racket Club, nos restaurantes sofisticados, nos cinemas e nos supermercados caros.

Foi uma noite memorável para mim. Rasy e seus amigos me trataram como um deles. Senti uma certa euforia por estar lá, conhecendo a cidade deles, as suas comidas e a sua música, sentindo o aroma dos cigarros de cravo-da-índia e outros aromas que faziam parte da vida deles, fazendo piadas e rindo com eles. Era como no Corpo de Paz de novo, e eu me vi imaginando por que pensara que queria viajar de primeira classe e me separar de pessoas como aquelas. À medida que a noite prosseguia, eles foram ficando cada vez mais interessados em saber o que eu pensava sobre o seu país e sobre a guerra do meu país contra o Vietnã. Cada um deles estava horrorizado com o que chamavam de "invasão ilegal", e ficaram aliviados ao saber que eu pensava como eles.

Quando Rasy e eu voltamos para o alojamento era tarde e o lugar estava às escuras. Agradeci a ele várias vezes por me convidar a conhecer o seu mundo; ele me agradeceu por ser franco com os amigos. Prometemos repetir o programa outras vezes, nos abraçamos e fomos para os nossos quartos.

Essa experiência com Rasy aguçou o meu apetite por passar mais tempo longe da equipe da MAIN. Na manhã seguinte, eu tive uma reunião com Charlie e lhe disse que eu estava começando a me sentir frustrado tentando obter informações com as pessoas locais. Além disso, a maior parte das estatísticas de que precisava para desenvolver as previsões econômicas só podiam ser encontradas nos escritórios governamentais em Jacarta. Charlie e eu concordamos que eu precisaria passar de uma a duas semanas em Jacarta.

Ele expressou compaixão por mim, tendo de abandonar Bandung pela metrópole opressiva, e eu pretextei detestar a idéia. Secretamente, no entanto, estava empolgado com a oportunidade de ter algum tempo para mim, para conhecer Jacarta e ficar no elegante Hotel InterContinental Indonesia. Uma vez em Jacarta, contudo, descobri que agora via a vida de uma perspectiva diferente. A noite que passara com Rasy e os jovens indonésios, assim como as minhas viagens pelo interior, haviam operado uma transformação em mim. Descobri que via os meus conterrâneos americanos sob um ângulo diferente. As jovens esposas não pareciam tão bonitas assim. As cercas de correntes ao redor da piscina e as grades de ferro por fora das janelas nos pisos inferiores, que eu mal notara antes, agora adquiriam uma aparência nefasta para mim. A comida nos elegantes restaurantes do hotel parecia insípida.

Reparei em outra coisa também. Durante as minhas reuniões com os líderes políticos e empresariais, tomei consciência de sutilezas na maneira como eles me tratavam. Não havia percebido isso antes, mas agora via que muitos deles se ressentiam da minha presença. Por exemplo, quando me apresentavam uns aos outros, geralmente usavam termos em *bahasa* que de acordo com o meu dicionário traduziam-se por *inquisidor* e *interrogador*. Propositalmente deixei de revelar o meu conhecimento da língua deles — até mesmo o meu tradutor sabia apenas que eu era capaz de recitar algumas poucas frases feitas — e comprei um bom dicionário *bahasa*-inglês, que geralmente usava depois de me despedir deles.

Esse tratamento seria apenas uma coincidência de linguagem? Malentendidos do dicionário? Tentei me convencer de que eram. Ainda assim, quanto mais tempo eu passava com aqueles homens, mais convencido me tornava de que era um intruso, com quem deviam cooperar apenas porque alguém mandara, e eles praticamente não tinham escolha a não ser obedecer. Eu não fazia a menor idéia de quem teria dado aquela ordem, uma autoridade do governo, um banqueiro, um general, ou se ela teria partido da Embaixada americana. Tudo o que eu sabia era que, embora eles me recebessem nos seus escritórios, me servissem chá, fizessem perguntas educadas e parecessem de muitas outras maneiras receber bem a minha presença, por baixo da superfície havia uma sombra de resignação e rancor.

Também me admirei com as respostas que davam às minhas perguntas e com a credibilidade das suas informações. Por exemplo, eu nunca consegui entrar em um escritório com o meu tradutor para ser apresentado a alguém; primeiro tínhamos de marcar a reunião. Por si só, isso não pareceria tão estranho, a não ser que esse procedimento causava uma enorme perda de tempo. Uma vez que os telefones raramente funcionavam, tínhamos de atravessar as ruas congestionadas pelo trânsito, que eram tão tortuosas que poderia levar uma hora para chegar a um prédio a apenas alguns quarteirões de distância de onde estávamos. Uma vez lá, pediam-nos para preencher uma infinidade de formulários. Até que, por fim, aparecia um secretário. Educadamente — sempre com o sorriso de cortesia pelo qual os javaneses são famosos — ele me perguntava sobre que tipo de informações eu desejava, e então marcaria o horário da reunião.

Sem exceção, a reunião era marcada para no mínimo vários dias depois, e quando a reunião finalmente acontecia, entregavam-me um folheto com os números já prontos. Os proprietários de indústrias me deram planejamentos de cinco a dez anos, os banqueiros tinham quadros e gráficos, e os funcionários do governo forneceram listas de projetos que estavam em processo de saída da prancheta de projetos para se tornar o motor do crescimento econômico. Tudo o que esses capitães do comércio e do governo forneceram, e tudo o que eles disseram durante as entrevistas, indicava que Java estava contaminada por talvez o maior crescimento que alguma economia já experimentara no mundo. Nenhum deles — nem uma única pessoa — jamais questionou essa premissa ou me deu alguma informação que a contradissesse.

Quando retornei a Bandung, no entanto, me via imaginando sobre todas essas experiências; às vezes era profundamente perturbador. Ocorreu-me que tudo o que eu estava fazendo na Indonésia era mais parte de um jogo do que realidade. Era como se estivéssemos participando de um jogo de pôquer. Não revelávamos as nossas cartas. Não podíamos confiar uns nos outros ou contar com a credibilidade das informações que nos dávamos. Ainda assim, esse jogo era mortalmente sério, e o seu resultado teria uma influência decisiva sobre milhões de vidas pelas décadas seguintes.

CAPÍTULO 7

A Civilização em Julgamento

"Estou levando você para ver um *dalang*", gritou Rasy. "Você sabe, os famosos mestres de bonecos indonésios." Ele estava obviamente feliz por me ver de volta a Bandung. "Há um *dalang* muito importante na cidade nessa noite."

Ele me levou na sua motoneta por regiões da cidade que eu não sabia que existiam, através de trechos cheios de tradicionais casas *kampong* javanesas, que se pareciam com uma versão pessoal pobre de templos com teto azulejado. Para trás haviam ficado as majestosas mansões coloniais holandesas e os prédios de escritórios que eu me acostumara a esperar encontrar. As pessoas eram obviamente pobres, mas ostentavam uma expressão de grande dignidade. Elas usavam surrados sarongues decorados com estampas de batik, blusas de cores berrantes, e chapéus de palha de abas largas. Para todo lugar que íamos éramos cumprimentados com sorrisos e risadas. Quando paramos, crianças se aproximaram correndo para me tocar e apalpar o tecido da minha calça *jeans*. Uma menininha prendeu uma perfumada flor de jasmim no meu cabelo.

Estacionamos a motoneta próximo a um teatro de calçada onde várias centenas de pessoas estavam reunidas, algumas em pé, outras sentadas em cadeiras dobráveis. A noite era clara e linda. Embora estivéssemos no centro da parte antiga de Bandung, não havia iluminação na rua, portanto podíamos ver as estrelas que brilhavam acima das nossas cabeças. O ar estava repleto de aromas de madeira queimada, amendoim e cravo-da-índia.

Rasy sumiu no meio da multidão e logo voltou com muitos dos jovens que eu conhecera no café. Eles me ofereceram chá quente, bolinhos e *sate*, pedacinhos de carne frita em óleo de amendoim. Eu devia ter hesitado antes de aceitar esse último item, porque uma das mulheres apontou para um fogareiro.

"A carne é bem fresca", disse e riu. "Acabou de ser frita."

Então começou a música — os sons mágicos e envolventes do *gamalong*, um instrumento que evoca imagens de sinos de igrejas.

"O dalang toca todas as músicas sozinho", sussurrou Rasy. "Ele também faz todos os bonecos e cria as suas vozes em várias línguas. Vamos traduzir para você."

Foi uma apresentação deslumbrante, combinando lendas tradicionais com acontecimentos do momento. Mais tarde eu viria a saber que o dalang é um xamã que faz a sua atuação em transe. Ele tinha mais de uma centena de bonecos e falava por cada um deles com voz diferente. Foi uma noite inesquecível para mim e que me influenciou para o resto da vida.

Depois de concluir uma seleção clássica dos textos antigos do Ramayana, o dalang apresentou um boneco de Richard Nixon, perfeito com o característico nariz comprido e as bochechas flácidas. O presidente americano estava vestido como o Tio Sam, com uma cartola estampada com estrelas e listras e fraque. Ele estava acompanhado por outro boneco, que usava um traje de listras de três cores diferentes. O segundo boneco levava numa das mãos um buquê decorado com símbolos do dólar. Ele usava a mão livre para agitar uma bandeira americana acima da cabeça de Nixon do mesmo modo como um escravo abana o senhor.

Um mapa do Oriente Médio e do Extremo Oriente apareceu por trás dos dois, os diversos países pendendo de ganchos nas suas respectivas posições. Nixon imediatamente aproximou-se do mapa, levantou o Vietnã do seu gancho e colocou-o na boca. Ele gritou alguma coisa que foi traduzida como "Amargo! Que lixo. Não precisamos mais disso!" Então ele o atirava para dentro de um balde e continuava a fazer o mesmo com os outros países.

Fiquei surpreso, no entanto, de ver que as outras escolhas dele não incluíssem as nações dominó do Sudeste Asiático. Em vez disso, eram todas de países do Oriente Médio — Palestina, Kuwait, Arábia Saudita, Iraque, Síria e Irã. Depois disso, ele se voltou para o Paquistão e o Afeganistão. A cada vez, o boneco de Nixon gritava alguma frase de efeito antes de jogar o país no lixo, e em cada caso, as suas palavras de escárnio eram antiislâmicas: "Cães muçulmanos", "Monstros de Maomé" e "diabos islâmicos".

A multidão se entusiasmou, a tensão crescendo a cada novo acréscimo no balde. Eles pareciam divididos entre acessos de riso, choque e raiva. Às vezes, eu senti que eles se ofendiam com a linguagem do boneco. Também eu me senti intimidado; fiquei parado no meio da multidão, mais alto que os demais e preocupado com que pudessem voltar a sua raiva contra mim. Então Nixon disse algo que fez arrepiar o meu couro cabeludo quando Rasy traduziu.

"Dê este aqui para o Banco Mundial. Veja o que isso pode fazer para tirarmos algum dinheiro da Indonésia."

Ele levantou a Indonésia do mapa e atirou-a no balde, mas exatamente naquele momento outro boneco saltou das sombras. Esse boneco representava um homem indonésio, vestido com camisa de batik colorido e calça de brim cáqui, e também usava um sinal com o nome claramente pintado.

"Um político bastante popular de Bandung", Rasy explicou.

Esse boneco literalmente voou entre Nixon e o Homem Balde e ergueu a mão.

"Pare!", gritou. "A Indonésia é soberana."

A multidão explodiu num aplauso. Então o Homem Balde ergueu a sua bandeira e a enfiou como uma lança no indonésio, que se debateu e morreu uma morte das mais dramáticas. Os integrantes do público vaiaram, xingaram, gritaram e agitaram os pulsos. Nixon e o Homem Balde ficaram lá, olhando para nós. Eles inclinaram a cabeça e saíram do palco.

"Acho melhor a gente ir embora", eu disse para Rasy.

Ele colocou a mão de modo protetor sobre o meu ombro.

"Está tudo bem", disse ele. "Eles não têm nada contra você pessoalmente."

Eu não tinha tanta certeza.

Depois todos fomos para o café. Rasy e os outros me garantiram que não sabiam de antemão sobre a encenação Nixon-Banco Mundial.

"Nunca se sabe o que esperar daquele bonequeiro", um dos rapazes comentou.

Imaginei em voz alta se aquela não teria sido uma encenação em minha homenagem. Alguém riu e disse que eu tinha um ego enorme.

"Tipicamente americano", acrescentou, batendo nas minhas costas de modo consolador.

"Os indonésios são muito conscientes da política", o homem na cadeira ao meu lado informou. "Os americanos não têm apresentações como essa?"

Uma mulher linda, uma professora de inglês influente na universidade, sentou-se à minha frente do outro lado da mesa.

"Mas você trabalha para o Banco Mundial, não trabalha?"

Eu disse a ela que a minha missão atual era junto ao Asian Development Bank e a Agência Americana para o Desenvolvimento Internacional (USAID).

"Mas não é tudo a mesma coisa?" Ela não esperou pela resposta. "Não é como na peça interpretada esta noite? O seu governo não considera a Indonésia e outros países como se fôssemos simplesmente um cacho de..." Ela ficou procurando a palavra.

"Uvas", um dos amigos dela ajuntou.

"Exatamente. Um cacho de uvas. Você pode pegar e escolher. Guarde a Inglaterra. Coma a China. E jogue fora a Indonésia."

"Depois de lhe tirar todo o petróleo", acrescentou outra mulher.

Tentei me defender mas não era o caso. Eu queria manter o orgulho pelo fato de que fora àquela parte da cidade e tinha ficado para assistir uma apresentação completamente contra os Estados Unidos, que tinha considerado um ataque pessoal contra a minha pessoa. Queria que eles vissem a coragem do que eu fizera, soubessem que eu era o único integrante da minha equipe que se incomodara em aprender *bahasa* ou que tinha vontade de assimilar a cultura deles, e ressaltar que eu era o único estrangeiro presente no espetáculo. Mas concluí que seria mais prudente não comentar nada disso. Em vez disso, tentei mudar o rumo da discussão. Perguntei por que eles achavam que o dalang simbolizara os países muçulmanos, além do Vietnã.

A linda professora de inglês riu da observação.

"Porque esse é o plano."

"O Vietnã é apenas uma ação conjunta", exclamou um dos homens, "como a Holanda foi para os nazistas. Um degrau."

"O verdadeiro alvo", continuou a mulher, "é o mundo muçulmano."

Eu não podia deixar passar sem responder.

"Com certeza", protestei, "vocês não podem acreditar que os Estados Unidos sejam contra os muçulmanos."

"Ah, não?", ela indagou. "Desde quando? Você precisa ler um dos seus próprios historiadores: um britânico chamado Toynbee. Já na década de 1950 ele previa que a verdadeira guerra no próximo século seria não entre comunistas e capitalistas, mas entre cristãos e muçulmanos."

"Arnold Toynbee disse isso?", eu estava impressionado, surpreso.

"Disse. Leia *Civilização em Julgamento* e *O Mundo e o Ocidente*."

"Mas por que deveria haver tanta hostilidade entre muçulmanos e cristãos?", eu perguntei.

Os olhares se cruzavam ao redor da mesa. Eles pareciam achar difícil acreditar que eu pudesse fazer uma pergunta tão tola como aquela.

"Porque", ela disse devagar, como se estivesse falando com um retardado ou com deficiência auditiva, "o Ocidente... especialmente o seu líder, os Estados Unidos... está determinado a controlar todo o mundo, a tornar-se o maior império da história. Já chegou bem perto de conseguir isso. A União Soviética no momento está no seu caminho, mas os soviéticos não vão resistir. Toynbee previu isso. Eles não têm religião, não têm uma fé, nenhum conteúdo por trás da sua ideologia. A história demonstra que fé... alma, uma crença em poderes superiores... é essencial. Nós muçulmanos a temos. Nós temos mais do que qualquer um no mundo, até mesmo mais do que os cristãos. Portanto esperamos. Vamos ficar mais fortes."

"Vamos esperar a hora certa", disse um dos homens, "e então como uma serpente vamos dar o bote."

"Que pensamento horrível!", eu mal pude me conter. "O que podemos fazer para mudar isso?"

A professora de inglês me olhou diretamente nos olhos.

"Parem de ser tão gananciosos", disse ela, "e tão egoístas. Entendam que existem mais coisas no mundo do que mansões enormes e lojas sofisticadas. As pessoas estão morrendo de fome e vocês se preocupam com petróleo para o combustível dos seus carros. Bebês morrem de sede e vocês buscam as revistas de moda para os estilos mais avançados. Nações como a nossa estão se afogando em pobreza, mas o seu povo nem sequer ouve os nossos gritos pedindo socorro. Vocês tapam os ouvidos às vozes daqueles que tentam dizer-lhes essas coisas. Vocês os rotulam de radicais ou de comunistas. Vocês precisam abrir o coração para os pobres e oprimidos, em vez de conduzi-los a mais pobreza e servidão. Não resta muito tempo. Se vocês não mudarem, estarão perdidos."

Vários dias depois, o político popular de Bandung, cujo boneco se interpusera entre Nixon e fora empalado pelo Homem Balde, foi atropelado e morto por um motorista desconhecido que fugiu depois do incidente.

CAPÍTULO 8

Jesus, Visto de Outro Ângulo

A lembrança daquele dalang ficou gravada em mim. Assim como as palavras da linda professora de inglês. Aquela noite em Bandung me lançou num novo nível de reflexão e sentimento. Embora eu não tivesse exatamente ignorado as implicações do que estávamos fazendo na Indonésia, as minhas reações tinham sido controladas pelas emoções, e eu normalmente fora capaz de acalmar os meus sentimentos me chamando à razão, no exemplo da história, e no imperativo biológico. Eu tinha justificado o nosso envolvimento como parte da condição humana, convencendo-me de que Einar, Charlie e o resto de nós estávamos simplesmente agindo como os homens sempre fizeram: cuidando de si mesmos e das suas famílias.

A minha discussão com aqueles jovens indonésios, no entanto, forçou-me a ver outro aspecto da questão. Pelos olhos deles, eu entendi que um método egoísta da política externa não serve às gerações futuras ou as protege em lugar nenhum. É miopia, assim como os relatórios anuais das corporações e as estratégias eleitorais dos políticos que formulam essa política externa.

Conforme se evidenciou, as informações de que eu precisava para as minhas previsões econômicas requeriam freqüentes viagens a Jacarta. Eu aproveitei o meu tempo sozinho lá para ponderar sobre esses assuntos e escrever sobre eles num diário. Perambulava pelas ruas da cidade, dava dinheiro aos mendigos e tentava conversar com leprosos, prostitutas e moradores de rua.

Enquanto isso, ponderava sobre a natureza da ajuda externa e considerava o papel legítimo que os países desenvolvidos (PDs, no jargão do Banco Mundial) podiam desempenhar em ajudar a aliviar a pobreza e a miséria nos países subdesenvolvidos (PSD). Comecei a imaginar quando a ajuda externa é verdadeira e quando não é apenas ganância e oportunismo. Na verdade, comecei a questionar se essa ajuda é de algum modo altruísta, e se não, se ela poderia ser mudada. Estava certo de que países como o meu deveriam assumir ações decisivas para ajudar os doentes e famintos do mundo, mas eu estava igualmente certo de que isso era raro — se é que acontecia — a principal motivação para a nossa intervenção.

Eu voltava sempre a uma questão principal: se o objetivo da ajuda externa é o imperialismo, isso é tão errado? Eu sempre me vi invejando pessoas como Charlie, que acreditavam tão fortemente no nosso sistema que queriam forçá-lo sobre o resto do mundo. Eu duvidava se recursos limitados permitiriam que o mundo inteiro vivesse a vida opulenta dos Estados Unidos, quando até mesmo os Estados Unidos tinham milhões de cidadãos vivendo na pobreza. Além disso, não estava inteiramente claro para mim se as pessoas de outras nações realmente queriam viver como nós. As nossas próprias estatísticas sobre violência, depressão, uso de drogas, divórcio e crime indicavam que embora a nossa sociedade fosse uma das mais ricas da história, ela também podia ser uma das mais infelizes. Por que iríamos querer que os outros nos imitassem?

Talvez Claudine tivesse me alertado sobre tudo isso. Eu não estava mais certo sobre o que ela tentara me falar. Em todo caso, argumentos intelectuais à parte, agora ficava dolorosamente claro que os meus dias de inocência tinham se acabado. Eu escrevi no meu diário:

> Alguém é inocente nos Estados Unidos? Embora os que estão no topo da pirâmide ganhem o máximo possível, milhões dependem "direta ou indiretamente" da exploração dos PSDs para a própria subsistência. Os recursos e mão-de-obra barata que alimentam praticamente todas as nossas empresas vêm de lugares como a Indonésia e muito poucos retornam às suas origens. Os empréstimos da ajuda externa asseguram que as crianças de hoje e os seus netos serão mantidos como reféns. Eles terão de permitir que as nossas corporações devastem os seus recursos naturais e terão de postergar educação, saúde e outros serviços meramente para nos pagar. O fato de que as nossas próprias empresas já recebem a maior parte desse dinheiro para construir usinas elétricas, aeroportos e parques industriais não conta na fórmula. A desculpa de que a maioria dos americanos não tem conhecimento disso constitui inocência? Desinformados e intencionalmente mal-informados, sim — mas inocentes?

É claro que eu tinha de encarar o fato de que agora me incluía entre os que conscientemente desinformavam.

O conceito de uma guerra santa em âmbito mundial era perturbador, mas quanto mais eu o considerava, mais convencido ficava da sua possibilidade. No entanto, parecia que se essa *jihad* tivesse de acontecer seria menos entre muçulmanos e cristãos do que entre os PSDs e os PDs, talvez com os muçulmanos à frente. Nós dos PDs éramos os usuários dos recursos; os dos PSDs eram os fornecedores. Era o sistema mercantil colonial repetindo-se outra vez, estabelecido para tornar mais fácil para aqueles com poder e recursos naturais limitados explorar aqueles com recursos mas sem poder.

Eu não tinha um exemplar do livro de Toynbee comigo, mas conhecia o suficiente de história para compreender que fornecedores que eram explorados por tempo demais se revoltavam. Bastava-me recorrer à Revolução Americana e Tom Paine para ter o modelo. Lembrei que os britânicos justificavam os seus impostos alegando que a Inglaterra fornecia ajuda às colônias na forma de proteção militar contra os franceses e os índios. Os colonos tinham uma interpretação muito diferente.

O que Paine ofereceu aos seus compatriotas no brilhante ensaio intitulado *Common Sense* foi a essência daquilo a que se referiam os meus jovens amigos indonésios — uma idéia, uma fé na justiça de um poder superior e uma religião de liberdade e igualdade que era diametralmente oposta à monarquia britânica e o seu sistema de classes elitista. O que os muçulmanos ofereciam era semelhante: fé num poder superior e uma crença em países desenvolvidos não têm o direito de subjugar e explorar o resto do mundo. A exemplo do miliciano da revolução americana, os muçulmanos estavam ameaçando lutar pelos seus direitos, e, como os britânicos da década de 1770, classificamos essas ações como terrorismo. A história parece estar se repetindo.

Imaginei que tipo de mundo teríamos se os Estados Unidos e os seus aliados desviassem todo o dinheiro gasto nas guerras coloniais — como a do Vietnã — para erradicar a fome no mundo ou para disponibilizar a educação e o atendimento médico básico para todos os povos, incluindo o nosso. Imaginei como seriam afetadas as futuras gerações se nos comprometêssemos a aliviar as causas da miséria e a proteger as bacias hidrográficas, florestas e outras áreas que asseguram água pura, ar despoluído e as coisas que alimentam o nosso espírito assim como o nosso corpo. Eu não conseguia acreditar que os nossos Pais Fundadores imaginassem que o direito à vida, à liberdade e à busca da felicidade existissem apenas para os americanos, então por que agora estávamos implementando estratégias que promoviam os valores imperialistas contra os quais eles haviam lutado?

Na minha última noite na Indonésia, acordei no meio de um sonho, sentei-me na cama e acendi a luz. Tinha a sensação de que havia alguém no quarto comigo. Olhei com atenção para os móveis familiares do Hotel Inter-Continental, as tapeçarias de batik e os bonecos de sombra enquadrados que pendiam nas paredes. Então o sonho voltou.

Eu vira Cristo parado à minha frente. Ele se parecia com o mesmo Jesus com o qual eu conversava todas as noites em que, quando menino, compartilhava os meus pensamentos com ele depois de dizer as minhas preces formais. A não ser pelo fato de que o Jesus da minha infância era loiro e com a barba bem-aparada, ao passo que esse tinha cabelos escuros cacheados e uma compleição morena. Ele se curvou e revelou algo que trazia no ombro. Eu esperei que fosse uma cruz. Em vez disso, vi o mancal de um eixo de roda de um carro com o aro da roda se projetando acima da sua cabeça, formando um halo metálico. A graxa escorria como sangue pela sua testa. Ele endireitou o corpo, olhou-me firmemente nos olhos e disse:

"Se eu viesse hoje, você me veria de maneira diferente."

Perguntei-lhe por quê.

"Porque", ele respondeu, "o mundo mudou."

O relógio lembrou-me que estava para amanhecer. Eu soube que não conseguiria voltar a dormir, então me vesti, peguei o elevador para o saguão deserto e fui perambular nos jardins que circundavam a piscina. A lua brilhava no céu; o aroma adocicado das orquídeas recendia no ar. Sentei-me numa espreguiçadeira e me perguntei o que estava fazendo ali, por que as coincidências da minha vida tinham me levado por esse caminho, por que a Indonésia. Eu sabia que a minha vida mudara, mas não fazia idéia de que a mudança fora tão drástica.

Ann e eu nos encontramos em Paris na minha viagem de volta aos Estados Unidos, para tentar uma reconciliação. Até mesmo durante essas férias na

França, no entanto, continuamos a brigar. Embora houvesse muitos momentos especiais e lindos, acho que nós dois compreendemos que a nossa longa história de raiva e ressentimento era um obstáculo grande demais para ser transposto. Além disso, havia muita coisa que eu não podia comentar com ela. A única pessoa com quem eu poderia compartilhar essas coisas era Claudine, e eu pensava nela com freqüência. Ann e eu descemos no Logan Airport de Boston e tomamos um táxi para os nossos diferentes apartamentos na Back Bay.

CAPÍTULO 9

A Oportunidade da Minha Vida

O verdadeiro teste sobre a Indonésia me aguardava na MAIN. A primeira coisa que fiz na manhã seguinte foi me encaminhar para a sua sede no Prudential Center e, enquanto esperava o elevador ao lado de dezenas de outros funcionários, fiquei sabendo que Mac Hall, o enigmático, octogenário presidente da MAIN, promovera Einar a presidente do escritório de Portland, Oregon. Como resultado disso, oficialmente agora eu me reportava a Bruno Zambotti.

Apelidado de "a raposa prateada" por causa da cor do seu cabelo e da sua capacidade misteriosa de frustrar os planos de quem quer que se interpusesse em seu caminho, Bruno tinha a elegância e a distinção características de Cary Grant. Era eloqüente e era formado tanto em engenharia como detinha um MBA. Entendia de econometria e era vice-presidente responsável pela divisão de energia elétrica da MAIN e da maioria dos nossos projetos internacionais. Também era a escolha óbvia para ser o novo presidente da corporação quando o seu mentor, Jake Dauber, que estava ficando velho, se aposentasse. A exemplo da maioria dos funcionários da MAIN, eu me sentia impressionado e aterrorizado por Bruno Zambotti.

Pouco antes do almoço, fui convocado à sala de Bruno. Depois de uma conversa cordial sobre a Indonésia, ele disse algo que me fez pular para a borda da minha cadeira.

"Estou demitindo Howard Parker. Não precisamos entrar em detalhes, a não ser para dizer que ele perdeu a noção da realidade." O sorriso dele foi desconcertantemente agradável enquanto batia com o dedo contra um maço de papéis sobre a escrivaninha. "Oito por cento ao ano. Isso não é previsão de carga. Você acredita numa coisa dessas? Num país com o potencial da Indonésia."

O sorriso dele se apagou e ele me olhou diretamente nos olhos. "Charlie Illingworth me disse que as suas previsões econômicas acertaram direto no alvo e que justificam um crescimento de carga entre 17 e 20 por cento. Isso está correto?"

Eu lhe garanti que sim.

Ele se levantou e me estendeu a mão. "Meus parabéns. Você acaba de ser promovido."

Talvez eu devesse ter saído para comemorar em um restaurante sofisticado com outros funcionários da MAIN — ou mesmo sozinho. No entanto, só conseguia pensar em Claudine. Eu estava ansioso para contar a ela sobre a minha promoção e todas as minhas experiências na Indonésia. Ela me advertira para não telefonar-lhe do exterior, e eu obedecera. Agora, eu estava com medo de descobrir que o telefone dela estava desligado, sem outro número para transferência. Saí à procura dela.

Um jovem casal mudara-se para o apartamento dela. Era hora do almoço mas acho que os tirei da cama; obviamente incomodados, eles afirmaram não saber nada sobre Claudine. Eu fui ao escritório da imobiliária, fingindo ser um primo. Os arquivos deles indicavam que ela não alugara nada com o nome dela; o aluguel anterior estava no nome de um homem que pedira para permanecer anônimo. De volta ao Prudential Center, o departamento de pessoal da MAIN também afirmou não ter registros no nome dela. Eles admitiam apenas a existência de um arquivo sobre "consultores especiais" o qual eu não tinha autorização de pesquisar.

No fim da tarde, eu estava exausto e emocionalmente esgotado. Acima de todo o resto, sentia-me afetado por um forte acesso de *jet-lag*. De volta ao apartamento vazio, senti-me desesperadamente sozinho e abandonado. A minha promoção parecia insignificante ou, pior ainda, um emblema da minha disposição de me vender. Atirei-me na cama, arrasado pelo desespero. Fora usado por Claudine e depois descartado. Determinado a não me entregar à angústia, sufoquei as minhas emoções. Fiquei deitado na cama olhando para as paredes nuas pelo que me pareceram horas.

Finalmente, decidi me recompor. Levantei-me, engoli uma cerveja e amassei a latinha vazia sobre a mesa. Depois olhei pela janela. Correndo os olhos pela rua distante, pensei tê-la visto caminhando na minha direção. Corri para a porta e então voltei para a janela para olhar outra vez. A mulher se aproximara. Eu via que era bonita, e que o seu modo de caminhar lembrava o de Claudine, mas não era Claudine. Meu coração parou e os meus sentimentos passaram da raiva e abominação para o medo.

Uma imagem refulgiu à minha frente de Claudine caindo, caindo sob uma chuva de balas, assassinada. Afastei a imagem dos pensamentos, tomei dois comprimidos de calmante e me afundei no sono.

Na manhã seguinte, uma ligação do departamento de pessoal da MAIN me acordou do estupor. O chefe do departamento, Paul Mormino, assegurava que entendia a minha necessidade de descansar, mas precisava que eu fosse lá com urgência naquela tarde.

"Tenho boas notícias", disse ele. "A melhor coisa que podia lhe acontecer."

Atendi ao chamado e fiquei sabendo que Bruno honrara a promessa. Eu não só havia sido promovido para o posto anterior de Howard; recebera o título de Economista Chefe e um aumento de salário. Aquilo me animou um bocado.

Tirei a tarde de folga e perambulei pela margem do rio Charles com uma garrafa de cerveja. Enquanto permanecia sentado ali, observando os veleiros e acalentando um misto de *jet-lag* e ressaca, convenci-me de que Claudine fizera o seu trabalho e passara para a próxima tarefa. Ela sempre deixara bem claro a necessidade de sigilo. Ela me telefonaria. Mormino estava certo. O meu *jet-lag* — e a minha ansiedade — se dissiparam.

Durante as semanas seguintes, tentei não pensar mais em Claudine. Concentrei-me em redigir o meu relatório sobre a economia indonésia e em refazer as previsões de carga de Howard. Preparei o tipo de estudo que os meus chefes queriam ver: um crescimento na demanda de energia elétrica da ordem de 19 por cento ao ano durante 12 anos depois que o novo sistema estivesse concluído, caindo para 17 por cento pelos 8 anos seguintes e depois estabilizando-se em 15 por cento para os remanescentes dos 25 anos de projeção.

Apresentei as minhas conclusões em reuniões com as agências de empréstimo internacional. As equipes de especialistas dessas agências questionaram-me extensa e implacavelmente. A essa altura, as minhas emoções haviam retornado a um tipo de determinação fria, não diferente daqueles que haviam me levado a ser o melhor em vez de me rebelar durante os dias da escola preparatória. Não obstante, a lembrança de Claudine sempre pairava sobre mim. Quando um agressivo jovem economista interessado em fazer o seu nome no Asian Development Bank interrogou-me incessantemente por toda uma tarde, recordei-me da advertência que Claudine me dera no apartamento dela em Beacon Street naqueles muitos meses antes.

"Quem é capaz de visualizar vinte e cinco anos no futuro?", indagara ela. "O seu palpite é tão bom quanto o deles. Confiança é tudo."

Eu me convenci de que era um especialista, recordando-me de que tinha mais experiência de vida em países em desenvolvimento do que grande parte daqueles homens — alguns deles com o dobro da minha idade — que agora sentavam-se para julgar o meu trabalho. Eu tinha vivido na Amazônia e viajado a duas regiões de Java que ninguém mais queria conhecer. Fizera um par de cursos intensivos que visavam ensinar aos executivos os pontos sensíveis da econometria e disse a mim mesmo que fazia parte dos garotos prodígios orientados pelas estatísticas e econometria que agradavam a Robert McNamara, o respeitável presidente do Banco Mundial, ex-presidente da Ford Motor Company e secretário de Defesa de John Kennedy. Ali estava um homem que construíra a sua reputação sobre números, com base na teoria da probabilidade, em modelos matemáticos e — eu suspeitava — nas bravatas de um enorme ego.

Tentei imitar tanto McNamara quanto o meu chefe, Bruno. Adotei a maneira de falar que imitava o primeiro e a maneira de andar arrogante do último, com a pasta executiva balançando ao meu lado. Olhando em retrospecto, tenho de admirar o meu descaramento. Na verdade, a minha experiência era extremamente limitada, mas o que me faltava em treinamento e conhecimento eu completava com audácia.

E funcionou. Por fim, a equipe de especialistas estampou os meus relatórios com os seus selos de aprovação.

Durante os meses seguintes, compareci a reuniões em Teerã, Caracas, Cidade da Guatemala, Londres, Viena e Washington D.C. Conheci personalidades famosas, incluindo o xá do Irã, os ex-presidentes de diversos países, e Robert McNamara em pessoa. Como a escola preparatória, esse era um mundo de homens. Eu estava impressionado com até que ponto o meu novo título e os resultados dos meus recentes sucessos ante as agências de empréstimos internacionais afetaram as atitudes das pessoas em relação a mim.

No início, todas as atenções se voltaram para a minha cabeça. Eu comecei a me considerar como um Merlin que podia acenar com a mão sobre um país, fazendo com que ele se animasse de repente, com as indústrias brotando como flores. Depois, eu fiquei desiludido. Questionei os meus próprios motivos e os de todas as pessoas com quem trabalhava. Parecia que um título pomposo ou um Ph.D. pouco ajudariam uma pessoa a entender a condição de um leproso que vivia ao lado de um esgoto em Jacarta, e duvidava que uma queda para manipular estatísticas capacitaria uma pessoa a prever o futuro. Quanto mais eu conhecia as pessoas que tomavam as decisões que mudavam a face do mundo, mais cético eu me tornava quanto à capacidade delas e os seus objetivos. Olhando para os rostos perfilados ao redor das mesas de reuniões, eu me via lutando arduamente para conter a minha raiva.

No fim, contudo, essa perspectiva também mudou. Eu acabei entendendo que a maioria daqueles homens acreditava que estava fazendo a coisa certa. Como Charlie, eles estavam convencidos de que o comunismo e o terrorismo eram forças malignas — em vez de reações previsíveis a decisões que eles e os seus predecessores tomavam — e que eles tinham um dever perante o seu país, os seus descendentes e perante Deus para converter o mundo ao capitalismo. Eles também se prendiam ao princípio da sobrevivência do mais apto; se por acaso desfrutavam a boa sorte de ter nascido numa classe privilegiada em vez de numa cabana de papelão, então eles a viam como uma obrigação de transmitir a sua hereditariedade à sua descendência.

Eu vacilava entre ver aquelas pessoas como uma verdadeira conspiração e simplesmente considerá-las como uma fraternidade de cavaleiros justos decidida a dominar o mundo. Não obstante, com o tempo comecei a vinculá-los aos grandes fazendeiros de antes da Guerra de Secessão americana. Eram homens reunidos em torno de uma associação indefinida de crenças comuns e interesses pessoais semelhantes, em vez de um grupo exclusivo reunido clandestinamente às escondidas com intenções sinistras e bem definidas. Os fazendeiros autocratas haviam crescido entre criados e escravos, foram educados para acreditar que era seu direito e até mesmo o seu dever cuidar dos "pagãos" e convertê-los à religião e aos valores dos senhores. Mesmo que a escravidão lhes fosse repugnante filosoficamente, eles podiam, como Thomas Jefferson, justificá-la como uma necessidade, cujo colapso resultaria no caos social e econômico. Os líderes das oligarquias modernas, que eu agora considero como a corporatocracia, parecia se encaixar no mesmo molde.

Também comecei a imaginar quem se beneficiava da guerra e da produção em massa de armamentos, com o represamento de rios e a destruição do ambiente e da cultura indígena. Comecei a observar quem se beneficiava quando centenas de milhares de pessoas morriam por falta de alimentos, poluição da água, ou doenças curáveis. Aos poucos, comecei a entender que a longo prazo ninguém se beneficiava, mas a curto prazo aqueles que estavam no topo da pirâmide — meus chefes e eu — pareciam se beneficiar, ao menos materialmente.

Esse questionamento levantou uma série de perguntas: Por que essa situação persiste? Por que dura por tanto tempo? Será que a resposta reside simplesmente no velho ditado segundo o qual "o poder fala mais alto", que os que tinham o poder perpetuavam o sistema?

Parecia insuficiente dizer que somente o poder permite que essa situação persista. Embora a proposição de que o poder fala mais alto explicasse uma boa parte da questão, eu sentia que devia haver uma força mais imperiosa em atuação no caso. Lembrei-me de um professor de economia dos meus tempos de faculdade de administração, um homem do norte da Índia, que proferia conferências sobre recursos limitados, sobre a necessidade humana de crescer continuamente e sobre o princípio do trabalho escravo. De acordo com esse professor, todos os sistemas capitalistas bem-sucedidos envolvem hierarquias com cadeias de comando rígidas, incluindo umas poucas pessoas, que do alto controlam as ordens decrescentes de subordinado, e um exército enorme de trabalhadores na base, que em termos econômicos relativos na verdade podem ser caracterizados como escravos. Em última análise, então, eu me convenci de que encorajamos esse sistema porque a corporatocracia nos convenceu de que Deus nos deu o direito de colocar algumas poucas pessoas nossas no topo dessa pirâmide capitalista e a exportar o nosso sistema para o mundo inteiro.

É claro que não somos os primeiros a fazer isso. A lista de praticantes remonta até os antigos impérios do Norte da África, do Oriente Médio e da Ásia, e se expandiu para a Pérsia, Grécia, Roma e as Cruzadas cristãs e todos os imperialistas europeus do período pré-colombiano. Essa tendência imperialista foi e continua sendo a causa da maioria das guerras, da poluição, da fome, da extinção das espécies e dos genocídios. E sempre cobrou um grande preço da consciência e do bem-estar dos cidadãos desses impérios, contribuindo para os malefícios sociais e resultando numa situação em que as culturas mais ricas da história humana são devastadas com os mais elevados índices de suicídio, uso de drogas e violência.

Eu refleti amplamente sobre essas questões, mas evitei considerar a natureza do meu próprio papel em tudo aquilo. Tentei pensar em mim não como um AE mas como um economista-chefe. Soava tão mais legítimo, e se eu precisasse de alguma confirmação, podia olhar para os meus recibos de pagamento: eram todos da MAIN, uma corporação privada. Eu não recebia um centavo da ASN nem de nenhuma agência do governo. E assim eu acabei me convencendo. Quase.

Uma tarde Bruno me chamou à sala dele. Ele se aproximou da minha cadeira e me deu um tapinha nas costas. "Você fez um excelente trabalho", disse em tom satisfeito. "Para demonstrar o nosso reconhecimento, vamos lhe dar a oportunidade da sua vida, algo que poucos homens jamais recebem, mesmo com o dobro da sua idade."

CAPÍTULO 10

Presidente e Herói do Panamá

Cheguei ao Aeroporto Internacional Tocumen do Panamá numa noite de abril de 1972, debaixo de um verdadeiro dilúvio tropical. Como era comum na época, dividi um táxi com vários outros executivos, e como falava espanhol, acabei no assento da frente ao lado do motorista. Olhava sem ver nada pelo pára-brisa do táxi. Através da chuva, os faróis iluminavam um retrato num enorme cartaz de um homem bem-apessoado com sobrancelhas grossas e olhos brilhantes. Um lado do seu chapéu de abas largas dobrava-se para cima. Eu o reconheci como o herói do moderno Panamá, Omar Torrijos.

Eu tinha me preparado para essa viagem como de costume, freqüentando a seção de referência da livraria municipal de Boston. Sabia que uma das razões da popularidade de Torrijos entre o seu povo era que ele era um firme defensor tanto dos direitos de autonomia do Panamá quanto as suas reivindicações de soberania sobre o Canal do Panamá. Ele estava determinado a evitar que o país sob a sua liderança caísse nas mesmas armadilhas da sua história ignominiosa.

O Panamá fazia parte da Colômbia quando o engenheiro francês Ferdinand de Lesseps, que dirigiu a construção do Canal de Suez, decidiu construir um canal através do istmo centro-americano, para ligar os oceanos Atlântico e Pacífico. A partir de 1881, os franceses assumiram os esforços gigantescos que resultaram em uma catástrofe depois da outra. Finalmente, em 1889, o projeto acabou num desastre financeiro — mas inspirou um sonho em Theodore Roosevelt. Durante os primeiros anos do século XX, os Estados Unidos insistiram com a Colômbia para assinar um tratado no qual entregava o istmo a um consórcio americano. A Colômbia recusou-se.

Em 1903, o presidente Roosevelt mandou para lá o navio de guerra americano *Nashville*. Os soldados americanos foram à terra, prenderam e assassinaram um comandante popular da milícia local e declararam o Panamá uma nação independente. Um governo de fantoches foi instalado e o primeiro Tratado do Canal foi assinado; estabelecia uma zona americana de ambos os lados da futura passagem fluvial, legalizando a intervenção militar americana, e dando a Washington o controle virtual sobre essa recém-constituída nação "independente".

Curiosamente, o tratado foi assinado pelo secretário de Estado americano Hay e um engenheiro francês, Philippe Bunau-Varilla, que tomara parte da equipe original, mas não foi assinado por nenhum panamenho. Em essência, o Panamá foi forçado a deixar a Colômbia no sentido de servir os Estados Unidos, num acordo feito entre os americanos e um francês — em retrospectiva, um início profético.[1]

Por mais de meio século, o Panamá foi governado por uma oligarquia de famílias ricas com fortes ligações com Washington. Eles eram ditadores conservadores que tomavam as medidas que julgassem necessárias para assegurar que o seu país promovesse os interesses americanos. À maneira da maioria dos ditadores latino-americanos que se aliaram a Washington, os governantes panamenhos interpretavam os interesses americanos como uma tentativa de sufocar quaisquer movimentos populistas que cheirasse a socialismo. Eles também davam apoio à CIA e à ASN em atividades anticomunistas em todo o hemisfério, e ajudavam grandes empresas americanas como a Standard Oil da família Rockefeller e a United Fruit Company (que foi comprada por George H. W. Bush). Esses governos aparentemente não achavam que os interesses americanos eram promovidos pela melhora das condições de vida do povo que vivia em absoluta pobreza ou servia como virtuais escravos nas grandes plantações e corporações.

As famílias que governavam o Panamá eram bem recompensadas pelo seu apoio; as forças militares americanas intervieram em favor delas uma dezena de vezes entre a declaração da independência panamenha e 1968. No entanto, naquele ano, embora eu ainda fosse um voluntário do Corpo de Paz no Equador, o curso da história panamenha deu uma guinada brusca. Um golpe derrubou Arnulfo Arias, o último no cortejo de ditadores, e Omar Torrijos emergiu como o chefe de Estado, embora não tivesse participado efetivamente do golpe.[2]

Torrijos era altamente considerado pelas classe média e baixa do Panamá. Ele próprio crescera na cidade rural de Santiago, onde os pais eram professores. Ele ascendera rapidamente na hierarquia da Guarda Nacional, a unidade militar básica do Panamá e uma instituição que durante a década de 1960 ganhara um apoio crescente dos pobres. Torrijos ganhara a fama de ouvir os pobres. Andava pelas ruas das suas favelas, participava de reuniões em cortiços em que os políticos nem sequer ousavam entrar, ajudava os desempregados a encontrar emprego e com freqüência fazia donativos dos seus próprios recursos financeiros limitados para famílias atingidas por alguma doença ou tragédia.[3]

O seu amor pela vida e a sua compaixão pelas pessoas até mesmo ultrapassavam as fronteiras do Panamá. Torrijos estava comprometido em transformar a sua nação em um paraíso para os fugitivos de perseguições, um lugar que ofereceria asilo a refugiados de ambos os lados do muro político, de oponentes esquerdistas a Pinochet no Chile a guerrilheiros direitistas anti-Castro. Muitas pessoas o viam como um agente da paz, uma percepção que lhe rendia elogios em todo o hemisfério. Ele também adquiriu uma reputação como líder que era dedicado a resolver diferenças entre as diversas facções que contrapunham muitos países latino-americanos: Honduras, Guatemala, El Salvador, Nicarágua, Cuba, Colômbia, Peru, Argentina, Chile e Paraguai. A sua pequena nação de 2 milhões de habitantes servia como um modelo de reforma social e uma inspiração para líderes mundiais tão diferentes quanto os militantes trabalhistas que planejaram o desmembramento da União Soviética e os militantes islâmicos como Muammar Kadhafi da Líbia.[4]

Na minha primeira noite no Panamá, parado no farol de trânsito, tentando enxergar entre o vaivém dos limpadores de pára-brisa, fui tocado por esse homem sorridente que me olhava dos cartazes — bonito, carismático e corajoso. Eu sabia, depois de horas na biblioteca nacional de Boston, que ele defendia os seus pontos de vista. Pela primeira vez na história, o Panamá não era um marionete de Washington nem de ninguém. Torrijos nunca sucumbiu às tentações oferecidas por Moscou ou Pequim; ele acreditava em reformas sociais e em ajudar aqueles que nasceram na pobreza, mas não defendia o comunismo. Ao contrário de Castro, Torrijos estava conquistando a liberdade dos Estados Unidos sem fazer alianças com os inimigos dos Estados Unidos.

Eu deparara com um artigo de uma publicação obscura na biblioteca municipal de Boston segundo o qual Torrijos seria um homem que mudaria a história das Américas, revertendo uma tendência antiga de favorecimento à dominação americana. O autor citava como o seu ponto de partida o Destino Manifesto — a doutrina, popular entre muitos americanos durante a década de 1840, segundo a qual a conquista da América do Norte respondia a uma ordem divina; Deus, não os homens, havia ordenado a eliminação dos índios, florestas e os búfalos, a drenagem dos pântanos e a canalização dos rios, e o desenvolvimento da economia que depende da contínua exploração da mão-de-obra e dos recursos naturais.

O artigo me fez pensar sobre a atitude do meu país em relação ao mundo. A Doutrina Monroe, originalmente enunciada pelo presidente James Monroe em 1823, foi usada para dar um passo além em relação ao Destino Manifesto quando, nas décadas de 1850 e 1860, foi usada para declarar que os Estados Unidos tinham direitos especiais sobre todo o hemisfério, incluindo o direito de invadir qualquer nação nas Américas Central e do Sul que rechaçassem as políticas americanas. Teddy Roosevelt invocou a Doutrina Monroe para justificar a intervenção americana na República Dominicana, na Venezuela e durante a "libertação" do Panamá da Colômbia. Uma seqüência de presidentes americanos subseqüentes — com maior destaque para Taft, Wilson e Franklin Roosevelt — apoiaram-se nela para expandir as atividades pan-americanas de Washington até o fim da Segunda Guerra Mundial. Finalmente, durante a última metade do século XX, os Estados Unidos usaram a ameaça comunista para justificar a expansão desse conceito a países ao redor do planeta, incluindo o Vietnã e a Indonésia.[5]

Agora, ao que parecia, um homem se interpunha no caminho de Washington. Eu sabia que ele não era o primeiro — líderes como Castro e Allende vieram antes dele — mas Torrijos sozinho o estava fazendo fora da esfera da ideologia comunista e sem alegar que o seu movimento era uma revolução. Ele estava simplesmente dizendo que o Panamá tinha os seus próprios direitos — de soberania sobre o seu povo, as suas terras e um canal que o dividia ao meio — e que esses direitos eram tão válidos e divinamente outorgados como qualquer outro desfrutado pelos Estados Unidos.

Torrijos também fazia objeções à Escola das Américas e ao centro bélico tropical do Comando Sul-americano, ambos localizados na Zona do Canal. Durante anos, as forças armadas dos Estados Unidos tinham convidado ditadores e presidentes latino-americanos para enviar os seus funcionários e líderes militares a essas instalações — as maiores e mais bem equipadas fora dos Estados Unidos. Ali, eles aprendiam a conduzir interrogatórios e técnicas operacionais de cobertura, assim como táticas militares que usariam para lutar contra o comunismo e proteger tanto as suas propriedades quanto as das companhias petrolíferas e outras corporações privadas. Eles também tinham a oportunidade de fazer contatos com a elite das forças militares dos Estados Unidos.

Essas instalações eram odiadas pelos latino-americanos — exceto pelos mais abastados que se beneficiavam delas. Elas eram conhecidas por fornecer adestramento dos esquadrões da morte e torturadores da direita que haviam convertido muitas nações em regimes totalitários. Torrijos deixava claro que ele não queria centros de treinamento localizados no Panamá — e que considerava a Zona do Canal incluída dentro das suas fronteiras.[6]

Vendo o vistoso general no cartaz, e lendo a chamada sob a sua face — "O ideal de Omar é a liberdade; ainda não se inventou um míssil que possa matar esse ideal!" — senti um calafrio descer pela minha espinha. Tive uma premonição de que a história do Panamá no século XX estava longe de acabar, e que Torrijos estava sob ameaça de um período difícil e talvez trágico.

A tempestade tropical golpeava repetidamente o pára-brisa, o sinal de trânsito ficou verde e o motorista acionou a sua buzina para o carro à nossa frente. Pensei na minha posição. Fora enviado ao Panamá para fechar o acordo sobre o que se tornaria o primeiro plano geral de desenvolvimento verdadeiramente abrangente da MAIN. Esse plano criaria uma justificativa para que o Banco Mundial, o Banco Interamericano de Desenvolvimento e a USAID fizessem investimentos de bilhões de dólares nos setores de energia, transportes e agricultura desse minúsculo e altamente decisivo país. Era, é claro, um subterfúgio, um meio de converter o Panamá num eterno devedor e, assim, devolvê-lo ao seu papel de marionete.

Enquanto o táxi começava a avançar dentro da noite, um paroxismo de culpa me atravessou como um raio, mas eu o reprimi. Com o que eu deveria me preocupar? Tinha dado o passo decisivo em Java, vendido a minha alma e agora podia criar a oportunidade da minha vida. Podia ficar rico, famoso e poderoso de uma só vez.

CAPÍTULO 11

Piratas na Zona do Canal

No dia seguinte, o governo panamenho enviou um homem para me mostrar o que eu quisesse ver. Ele se chamava Fidel e simpatizei imediatamente com ele. Era alto e magro e sentia um orgulho ostensivo pelo seu país. O tataravô lutara ao lado de Bolívar na conquista da independência contra a Espanha. Eu lhe disse que era descendente de Tom Paine e fiquei emocionado em saber que Fidel tinha lido *Common Sense* em espanhol. Ele falava inglês, mas quando descobriu que eu era fluente na língua do seu país, ficou muito emocionado.

"Muitos dos seus compatriotas vivem aqui durante anos e nunca se importam em aprender o nosso idioma", disse ele.

Fidel me levou para um passeio através de um setor impressionantemente próspero da cidade dele, que ele chamou de Nova Panamá. Enquanto passávamos pelos modernos arranha-céus de vidro e aço, ele explicava que o Panamá possuía mais bancos internacionais do que nenhum outro país ao sul do Rio Grande.

"Costumam nos apelidar de a Suíça das Américas", disse ele. "Fazemos pouquíssimas perguntas aos nossos clientes."

No fim da tarde, com o sol mergulhando no Pacífico, nos encaminhamos para uma avenida que acompanhava os contornos da baía. Havia uma comprida fila de navios ancorados ali. Perguntei a Fidel se havia algum problema com o canal.

"Isso é sempre assim", replicou ele com uma risada. "Filas deles, esperando a vez. Metade do trânsito vem ou vai para o Japão. Mais do que para os Estados Unidos."

Confessei que essa era nova para mim.

"Não estou surpreso", disse ele. "Os americanos não conhecem muito a respeito do resto do mundo."

Paramos num parque maravilhoso em que buganvílias brotavam sobre antigas ruínas. Uma placa informava que ali era um forte construído para proteger a cidade contra incursões de piratas ingleses. Uma família estava instalada para um piquenique noturno: o pai, a mãe, um filho e uma filha, e um senhor que eu imaginei ser o avô das crianças. Senti uma repentina saudade da tranqüilidade que parecia envolver aquelas cinco pessoas. Quando passamos por eles, o casal sorriu, acenou e nos cumprimentou em inglês. Perguntei se eram turistas e eles riram. O homem se aproximou de nós.

"Sou da terceira geração da Zona do Canal", explicou orgulhosamente. "Meu avô chegou aqui três anos depois de ela ter sido criada. Ele dirigia uma das mulas, os tratores que rebocavam os navios através das eclusas." Ele indicou o homem idoso, que estava preocupado em ajudar as crianças a arrumar a mesa para o piquenique. "O meu pai trabalhou como engenheiro e eu segui a carreira dele."

A mulher tinha voltado para ajudar o sogro e os filhos. Atrás deles, o sol mergulhava na água azul. Era uma cena de beleza idílica, que lembrava uma pintura de Monet. Perguntei ao homem se eles eram cidadãos americanos.

Ele me olhou com incredulidade.

"É claro. A Zona do Canal é território americano." O filho se aproximou correndo para informar ao pai que o jantar estava pronto.

"O seu filho será da quarta geração?"

O homem juntou as mãos em sinal de prece e ergueu-as para o céu.

"Rezo ao bom Deus todos os dias para que ele tenha essa oportunidade. Viver na Zona do Canal é maravilhoso." Então ele baixou as mãos e olhou diretamente para Fidel. "Só espero que possamos mantê-la por mais cinqüenta anos. Aquele tirano do Torrijos está criando uma série de problemas. É um homem perigoso."

Fui tomado de uma pressa repentina e me despedi dele em espanhol.

"*Adios*. Espero que você e sua família aproveitem bastante a estada aqui e aprendam bastante sobre a cultura do Panamá."

Ele me olhou com um ar enojado.

"Não falo a língua deles", disse. Em seguida, deu-nos as costas abruptamente e voltou para junto da família e para o seu piquenique.

Fidel aproximou-se de mim, passou um braço sobre os meus ombros e me apertou fortemente.

"Obrigado", ele disse.

De volta à cidade, Fidel conduziu o carro através de uma área que ele classificou como de favelas.

"Não é uma das piores", explicou ele. "Mas você já pode fazer uma idéia."

Barracos de madeira e fossos de água estagnada acompanhavam a rua, as frágeis habitações sugerindo barcos em ruína naufragados em uma fossa sanitária. Um cheiro putrefato de esgoto invadiu o nosso carro enquanto crianças de barriga inchada corriam ao longo da rua. Quando diminuímos a marcha, elas se aglomeraram do meu lado, chamando-me de *uncle* e esmolando dinheiro. A cena me lembrou Jacarta.

A maioria das paredes estava coberta de grafites. Havia algumas com o costumeiro coração com os nomes do casal rabiscado dentro, mas a maioria dos grafites era com *slogans* expressando inimizade contra os Estados Unidos: "*Go home*, gringo", "Parem de sujar o nosso canal", "Tio Sam, senhor de escravos" e "Digam a Nixon que o Panamá não é o Vietnã". Um que mais me fez estremecer por dentro dizia: "Morte à liberdade é o caminho para Cristo". Espalhados entre essas pichações viam-se pôsteres de Omar Torrijos.

"Agora, o outro lado", disse Fidel. "Cumprimos a nossa missão oficial e você é um cidadão americano; então, podemos ir embora."

Sob o céu avermelhado, ele dirigiu o carro para a Zona do Canal. Por mais que eu achasse que estava preparado, não era o suficiente. Eu mal podia acreditar na opulência do lugar — enormes prédios brancos, gramados meticulosamente aparados, residências luxuosas, campos de golfe, lojas e casas de espetáculos.

"Os fatos", disse ele. "Tudo aqui é propriedade americana. Todas as empresas: supermercados, barbearias, salões de beleza, restaurantes, todos estão isentos das leis e dos impostos panamenhos. Existem sete campos de golfe de dezoito buracos, agências do correio americano espalhadas em pontos estratégicos, tribunais e escolas americanas. Na verdade trata-se de um país dentro de um país."

"Que afronta!"

Fidel observou-me enquanto concordava com um rápido movimento de cabeça.

"Sim", disse ao mesmo tempo. "Essa é uma boa classificação para isso. Para lá", ele apontou para a cidade, "a renda *per capita* é menor do que mil dólares ao ano, e as taxas de desemprego são de 30 por cento. É claro que na pequena favela que acabamos de visitar ninguém chega a ganhar nem perto de mil dólares e dificilmente alguém tem emprego."

"O que está sendo feito?"

Ele se voltou e me dirigiu um olhar que oscilava entre a raiva e a tristeza.

"O que *nós* podemos fazer?" Balançou a cabeça. "Não sei, mas vou lhe dizer uma coisa: Torrijos está tentando. Acho que pode ser fatal para ele, mas sem dúvida nenhuma ele está fazendo o máximo possível ao alcance dele. Ele é um homem que vai lutar até a morte pelo seu povo."

Enquanto saíamos da Zona do Canal, Fidel sorriu.

"Você gosta de dançar?" Sem esperar pela resposta, acrescentou: "Vamos jantar e depois vou lhe mostrar um outro lado diferente do Panamá."

CAPÍTULO 12

Soldados e Prostitutas

Depois de um bife suculento e uma cerveja gelada, saímos do restaurante e descemos por uma rua às escuras. Fidel me advertiu para nunca andar a pé naquela parte de cidade.

"Quando vier aqui, tome um táxi na porta do prédio." Ele apontou com a mão. "Logo ali, atrás daquele muro, fica a Zona do Canal."

Ele dirigiu em silêncio até chegarmos a um estacionamento lotado. Encontrou uma vaga e estacionou. Um velho cambaleou até nós. Fidel saiu e deu-lhe umas palmadinhas nas costas. Depois passou a mão carinhosamente pelo capô do carro.

"Tome conta dele. É o meu xodó." Estendeu uma nota para o homem.

Saímos do estacionamento em poucos passos e de repente nos encontramos numa rua fartamente iluminada por letreiros de néon. Dois meninos passaram correndo, apontando bastões de madeira um para o outro e imitando homens atirando com armas de fogo. Um se estatelou entre as pernas de Fidel, quase atingindo-lhe a virilha com a cabeça. O menino parou e recuou.

"Desculpe, senhor", gaguejou em espanhol.

Fidel pousou as mãos sobre os ombros do menino.

"Não foi nada, rapaz", disse. "Mas me diga uma coisa: em quem você e o seu amigo estavam atirando?"

O outro menino se aproximou. Passou o braço de maneira protetora em torno do primeiro.

"É o meu irmão", explicou. "Desculpe."

"Está tudo bem". Fidel falou rindo. "Ele não me fez nada. Só perguntei em quem vocês estavam atirando. Quando eu era da sua idade, brincava disso também."

Os meninos se entreolharam. O mais velho sorriu.

"Ele era o general gringo da Zona do Canal. Ele tentou raptar a nossa mãe e eu estava pondo ele pra fora, para o lugar dele."

Fidel lançou-me um olhar significativo.

"E qual é o lugar dele?"

"A terra dele, os Estados Unidos."

"A sua mãe trabalha aqui?"

"Trabalha ali." Os meninos apontaram com orgulho para um letreiro de néon rua abaixo. "Ela trabalha no balcão."

"Então continuem a brincar." Fidel deu uma moeda para cada um. "Mas tomem cuidado, hein? Fiquem na parte iluminada da rua."

"Sim, senhor. Obrigado." Os meninos saíram correndo.

Enquanto caminhávamos, Fidel explicou que as mulheres panamenhas eram proibidas por lei de serem prostitutas.

"Elas podem atender no balcão do bar e dançar, mas não podem vender o corpo. Isso é reservado às de fora."

Paramos dentro do bar onde reverberava uma música popular americana. Os meus olhos e ouvidos precisaram de um instante para se acostumar. Uma dupla de soldados corpulentos americanos permanecia em pé ao lado da porta; as braçadeiras na manga do uniforme indicavam que eram da Polícia Militar.

Fidel me conduziu ao bar e então vimos o palco. Três jovens mulheres dançavam ali, nuas do pescoço para baixo. Uma usava um boné de marinheiro, a outra uma boina verde e a terceira um chapéu de caubói. Elas tinham um corpo espetacular e estavam sorrindo. Pareciam estar competindo umas com as outras, como se dançassem numa competição. A música, a maneira como dançavam, o palco — poderia ser uma discoteca em Boston, a não ser pelo fato de que elas estavam nuas.

Abrimos caminho por entre um grupo de rapazes que falavam inglês. Embora eles usassem camiseta e calças *jeans*, o corte de cabelo bem aparado no estilo militar denunciava a sua condição de soldados da base militar da Zona do Canal. Fidel deu um tapinha no ombro de uma garçonete. Ela se voltou, deu um gritinho de prazer e atirou os braços ao redor do pescoço dele. O grupo de rapazes observou a cena com atenção, lançando entre si olhares desaprovadores. Imaginei se eles pensavam que o Destino Manifesto incluía aquela mulher panamenha. A garçonete levou-nos a um canto. De algum lugar, ela conseguiu tirar uma mesinha e duas cadeiras.

Assim que nos acomodamos, Fidel trocou cumprimentos em espanhol com dois homens sentados a uma mesa ao lado da nossa. Ao contrário dos soldados, eles usavam camisa estampada de mangas curtas e calça com vinco. A garçonete voltou com um par de cervejas Balboa, e Fidel deu-lhe um tapinha no traseiro quando ela se voltou para sair. Ela sorriu e atirou-lhe um beijo. Eu relanceei o olhar ao redor e fiquei aliviado ao descobrir que os rapazes do bar não estavam mais nos observando; estavam mais interessados nas dançarinas.

A maioria dos clientes era soldados falando inglês, mas havia outros, como os dois ao nosso lado, que obviamente eram panamenhos. Eles se destacavam porque o cabelo não era cortado rente para inspeção e porque não usavam camiseta e calças *jeans*. Alguns deles estavam sentados nas mesas, outros permaneciam encostados nas paredes. Eles pareciam estar grandemente alertas, como cães pastores guardando grupos de ovelhas.

As mulheres espalhavam-se pelas mesas. Elas se movimentavam constantemente, sentando-se no colo dos homens, gritando para a garçonete, dançando, girando, cantando, fazendo turnos no palco. Elas usavam saia justa, camiseta, *jeans*, vestido de alcinhas, salto alto. Uma usava um vestido em estilo vitoriano com véu. Outra usava apenas um biquíni. Era óbvio que apenas as mais bonitas eram capazes de sobreviver ali. Admirei-me com o número das que iam para o Panamá e imaginei o desespero que as levara a isso.

"São todas de outros países?", gritei a Fidel por cima da música.

Ele inclinou a cabeça, concordando.

"Com exceção..." Ele apontou para as garçonetes. "Elas são panamenhas."

"De que países elas vêm?"

"Honduras, El Salvador, Nicarágua e Guatemala."

"Países vizinhos."

"Não totalmente. A Costa Rica e a Colômbia são os nossos vizinhos mais próximos."

A garçonete que nos levara àquela mesa aproximou-se e sentou-se no colo de Fidel. Ele acariciou-lhe suavemente as costas.

"Clarissa, conte ao meu amigo americano por que elas saem do seu país de origem", pediu ele, acenando com um movimento de cabeça para o palco.

Ali, novas garotas recebiam os chapéus das anteriores que saltaram para baixo e começaram a se vestir. A música mudou para uma salsa, e enquanto dançavam, as recém-chegadas iam tirando as roupas no ritmo.

Clarissa ergueu a mão direita.

"Prazer em conhecê-lo", disse. Então levantou-se e pegou as garrafas vazias. "Respondendo à pergunta de Fidel, essas garotas vêm aqui para escapar da brutalidade. Vou buscar mais duas Balboas."

Depois que ela se foi, voltei-me para Fidel.

"Ora, vamos", disse a ele. "Elas vêm aqui em busca de dólares americanos."

"É verdade. Mas por que tantas dos países governados pelos ditadores fascistas?"

Tornei a olhar para o palco. As três novas dançarinas giravam e atiravam o boné de marinheiro como se fosse uma bola. Olhei para Fidel com o canto do olho.

"Você está brincando, não está?"

"Não estou, não", insistiu ele, sério. "Antes estivesse. A maioria dessas garotas perdeu a família... o pai, os irmãos, o marido, o namorado. Elas cresceram entre a tortura e a morte. A dança e a prostituição não parecem assim tão ruins para elas. Elas podem ganhar bastante dinheiro aqui, depois recomeçam a vida em outro lugar, compram uma lojinha, abrem um café..."

Ele foi interrompido por uma comoção junto ao bar. Vi uma garçonete dar um murro em um dos soldados, que pegou-lhe a mão e começou a torcer-lhe o pulso. Ela deu um grito e caiu de joelhos. Ele riu e gritou para os companheiros. Eles todos riram. Ela tentou atingi-lo com a mão livre. Ele torceu com mais força. O rosto dela se contorceu de dor.

Os policiais militares permaneceram na porta, observando calmamente. Fidel levantou-se de um ímpeto e partiu em direção ao bar. Um dos homens na mesa ao lado da nossa levantou a mão para detê-lo.

"*Tranquilo, hermano*", disse ele. "Fique calmo, irmão. Enrique controla a situação."

Um panamenho alto e forte saiu das sombras do lado do palco. Andando com a desenvoltura de um gato chegou junto ao soldado num instante. Com uma das mãos segurou o pescoço do homem enquanto com a outra banhou-lhe o rosto com um copo de água. A garçonete escapou. Diversos panamenhos que estavam encostados às paredes formaram um semicírculo ao redor do leão-de-chácara. Ele ergueu o soldado de encontro ao bar e disse algo que eu não consegui ouvir. Então elevou a voz e falou devagar em inglês, alto o suficiente para quem quer que estivesse no salão ouvisse apesar da música.

"A garçonete passou dos limites com estes rapazes, e vocês não toquem nas outras antes de pagá-las."

Os dois policiais finalmente entraram em ação. Aproximaram-se do grupo de panamenhos.

"Nós cuidamos da situação a partir daqui, Enrique", disseram.

O leão-de-chácara jogou o soldado no chão e deu-lhe no queixo um aperto final, forçando-lhe a cabeça para trás e arrancando um grito de dor.

"Você entendeu bem?" Ouviu-se um grunhido abafado. "Bom." Ele empurrou o soldado para os dois policiais militares. "Levem-no para fora daqui."

CAPÍTULO 13

Conversas com o General

O convite foi completamente inesperado. Uma manhã durante aquela mesma visita de 1972, eu estava sentado em um escritório emprestado pelo Instituto de Recursos Hidraulicos e Electrificación, a empresa pública panamenha de produção e distribuição de eletricidade. Eu estava concentrado em uma tabela estatística quando um homem bateu de leve no batente da minha porta aberta. Eu o convidei a entrar, satisfeito com alguma desculpa para afastar a minha atenção dos números. Ele se apresentou como o motorista do general e disse que viera para me levar a um dos bangalôs do general.

Uma hora depois, eu estava sentado do outro lado da mesa do general Omar Torrijos. Ele estava vestido informalmente, num estilo típico panamenho: calça cáqui e uma camisa de mangas curtas desabotoada na frente, azul-claro com uma estampa delicada esverdeada. Ele era alto, forte e bonito. Ele parecia incrivelmente relaxado para um homem com as responsabilidades que tinha. Uma mecha de cabelo escuro caía-lhe sobre a testa proeminente.

Ele me perguntou sobre as minhas recentes viagens à Indonésia, Guatemala e Irã. Os três países o fascinavam, mas ele parecia especialmente intrigado com o rei do Irã, xá Mohammad Reza Pahlevi. O xá chegara ao poder em 1941, depois que os britânicos e soviéticos derrubaram o pai dele, a quem acusaram de colaborar com Hitler.[1]

"Você consegue imaginar", disse Torrijos, "fazer parte de um plano para destronar o seu próprio pai?"

O chefe de Estado do Panamá tinha um grande conhecimento da história daquela terra distante. Conversamos sobre como as posições se inverteram para o xá em 1951, e como o seu próprio primeiro-ministro, Mohammad Mossadegh, forçou-o ao exílio. Torrijos sabia, como a maioria das pessoas no mundo, que fora a CIA que rotulara o primeiro-ministro de comunista e que manobrara para reconduzir o xá ao poder. No entanto, ele não conhecia — ou pelo menos não mencionou — as partes que Claudine me confidenciara, sobre as manobras sorrateiras de Kermit Roosevelt e do fato de que essas manobras foram o começo de uma era de imperialismo, a chama que acendeu a conflagração do império mundial.

"Depois que o xá foi reempossado", continuou Torrijos, "ele lançou uma série de programas revolucionários visando ao desenvolvimento do setor industrial e levando o Irã à era moderna."

Perguntei-lhe como viera a saber tanto sobre o Irã.

"Eu fiz questão disso", declarou ele. "Não tenho as políticas do xá em tão alta conta: a disposição de derrubar o próprio pai e tornar-se um boneco da CIA, mas parece que fez coisas boas para o seu país. Talvez eu possa aprender alguma coisa com ele. Se ele sobreviver."

"Acha que ele não vai sobreviver?"

"Ele tem inimigos poderosos."

"E alguns dos melhores guarda-costas do mundo."

Torrijos lançou-me um olhar irônico.

"A polícia secreta dele, a SAVAK, tem a reputação de ser de uma seita de assassinos implacáveis. Isso não atrai muitos amigos. Ele não vai durar muito." Fez uma pausa, depois rolou os olhos para o alto. "Guarda-costas? Também tenho alguns." Acenou para a porta. "Você acha que eles salvam a minha vida se o seu país decidir se livrar de mim?"

Perguntei se ele pensava nisso realmente como uma possibilidade.

Ele arqueou as sobrancelhas de uma maneira que me fez sentir um idiota por ter feito a pergunta.

"Nós temos o Canal. Isso é muito maior do que Arbenz e United Fruit."

Eu pesquisara sobre a Guatemala e compreendia o que Torrijos queria dizer. A United Fruit Company fora naquele país o equivalente político do canal do Panamá. Fundada no fim da década de 1800, a United Fruit logo se transformou numa das forças mais influentes da América Central. Durante a década de 1950, o candidato reformista Jacob Arbenz foi eleito presidente da Guatemala em uma eleição aclamada em todo o hemisfério como um modelo de processo democrático. Na época, menos de 3 por cento dos guatemaltecos possuíam 70 por cento de todas as terras. Arbenz prometeu ajudar os pobres a sair da miséria, e depois da eleição implementou um abrangente programa de reforma agrária.

"As classes médias e baixas de toda a América Latina aplaudiram Arbenz", disse Torrijos. "Pessoalmente, ele foi um dos meus heróis. Mas nós também ficamos em expectativa. Sabíamos que a United Fruit era contrária a essas medidas, uma vez que era um dos maiores e mais opressores latifundiários da Guatemala. Ela também era dona de grandes plantações na Colômbia, Costa Rica, Cuba, Jamaica, Nicarágua, São Domingos e aqui no Panamá. Ela não podia permitir que Arbenz nos alimentasse a imaginação."

Eu conhecia o resto da história: a United Fruit lançou uma enorme campanha de relações públicas nos Estados Unidos, visando convencer a opinião pública americana e o Congresso de que Arbenz fazia parte de uma conspiração Russa e que a Guatemala era um satélite soviético. Em 1954, a CIA coordenou um golpe. Os pilotos americanos bombardearam a Cidade da Guatemala e o presidente Arbenz, democraticamente eleito, foi derrubado, substituído pelo coronel Carlos Castillo Armas, um ditador implacável de direita.

O novo governo devia tudo à United Fruit. Como forma de agradecimento, o governo reverteu o processo de reforma agrária, aboliu os impostos sobre títulos e dividendos pagos a investidores estrangeiros, aboliu o voto secreto e encarcerou os seus milhares de opositores. Qualquer um que ousasse criticar Castillo era perseguido. Os historiadores acompanharam a violência e o terrorismo que flagelaram a Guatemala por grande parte do restante do século à não tão secreta aliança entre a United Fruit, a CIA e as forças armadas guatemaltecas comandadas pelo coronel ditador.[2]

"Arbenz foi assassinado", continuou Torrijos. "Foi um assassinato político e emblemático." Fez uma pausa e franziu as sobrancelhas. "Como pôde o seu povo engolir esse entulho da CIA? Comigo não vai ser assim tão fácil. Os militares daqui estão do meu lado. Um assassinato político não funcionaria." Ele sorriu. "A própria CIA teria de me matar."

Ficamos em silêncio por alguns segundos, cada um imerso nos próprios pensamentos. Torrijos foi o primeiro a falar.

"Você sabe quem é o dono da United Fruit?", indagou ele.

"A Zapata Oil, empresa de George Bush... o nosso embaixador nas Nações Unidas."

"Um homem com ambições." Ele inclinou o corpo para a frente e abaixou o tom de voz. "E agora estou saindo contra os amigos dele da Bechtel."

Aquilo me sobressaltou. A Bechtel era a mais poderosa empresa de engenharia do mundo e uma freqüente colaboradora nos projetos da MAIN.

No caso do plano geral do Panamá, eu presumira que ela fosse uma das nossas principais concorrentes.

"O que está querendo dizer com isso?"

"Estivemos pensando em construir um novo canal, no nível do mar, sem eclusas, que poderia dar passagem a navios maiores. Os japoneses podem estar interessados em financiar o projeto."

"Eles são os maiores clientes do Canal."

"Exatamente. É claro que se fornecerem o dinheiro, farão a construção."

Aquilo me atingiu.

"A Bechtel vai ficar de fora."

"A maior obra de engenharia da história recente." Fez uma pausa. "O presidente da Bechtel é o George Shultz, secretário do Tesouro de Nixon. Você pode imaginar o golpe que vai ser para ele... e um evidente aborrecimento. A Bechtel tem alimentado os amigos de Nixon, Ford e Bush. Disseram-me que a família Bechtel puxa as cordinhas do Partido Republicano."

Essa conversa me deixou sentindo muito pouco à vontade. Eu era uma das pessoas que perpetuavam o sistema que ele tanto desprezava, e estava certo de que ele sabia disso. Meu trabalho de convencê-lo a aceitar empréstimos internacionais em troca e contratar as empresas americanas de engenharia e construção parecia ter batido numa muralha colossal. Eu decidi bater de frente com ele.

"General", perguntei, "por que me convidou a vir aqui?"

Ele olhou para o relógio e sorriu.

"Sim, está na hora de partirmos para os negócios. O Panamá precisa da sua ajuda. Eu preciso da sua ajuda."

Fiquei atordoado.

"Da minha ajuda? O que posso fazer para ajudar?"

"Nós vamos recuperar o Canal. Mas isso não é suficiente." Ele relaxou na cadeira. "Devemos servir também como um modelo. Precisamos mostrar que nos preocupamos com os pobres e demonstrar, além de qualquer dúvida, que a nossa determinação de conquistar a nossa independência não é determinada pela Rússia, pela China nem por Cuba. Devemos provar para o mundo que o Panamá é um país razoável, que não estamos *contra* os Estados Unidos mas *a favor* dos direitos dos pobres."

Ele cruzou as pernas.

"Para fazer o que precisamos, devemos construir uma base econômica que seja como nenhuma outra neste hemisfério. Eletricidade, sim... mas eletricidade que chegue aos mais pobres dos nossos e que seja subsidiada. O mesmo se aplica aos transportes e às comunicações. E especialmente à agricultura. Fazer isso vai requerer dinheiro... o seu dinheiro, do Banco Mundial e do Banco Interamericano de Desenvolvimento."

Uma vez mais, ele se inclinou para a frente. Ele me olhou fixamente.

"Entendo que a sua empresa queira mais trabalho e normalmente consiga isso inflando o tamanho dos projetos... estradas mais largas, usinas elétricas maiores, portos mais profundos. No entanto, dessa vez é diferente. Dêem-me o que for melhor para o meu povo, e eu lhes darei todo o trabalho que quiserem."

O que ele me propunha era totalmente inesperado, e aquilo tanto me chocou quanto me entusiasmou. Certamente desafiava tudo o que eu aprendera na MAIN. Com certeza, ele sabia que o jogo da ajuda externa era uma tapeação — ele tinha de saber. O jogo existia para torná-lo rico e algemar o seu país com a dívida. Ele existia de modo que o Panamá ficaria para sempre devedor dos Estados Unidos e da corporatocracia. Ele existia para manter a América Latina no caminho do Destino Manifesto e subserviente para sempre a Washington e a Wall Street. Era certo que ele sabia que o sistema se baseava no pressuposto de que todos os homens no poder eram corruptíveis, e que a decisão dele de não usá-lo para o seu benefício pessoal seria considerada uma ameaça, uma nova forma de dominó que podia iniciar uma reação em cadeia e acabaria por derrubar o sistema inteiro.

Olhei através da mesa de centro para aquele homem que certamente entendia que por causa do Canal ele desfrutava de um poder muito especial e exclusivo, e que ele o colocava numa posição particularmente precária. Ele tinha de ser cuidadoso. Ele já tinha se estabelecido como um líder entre os líderes dos países subdesenvolvidos. Se ele, como o seu herói Arbenz, estivesse determinado a tomar uma posição, o mundo estaria observando. Como o sistema reagiria? Mais especificamente, como o governo americano reagiria? A história latino-americana estava juncada de heróis mortos.

Eu também sabia que estava olhando para um homem que desafiava todas as justificativas que eu formulara para as minhas próprias ações. Esse homem certamente tinha a sua parte de falhas pessoais, mas não era um pirata, nenhum Henry Morgan nem Francis Drake — aqueles aventureiros fanfarrões que usavam cartas de corso dos reis da Inglaterra como um pretexto para legitimar a pirataria. O quadro nos cartazes não era um engodo como de costume. "O ideal de Omar é a liberdade; não se inventaram mísseis que possam matar um ideal!" Tom Paine não teria inspirado frases semelhantes?

Contudo, ele me fez pensar. Talvez os ideais não morressem; mas, e quanto aos homens que estavam por trás deles: Che, Arbenz, Allende. E aquilo levantava uma outra dúvida: como eu responderia se Torrijos fosse impelido ao papel de mártir?

No momento em que me despedi dele, nós dois entendíamos que a MAIN teria o contrato para o plano geral, e que eu faria de tudo para conseguir a aprovação de Torrijos.

CAPÍTULO 14

Entrando num Novo e Sinistro Período da História da Economia

Como economista-chefe, eu não só era responsável por um departamento na MAIN como também pelos estudos que desenvolvíamos ao redor do mundo, mas também se esperava que eu estivesse a par das tendências e teorias econômicas do momento. O início da década de 1970 foi uma época de importantes mudanças na economia internacional.

Durante a década de 1960, um grupo de países formou a OPEP, o cartel de países produtores de petróleo, em grande parte como uma reação ao poder das grandes refinarias. O Irã também foi um fator importante. Muito embora o xá devesse a sua posição e possivelmente a vida à intervenção clandestina dos Estados Unidos durante a derrubada de Mossadegh — ou talvez por causa daquele acontecimento — o xá era sensivelmente consciente de que a sua sorte poderia se inverter a qualquer momento. Os chefes de Estado de outros países produtores de petróleo compartilhavam essa certeza e a paranóia que a acompanhava. Eles também sabiam que as maiores Companhias Petrolíferas internacionais, conhecidas como "As Sete Irmãs", tinham um acordo para controlar os preços do petróleo — e assim os tributos que pagavam aos países produtores — como um meio de colher os próprios lucros imprevistos. A OPEP foi organizada no sentido de reverter o processo.

Tudo isso se manifestou no início da década de 1970, quando a OPEP colocou os gigantes industriais de joelhos. Uma série da ações combinadas, que culminaram no embargo do petróleo de 1973 simbolizado por longas filas nas distribuidoras de gás americanas, ameaçou gerar uma catástrofe econômica que rivalizava com a Grande Depressão. Foi um choque sistêmico no desenvolvimento da economia mundial, e de uma magnitude que poucas pessoas podiam chegar a compreender.

A crise do petróleo não podia ter acontecido em momento pior para os Estados Unidos. Eles eram um país confuso, cheio de medo e incerteza, abalado por uma guerra humilhante no Vietnã e um presidente que estava prestes a renunciar. Os problemas de Nixon não se limitavam ao Sudeste Asiático e a Watergate. Ele entrara em cena num momento em que, em retrospectiva, seria compreendido como o limiar de uma nova época da política e da economia. Naqueles dias, parecia que os "pequenos", incluindo os países da OPEP, estavam conseguindo dar uma virada.

Eu estava fascinado pelo que acontecia no mundo. Eu comia o pão servido pela corporatocracia, e ainda assim um lado secreto de mim adorava ver os mestres serem colocados nos seus lugares. Eu acho que isso mitigava um pouco a minha culpa. Eu via a sombra de Thomas Paine de lado, gostando da OPEP.

Nenhum de nós tinha consciência da dimensão das conseqüências do embargo no momento em que ele estava acontecendo. Com certeza, todos tínhamos as nossas teorias a respeito, mas não podíamos entender o que desde então ficou claro. Como uma idéia vaga, sabíamos que as taxas do crescimento econômico depois da crise do petróleo não passariam da metade das que prevaleciam nas décadas de 1950 e 1960, e que elas haviam sido criadas contra uma pressão inflacionária muito maior. O crescimento que ocorria era estruturalmente diferente e criava praticamente poucos empregos, de modo que o desemprego aumentou. Para culminar a situação, o sistema monetário internacional sofreu um golpe; a rede de conexões de taxas de câmbio fixas, que prevalecera desde o final da Segunda Guerra Mundial, em essência sofreu um colapso.

Naquela época, eu freqüentemente me encontrava com amigos para discutir essas questões no horário do almoço ou em meio a cervejas depois do horário de trabalho. Algumas dessas pessoas trabalhavam para mim — o meu pessoal incluía homens e mulheres bem capacitados, na maioria jovens, que em sua maioria eram livre-pensadores, ao menos segundo os padrões convencionais. Outros eram consultores executivos de Boston ou professores de faculdades locais, e um era assistente de um congressista estadual. Eram encontros informais, a que às vezes comparecia só mais alguém além de mim, enquanto outros podiam incluir dezenas de participantes. As sessões eram sempre animadas e barulhentas.

Quando penso nessas conversas, fico embaraçado ao imaginar o sentimento de superioridade que eu sentia. Eu sabia de fatos sobre os quais não podia comentar. Os meus amigos às vezes ostentavam as suas credenciais "ligações em Beacon Hill ou em Washington, cargos de professor ou Ph.Ds.", e eu respondia a isso apenas com o meu cargo de economista-chefe de uma importante empresa de consultoria, que viajava de primeira classe por todo o mundo. Ainda assim, não podia comentar sobre os meus encontros particulares com homens como Torrijos, ou as coisas que eu sabia sobre as maneiras como estávamos manipulando países em todos os continentes. Era tanto uma fonte de arrogância pessoal como de frustração.

Quando conversávamos sobre a força dos pequenos, eu tinha de me controlar ao máximo. Eu sabia o que nenhum deles tinha como saber que a corporatocracia, a sua faixa de AEs, e os chacais esperando na retaguarda nunca permitiriam que os pequenos tivessem o controle. Eu só precisava recorrer aos exemplos de Arbenz e Mossadegh — e mais recentemente, à derrubada pela CIA em 1973 do presidente democraticamente eleito do Chile, Salvador Allende. Na verdade, eu entendia que a "gravata" do império mundial estava se fortalecendo, a despeito da OPEP —, ou, como eu suspeitava na época mas não confirmei até mais tarde, com a ajuda da OPEP.

As nossas conversas geralmente versavam sobre as semelhanças entre as décadas de 1970 e 1930. Esses últimos representavam um importante divisor de águas na economia internacional e na maneira como ela era estudada, analisada e percebida. Aquela década abriu a porta para a economia keynesiana e para a idéia de que o governo devia desempenhar um papel importante no controle dos mercados e fornecer serviços como os de saúde, compensação pelo desemprego, e outras formas de bem-estar social. Estávamos nos distanciando de antigos pressupostos de que os mercados eram auto-reguláveis e que a intervenção do estado devia ser mínima.

A Depressão resultou no New Deal e em políticas que promoviam a regulação econômica, a manipulação financeira pelo governo, e a aplicação extensiva da política fiscal. Além disso, tanto a Depressão quanto a Segunda Guerra Mundial levaram à criação de organizações como o Banco Mundial, o FMI, e o Acordo Geral sobre Tarifas e Comércio (GATT). A década de 1960 foi uma década pivô nesse período e na mudança de uma economia neoclássica no estilo keynesiano. Aconteceu sob as administrações de Kennedy e Johnson, e talvez a maior influência isolada tenha sido a de um homem, Robert McNamara.

McNamara era um constante participante dos nossos grupos de discussão — *in absentia*, é claro. Todos nós sabíamos da sua subida meteórica aos portais da fama, de gerente de planejamento e análise financeira da Ford Motor Company em 1949 a presidente da Ford em 1960, o primeiro chefe de empresa escolhido fora da família Ford. Logo depois disso, Kennedy indicou-o como secretário da Defesa.

McNamara tornou-se um forte defensor de uma tendência keynesiana no governo, usando modelos matemáticos e métodos estatísticos para determinar os níveis de tropas, alocação de fundos e outras estratégias no Vietnã. Sua defesa da "liderança agressiva" tornou-se uma marca registrada não só entre gerentes do governo como também entre os executivos de empresas. Isso formou a base de uma nova tendência filosófica para ensinar administração nas faculdades de administração de todo o país, e acabou levando a uma nova geração de CEOs de empresa que seriam os pontas de lança na corrida pelo império mundial.[1]

Sentados à mesa para discutir os acontecimentos mundiais, estávamos especialmente fascinados pelo papel de Robert McNamara como presidente do Banco Mundial, um trabalho que ele aceitou logo depois de deixar o cargo de secretário de Defesa. A maioria dos meus amigos concentrava-se no fato de que ele simbolizava o que era popularmente conhecido como o complexo industrial-militar. Ele tinha conquistado a posição máxima na mais importante corporação, num gabinete do governo, e agora no mais poderoso banco do mundo. Uma brecha aparente na separação de poderes horrorizava a maioria deles; eu poderia ter sido o único entre nós que não estava minimamente surpreso.

Agora eu entendia que a maior e mais sinistra contribuição de Robert McNamara para a história era controlar o Banco Mundial para que se tornasse o agente do império mundial numa escala nunca antes testemunhada. Ele também estabelecera um precedente. A sua capacidade de preencher as lacunas entre os componentes primários da corporatocracia seria afinada pelos seus sucessores. Por exemplo, George Shultz foi secretário do Tesouro e *chairman* do Conselho de Política Econômica no governo Nixon, serviu como presidente da Bechtel, e então tornou-se secretário de Estado no governo Reagan. Caspar Weinberger era vice-presidente e conselheiro geral da Bechtel, e então tornara-se secretário da Defesa no governo Reagan. Richard Helms foi diretor da CIA na administração Johnson e depois tornou-se embaixador no Irã no governo Nixon. Richard Cheney serviu como secretário da Defesa sob George H. W. Bush, quando presidente da Halliburton, e como vice-presidente americano de George W. Bush. Até mesmo um presidente dos Estados Unidos, George H. W. Bush, começou como fundador da Zapata Petroleum Corp, serviu como embaixador americano nas Nações Unidas na administração Nixon e Ford e foi diretor da CIA na administração Ford.

Olhando em retrospecto, fico impressionado com a inocência daqueles dias. Em muitos aspectos, estávamos presos aos antigos métodos do imperialismo. Kermit Roosevelt mostrara-nos uma maneira melhor quando derrubara um democrata iraniano e o substituíra por um rei despótico. Nós, os AEs, estávamos nos comprometendo com muitos dos nossos objetivos em lugares como a Indonésia e o Equador, e ainda o Vietnã era um exemplo impressionante de como podíamos deslizar facilmente para os velhos padrões.

Seria preciso que o país líder da OPEP, a Arábia Saudita, mudasse essa situação.

CAPÍTULO 15

O Caso da Lavagem de Dinheiro da Arábia Saudita

Em 1974, um diplomata da Arábia Saudita mostrou-me fotos de Riad, a capital do país. Incluída nessas fotos estava um rebanho de cabras remexendo entre pilhas de refugos no lado de fora de um prédio do governo. Quando perguntei ao diplomata sobre as cabras, a resposta dele me chocou. Ele me disse que elas constituíam o principal sistema de recolhimento de lixo. "Nenhum saudita que se preze sequer mexeria nesses trastes", disse ele. "Nós os deixamos às feras."

Cabras! Na capital do maior reino do petróleo do mundo. Parecia inacreditável.

Na ocasião, eu pertencia a um grupo de consultores que acabava de começar a tentar encontrar uma solução para a crise do petróleo. Aquelas cabras me levaram a entender como a solução poderia evoluir, especialmente considerando o nível de desenvolvimento do país em relação aos três séculos anteriores.

A história da Arábia Saudita é cheia de violência e fanatismo religioso. No século XVIII, Mohammed ibn Saud, um chefe guerreiro local, aliou-se aos fundamentalistas da seita ultraconservadora Wahhabi. Era uma união poderosa, e durante os duzentos anos seguintes a família Saud e os seus aliados Wahhabi conquistaram a maior parte da península Arábica, incluindo os lugares mais sagrados do islamismo, Meca e Medina.

A sociedade saudita refletia o idealismo puritano dos seus fundadores e uma interpretação estrita das crenças do Corão. A observância religiosa assegurava a aderência ao mandato de orar cinco vezes ao dia. As mulheres deviam cobrir-se da cabeça aos pés. A punição para os criminosos era severa; as execuções públicas e os apedrejamentos eram comuns. Durante a minha primeira viagem a Riad, fiquei impressionado quando o meu motorista me contou que eu poderia deixar a minha máquina fotográfica, a minha maleta e até mesmo a minha carteira bem à vista dentro do carro, estacionado próximo ao mercado, sem precisar trancá-lo.

"Ninguém", disse ele, "se atreve a roubar aqui. Os ladrões têm as mãos cortadas."

Mais tarde nesse dia, ele me perguntou se eu gostaria de visitar o assim chamado Chop Chop Square e assistir a uma decapitação. A adoção pelo wahhabismo do que consideraríamos um extremo puritanismo fazia com que houvesse segurança nas ruas quanto a ladrões — e exigiam a mais dura prova de punição física para aqueles que violavam as leis. Declinei do convite.

O ponto de vista saudita da religião como um elemento importante da política e da economia contribuía para o embargo do petróleo que abalava o mundo ocidental. Em 6 de outubro de 1973 (dia do Yom Kippur, o mais sagrado dos feriados judaicos), o Egito e a Síria lançaram ataques simultâneos contra Israel. Foi o começo da Guerra de Outubro — a quarta e mais destrutiva das guerras árabe-israelenses, e aquele que teria as maiores conseqüências sobre o mundo. O presidente do Egito, Anwar Sadat, pressionou o rei Faisal, da Arábia Saudita, a retaliar contra a cumplicidade americana com Israel empregando o que Sadat chamou de "arma do petróleo". Em 16 de outubro, o Irã e os quatro Estados do Golfo Arábico, incluindo a Arábia Saudita, anunciaram um aumento de 70 por cento nos preços do petróleo.

Reunidos na cidade de Kuwait, os ministros árabes do petróleo consideraram as opções. Os representantes iraquianos eram veementemente favoráveis a ter os Estados Unidos como alvo. Ele convocou os outros delegados para nacionalizar as empresas americanas no mundo árabe, para impor um total embargo de petróleo sobre os Estados Unidos e sobre todos os outros países favoráveis a Israel, e para retirar os fundos árabes de todos os bancos americanos. Ele observou que as contas bancárias árabes eram substanciais e que essa ação poderia resultar em um pânico não muito diferente de 1929.

Outros ministros árabes relutaram em concordar com um plano tão radical, mas em 17 de outubro eles decidiram prosseguir com um embargo mais limitado, que começaria com um corte de 5 por cento na produção e depois imporia um adicional 5 por cento de redução a cada mês até que os seus objetivos políticos fossem alcançados. Eles concordaram que os Estados Unidos deveriam ser punidos por sua posição favorável a Israel e deviam, portanto, receber o mais severo embargo jamais sustentado contra o país. Diversos países que participaram da reunião anunciaram que implementariam cortes de 10 por cento, em vez de 5 por cento.

Em 19 de outubro, o presidente Nixon fez um pedido ao Congresso da ordem de 2,2 bilhões de dólares de auxílio a Israel. No dia seguinte, a Arábia Saudita e outros produtores árabes impuseram um embargo total sobre os carregamentos de petróleo para os Estados Unidos.[1]

O embargo do petróleo terminou em 18 de março de 1974. A sua duração foi curta, as suas conseqüências foram enormes. O preço de venda do petróleo saudita saltou de 1,39 dólar por barril em 1º de janeiro de 1970 para 8,32 dólares em 1º de janeiro de 1974.[2] Os políticos e as administrações futuras jamais se esquecerão das lições aprendidas durante o início e meados de 1970. A longo prazo, o trauma daqueles meses serviu para fortalecer a corporatocracia; os seus três pilares — grandes corporações, bancos internacionais e o governo — uniram-se como nunca antes. Essa união seria duradoura.

O embargo também resultou em mudanças significativas de atitude e de políticas. Ele convenceu a Wall Street e Washington de que um embargo dessa natureza nunca mais seria tolerado. Proteger o fornecimento de petróleo americano sempre fora uma prioridade; depois de 1973, passou a ser uma obsessão. O embargo elevou a posição da Arábia Saudita como um parceiro importante na política mundial e forçou Washington a reconhecer a importância estratégica do reinado para a sua própria economia. Além disso, encorajou os líderes da corporatocracia americana a buscar desesperadamente métodos para canalizar os petrodólares de volta aos Estados Unidos, e a considerar o fato de que o governo saudita carecia de estruturas administrativa e institucional para administrar adequadamente a sua riqueza surgida da noite para o dia.

Para a Arábia Saudita, os ganhos adicionais com o petróleo resultantes dos aumentos de preços foram considerados como uma bênção mista. Ao mesmo tempo que enchiam os cofres públicos com bilhões de dólares, também serviam para minar algumas das estritas crenças religiosas dos wahhabis. Os ricos sauditas viajaram por todo o mundo. Eles freqüentaram faculdades e universidades da Europa e dos Estados Unidos. Compraram carros luxuosos e mobiliaram as suas casas com artigos no estilo ocidental. As conservadoras crenças religiosas foram substituídas por uma nova forma de materialismo — e foi esse materialismo que apresentou a solução para os temores das futuras crises do petróleo.

Quase imediatamente depois que o embargo terminou, Washington começou a negociar com os sauditas, oferecendo-lhes apoio técnico, equipamentos e treinamento militar e uma oportunidade de levar o seu país para o século XX, em troca de petrodólares e, mais importante ainda, garantias de que nunca mais haveria outro embargo do petróleo. As negociações resultaram na criação de uma organização ainda mais extraordinária, a Comissão Econômica Conjunta Estados Unidos-Arábia Saudita. Conhecida como JECOR, ela incorporava um conceito inovador que era o oposto dos programas de ajuda externa: baseava-se no dinheiro saudita para contratar empresas americanas para construir a Arábia Saudita.

Embora a responsabilidade global pela administração e fiscalização fosse delegada ao Departamento do Tesouro americano, essa comissão era independente ao extremo. Em última análise, gastaria bilhões de dólares ao longo de um período de mais de 25 anos, virtualmente sem nenhuma supervisão dos congressistas. Uma vez que não estava envolvido nenhum financiamento americano, o Congresso americano não tinha autoridade sobre o assunto, a despeito do papel do Tesouro. Depois de estudar a JECOR extensivamente, David Holden e Richard Johns concluíram: "Era o acordo mais abrangente desse tipo que jamais foi feito pelos Estados Unidos com um país em desenvolvimento. Tinha o potencial de entrincheirar os Estados Unidos profundamente no reino, fortalecendo o conceito de interdependência mútua".[3]

O Departamento do Tesouro convidou a MAIN logo nas etapas iniciais como consultora. Eu fui convocado e informado de que o meu trabalho seria decisivo, e que tudo que eu fizesse e descobrisse devia ser considerado como altamente confidencial. Do meu ponto de vista privilegiado, parecia que aquela seria uma operação clandestina. Na época, fui levado a acreditar que a MAIN era a principal consultoria no processo; portanto eu compreendi que fazíamos parte dos diversos consultores cuja experiência era considerada.

Uma vez que tudo era feito no maior segredo, eu não era poupado das discussões no Tesouro com outros consultores, e portanto não podia ter certeza sobre a importância do meu papel nesse acordo sem precedentes. Eu sabia que os arranjos estabeleciam novos padrões para os AEs e que eles lançavam alternativas inovadoras para as abordagens tradicionais para promover os interesses do império. Eu também sabia que a maioria das projeções que evoluíam dos meus estudos era implementada no fim, que a MAIN era recompensada com um dos primeiros maiores — e extremamente lucrativos — contratos da Arábia Saudita, e que eu receberia uma grande gratificação nesse ano.

O meu trabalho era desenvolver previsões do que podia acontecer na Arábia Saudita se enormes quantias de dinheiro fossem investidas nas suas infra-estruturas, e a desenhar cenários para gastar aquele dinheiro. Em resumo, era para eu aplicar o máximo de criatividade possível para justificar a entrada de centenas de milhões de dólares na economia saudita, sob condições que incluiriam empresas americanas de engenharia e construção. Disseram para eu fazer isso por conta própria, para não envolver o meu pessoal, e fiquei isolado numa pequena sala de conferências vários pisos acima de onde o meu departamento estava localizado. Fui advertido de que o meu trabalho era tanto uma questão de segurança nacional quanto potencialmente muito lucrativo para a MAIN.

Compreendi, é claro, que o objetivo básico no caso não era o comum — sobrecarregar o país com dívidas que nunca poderia pagar —, mas em vez disso encontrar maneiras que pudessem assegurar que uma grande parte dos petrodólares retornassem aos Estados Unidos. No processo, a Arábia Saudita seria envolvida, a sua economia se tornaria cada vez mais dependente da nossa e presumivelmente ela se tornaria mais ocidentalizada e, portanto, mais favorável e integrada ao nosso sistema.

Depois que eu comecei, compreendi que as cabras vagando pelas ruas de Riad eram uma chave simbólica; eram um ponto sensível entre a aristocracia saudita que circulava pelo mundo. Aquelas cabras imploravam para ser substituídas por algo mais adequado a esse reino do deserto que buscava a sua entrada no mundo moderno. Eu também sabia que os economistas da OPEP estavam enfatizando a necessidade de países produtores de petróleo obter produtos mais valorizados a partir do seu petróleo. Em vez de simplesmente exportar o petróleo bruto, os economistas insistiam com esses países para desenvolverem indústrias próprias, para usar o seu petróleo para produzir derivados de petróleo que pudessem vender para o resto do mundo a um preço mais elevado do que vendiam o petróleo bruto.

Essa compreensão dupla abriu a porta para uma estratégia que considerei própria para se adotar numa situação em que todos sairiam ganhando. As cabras, é claro, eram meramente um ponto de entrada. As receitas brutas com o petróleo poderiam ser empregadas para contratar as empresas americanas para substituir as cabras pelo mais moderno sistema de coleta e reciclagem de lixo e os sauditas ficariam muito orgulhosos dessa tecnologia altamente avançada.

Considerei as cabras como um lado da equação que poderia ser aplicada à maior parte dos setores da economia do reino, uma fórmula para o sucesso aos olhos da família real, para o Departamento do Tesouro americano e para os meus chefes na MAIN. Sob essa fórmula, o dinheiro seria destinado a criar um setor industrial encarregado de transformar o petróleo bruto em produtos acabados para exportação. Grandes complexos petroquímicos seriam erguidos no deserto e, ao redor deles, gigantescos parques industriais. Naturalmente, um plano desses também requereria a construção de milhares de megawatts de capacidade de geração de eletricidade, e linhas de transmissão e distribuição, rodovias, gasodutos, redes de comunicação e sistemas de transportes, incluindo novos aeroportos, portos marítimos modernos, uma vasta série de setores de serviços e a infra-estrutura essencial para manter toda essa engrenagem funcionando.

Todos nós tínhamos altas expectativas de que esse plano evoluísse para um modelo de como as coisas deveriam ser feitas no resto do mundo. Os internacionais sauditas atenderiam às nossas preces; eles convidariam líderes de muitos países para ir à Arábia Saudita e testemunhar os milagres realizados; esses líderes então nos chamariam para ajudá-los a esboçar planos semelhantes para os seus países e — na maioria dos casos, para os países fora do âmbito da OPEP — providenciariam o Banco Mundial ou outros métodos baseados em dívidas para financiá-los. O império mundial seria bem servido.

Enquanto eu desenvolvia essas idéias, pensava nas cabras, e as palavras do meu motorista sempre ecoavam nos meus ouvidos: "Nenhum saudita que se preze jamais recolheria lixo". Eu tinha ouvido esse refrão repetidas vezes, em muitos diferentes contextos. Era óbvio que os sauditas não tinham intenção de colocar o seu próprio povo para trabalhar nas tarefas básicas, muito menos como trabalhadores nas instalações industriais ou na própria construção de quaisquer dos projetos. Em primeiro lugar, eles eram em número muito reduzido. Além disso, a casa real saudita indicara um compromisso para fornecer aos seus cidadãos um nível de instrução e um estilo de vida que eram incoerentes com os dos trabalhadores braçais. Os sauditas podiam administrar os outros, mas não tinham desejo ou motivação para se tornar trabalhadores em fábricas ou construções. Portanto, seria necessário importar uma força de trabalho de outros países — países onde a mão-de-obra fosse barata e onde as pessoas precisassem de trabalho. Se possível, a mão-de-obra devia vir de outros países islâmicos ou do Oriente Médio, como o Egito, a Palestina, o Paquistão e o Iêmen.

Essa perspectiva criava um novo estratagema ainda maior para o desenvolvimento de oportunidades. Complexos habitacionais gigantescos teriam de ser construídos por aqueles trabalhadores, assim como *shopping-centers*, hospitais, instalações de bombeiros e de polícia, empresas de água e de lixo, elétricas, comunicações e redes de transportes — na verdade, o resultado final seria criar cidades modernas onde antes havia apenas o deserto. Aqui também estava a oportunidade de explorar as tecnologias emergentes em, por exemplo, indústrias de dessalinização, sistemas de microondas, complexos hospitalares e tecnologias computacionais.

A Arábia Saudita era a realização de todos os sonhos de um planejador, e também uma fantasia concretizada por todos aqueles ligados ao negócio da engenharia e da construção. Apresentei um plano de oportunidade econômica incomparável a qualquer outro da história: um país subdesenvolvido com recursos financeiros virtualmente ilimitados e um desejo de entrar na era moderna em grande estilo e muito rapidamente.

Devo admitir que gostei imensamente desse trabalho. Não existiam informações concretas disponíveis na Arábia Saudita, na livraria municipal de Boston, nem em nenhum outro lugar que justificasse o uso de modelos econométricos nesse contexto. Na verdade, a magnitude do trabalho — a total e imediata transformação de um país inteiro em uma escala nunca antes observada — significava que mesmo que existissem informações históricas, essas teriam sido irrelevantes.

Nem ninguém esperava esse tipo de análise quantitativa, não ao menos nessa etapa do jogo. Eu simplesmente pus a minha imaginação para funcionar e redigi relatórios que prefiguravam um futuro glorioso para o reino. Eu tinha números empíricos que poderia usar para estimar coisas como o custo aproximado para produzir um megawatt de eletricidade, um quilômetro de estradas, ou água potável, esgotos, habitação, alimentação e serviços públicos adequados para um trabalhador. Não se esperava que eu refinasse essas estimativas ou delineasse conclusões finais. O meu trabalho era simplesmente descrever uma série de planos (mais precisamente, talvez, "visões") do que poderia ser possível, e chegar a estimativas grosseiras dos custos associados a eles.

Eu sempre tive em mente os objetivos verdadeiros: maximizar os pagamentos para as empresas americanas e tornar a Arábia Saudita cada vez mais dependente dos Estados Unidos. Não demorei muito para entender como esses dois aspectos estavam interligados; quase todos os projetos recém-desenvolvidos requeriam uma contínua atualização e uma série de serviços prestados, e eles eram tão tecnicamente desenvolvidos que asseguravam que apenas as empresas que os haviam desenvolvido originalmente podiam fazer a sua manutenção e modernização. Na verdade, à medida que o meu trabalho avançava, comecei a reunir duas listas de cada um dos projetos que criava: uma para os tipos de contratos de projeto e construção que poderíamos esperar e outra para os acordos de longo prazo para a prestação de serviços e administração. Empresas como a MAIN, Bechtel, Brown & Root, Halliburton, Stone & Webster e muitas outras empresas americanas de engenharia e empreiteiras teriam um desempenho maravilhoso nas décadas seguintes.

Além do campo puramente econômico, havia outra peculiaridade que tornaria a Arábia Saudita dependente de nós, embora de uma maneira diferente. A modernização desse reino produtor de petróleo provocaria reações adversas. Por exemplo, os muçulmanos conservadores ficariam furiosos; Israel e outros países vizinhos iriam sentir-se ameaçados. O desenvolvimento econômico desse país tinha grande probabilidade de produzir o crescimento de outro setor: a proteção da península Arábica. As empresas privadas especializadas nesse tipo de atividade, assim como as forças armadas americanas e o setor da defesa, poderiam esperar contratos generosos — e, uma vez mais, acordos de longo prazo para a prestação de serviços e administração. A sua presença requereria uma outra fase de projetos de engenharia e construção, incluindo aeroportos, bases de mísseis, bases para o pessoal e toda a infra-estrutura associada a essas instalações.

Terminei os meus relatórios e enviei os envelopes selados pelo malote da empresa endereçados ao "Gerente de Projetos do Departamento do Tesouro". Ocasionalmente me reuni com alguns outros integrantes da nossa equipe — vice-presidentes da MAIN e os meus superiores. Uma vez que não tínhamos um nome oficial para esse projeto, que ainda se encontrava na fase de pesquisa e desenvolvimento e ainda não fazia parte do JECOR, nos referíamos a ele apenas — e em voz baixa — como SAMA*. Ostensivamente, ele tinha a ver com o Caso da Lavagem de Dinheiro da Arábia Saudita, mas também era um jogo de palavras carregado de ironia; o Banco Central do reino chamava-se Agência Monetária da Arábia Saudita, ou SAMA.

* Em inglês, Saudi Arabian Monetary Agency. (N. do T.)

Algumas vezes um representante do Tesouro juntava-se a nós. Eu fazia algumas perguntas nessas ocasiões. Principalmente, eu apenas descrevia o meu trabalho, respondendo aos comentários dele, e concordava em fazer o que quer que ele me pedisse. Os vice-presidentes e representantes do Tesouro ficaram especialmente impressionados com as minhas idéias sobre os acordos de longo prazo para prestação de serviços e administração. Aquilo estimulou um dos vice-presidentes a cunhar uma frase que nos acostumamos a usar depois disso, referindo-se ao reino como "a vaca a ser ordenhada até o pôr-do-sol da nossa aposentadoria". Para mim, essa frase sempre evocou imagens de cabras em vez de vacas.

Foi durante essas reuniões que compreendi que diversos concorrentes nossos estavam envolvidos em tarefas semelhantes, e que no fim todos esperavam ser recompensados com contratos lucrativos como resultado dos esforços despendidos. Considerei que a MAIN e as outras empresas estavam pagando a conta por esse trabalho preliminar, assumindo um risco de curto prazo esperando poder entrar na briga. Essa suposição foi reforçada pelo fato de que o número com que eu registrava o meu tempo nas nossas folhas diárias de tempo pessoal de trabalho aparecia como sendo administrativamente de uma conta de despesas gerais indiretas. Esse modo de encarar as coisas era típico da etapa de pesquisa e desenvolvimento/preparação de proposta da maioria dos projetos. Nesse caso, o investimento inicial certamente excedeu de longe a norma, mas aqueles vice-presidentes pareciam extremamente confiantes no retorno do investimento.

Apesar de saber que os nossos concorrentes também estavam envolvidos, todos considerávamos que haveria trabalho suficiente a ser feito. Eu também estava no negócio havia tempo suficiente para acreditar que a remuneração devida refletiria o nível de aceitação do Tesouro do trabalho que fizéssemos, e que esses consultores que produziam os projetos que seriam finalmente implementados receberiam os contratos mais bem escolhidos. Considerei um desafio pessoal criar cenários que seriam bem-sucedidos na etapa de projeto e construção. A minha estrela já estava subindo rapidamente na MAIN. Ser um participante em posição estratégica garantiria a aceleração desse processo, caso fôssemos bem-sucedidos.

Durante as nossas reuniões, também discutíamos abertamente a probabilidade de que SAMA e toda a operação JECOR estabeleceriam novos precedentes. Isso representava um método inovador de criar trabalho lucrativo nos países que não precisassem incorrer em dívidas por meio dos bancos internacionais. Irã e Iraque vinham imediatamente à baila como dois exemplos próximos desse tipo de país. Acima de tudo, dada a natureza humana, sentíamos que os líderes desses países provavelmente se sentiriam motivados a tentar imitar a Arábia Saudita. Parecia haver pouca dúvida de que o embargo do petróleo de 1973 — que a princípio parecera algo tão negativo — acabaria oferecendo muitas oportunidades inesperadas para o negócio de engenharia e construção, e ajudaria a pavimentar no futuro o caminho para o império mundial.

Trabalhei nessa etapa visionária por cerca de oito meses — embora nunca por mais do que vários dias inteiros de cada vez — enfurnado na minha sala de reuniões particular ou no meu apartamento com vista para o Boston Common. O meu pessoal todo tinha outras tarefas e se virava bem sozinho, embora eu os acompanhasse com uma certa periodicidade. Com o tempo, o sigilo ao redor do nosso trabalho foi diminuindo. Mais pessoas ficaram sabendo que estava em preparação alguma coisa de grande vulto envolvendo a Arábia Saudita. Corriam ondas de entusiasmo, rumores. Os vice-presidentes e os representantes do Tesouro ficaram cada vez mais descontraídos — em parte, creio eu, porque eles próprios tiveram acesso a mais informações como detalhes sobre o esquema engenhoso que surgira.

Por meio desse plano em andamento, Washington queria que os sauditas garantissem a manutenção do fornecimento de petróleo e dos preços em níveis que poderiam flutuar mas que sempre permaneceriam aceitáveis para os Estados Unidos e os nossos aliados. Se outros países como o Irã, Iraque, Indonésia ou Venezuela ameaçassem com embargos, a Arábia Saudita, com os seus enormes reservatórios de petróleo, entraria em cena para preencher a lacuna; só o fato de saber que ela poderia fazer isso desencorajaria, a longo prazo, os outros países de até mesmo considerar um embargo. Em troca dessa garantia, Washington oferecia à Casa de Saud um acordo incrivelmente interessante: um compromisso por parte dos americanos de oferecer total e inequívoco apoio político e — se necessário — militar, assegurando assim a sua permanência ininterrupta como governantes do país.

Era um acordo que a Casa de Saud dificilmente poderia recusar, considerando a sua localização geográfica, a falta de poderio militar e a vulnerabilidade geral em relação a vizinhos como Irã, Síria, Iraque e Israel. Naturalmente, portanto, Washington usava a sua vantagem para impor uma outra condição decisiva, uma condição que redefinia o papel dos AEs no mundo e servia como um modelo que mais tarde tentaríamos aplicar em outros países, mais destacadamente no Iraque. Em retrospecto, eu às vezes acho difícil entender como a Arábia Saudita poderia ter aceito essa condição. Certamente, a maior parte do resto do mundo árabe, a OPEP e outros países islâmicos ficaram estarrecidos quando descobriram os termos do acordo e a maneira pela qual a casa real capitulou ante as exigências de Washington.

A condição era que a Arábia Saudita usaria os seus petrodólares para comprar papéis negociáveis do governo americano; em troca, os juros obtidos com esses papéis seriam gastos pelo Departamento do Tesouro americano de maneira a capacitar a Arábia Saudita a sair de uma sociedade medieval e entrar no mundo moderno e industrializado. Em outras palavras, os juros calculados em bilhões de dólares dos ganhos com o petróleo pelo reino seriam usados para pagar as empresas americanas para preencher a visão que eu (e presumivelmente alguns dos meus concorrentes) tivessem, para converter a Arábia Saudita numa potência industrial moderna. O nosso próprio Departamento do Tesouro nos pagaria, à custa da Arábia Saudita, para construir os projetos de infra-estrutura e até mesmo cidades inteiras em toda a península Arábica.

Embora os sauditas se reservassem o direito das idéias com relação à natureza desses projetos, a realidade era que um corpo de elite de estrangeiros (na maior parte infiéis, aos olhos dos muçulmanos) determinaria a aparência futura e constituição econômica da península Arábica. E isso ocorreria num reino fundado segundo os princípios conservadores wahhabi e governado de acordo com esses princípios durante séculos. Parecia um enorme salto de fé da parte deles, ainda que nas circunstâncias, e devido às pressões políticas e militares indubitavelmente criadas por Washington, eu suspeitava que a família Saud sentia que tinha poucas alternativas.

Do nosso ponto de vista, as perspectivas de lucros enormes pareciam sem limites. Era um acordo adorável com potencial para estabelecer um incrível precedente. E para tornar o acordo ainda mais favorável, ninguém tinha de obter o acordo do Congresso americano — um processo temido pelas corporações, especialmente as de propriedade privada como a Bechtel e a MAIN, que preferiam não abrir os seus livros contábeis ou compartilhar os seus segredos com ninguém. Thomas W. Lippman, um pesquisador adjunto do Middle East Institute e ex-jornalista, resume de maneira eloqüente os pontos principais desse acordo:

> Os sauditas, nadando em dinheiro, entregariam centenas de milhões de dólares ao Tesouro, que guardaria esses fundos até que fossem necessários

para pagar os vendedores ou funcionários. Esse sistema assegurava que o dinheiro saudita seria reciclado na economia americana... Ele também assegurava que os administradores da comissão poderiam empreender os projetos que quisessem e os sauditas aprovassem desde que fossem convenientes sem ter de justificá-los perante o Congresso.[4]

Estabelecer os parâmetros para esse empreendimento histórico levou menos tempo do que se poderia imaginar. Depois disso, contudo, tínhamos de encontrar uma maneira de implementá-lo. Para colocar o projeto em andamento, alguém no mais alto nível do governo foi despachado para a Arábia Saudita — uma missão extremamente confidencial. Eu nunca soube ao certo, mas acredito que o enviado foi Henry Kissinger.

Fosse quem fosse o enviado, a sua primeira tarefa era lembrar à família real sobre o que acontecera no vizinho Irã quando Mossadegh tentara despojar os interesses petrolíferos britânicos. Em seguida, ele delinearia um plano que seria tão atraente para eles implantar, na verdade transmitindo aos sauditas que eles tinham poucas alternativas. Eu não tinha dúvidas de que eles ficariam com a nítida impressão de que poderiam aceitar a nossa oferta e assim obter as garantias que sustentaríamos e protegê-los como governantes, ou poderiam recusar — e tomar o caminho de Mossadegh. Quando o enviado retornou a Washington, ele trouxe consigo a mensagem de que os sauditas gostariam de concordar.

Só havia um único pequeno obstáculo. Teríamos de convencer os negociadores estratégicos do governo saudita. Isso, fomos informados, era uma questão de família. A Arábia Saudita não era uma democracia, e ainda assim parecia que dentro da Casa de Saud era preciso obter um consenso.

Em 1975, eu fui designado para tratar com um daqueles negociadores estratégicos. Sempre pensei nele como o príncipe W., embora nunca determinasse que ele fosse na verdade um príncipe herdeiro. O meu trabalho era persuadi-lo de que o Caso da Lavagem de Dinheiro da Arábia Saudita beneficiaria o país dele assim como a ele pessoalmente.

Isso não foi tão fácil como parecia a princípio. O príncipe W. professava ele mesmo um bom wahhabi e insistiu que não queria ver o seu país seguir as pegadas do mercantilismo ocidental. Ele também alegava que entendia a natureza insidiosa do que estávamos propondo. Ele tinha, disse ele, os mesmos objetivos dos cruzados de um milênio antes: a cristianização do mundo árabe. Na verdade, ele estava parcialmente certo quanto a isso. Na minha opinião, a diferença entre os cruzados e nós era uma questão de grau.

Os católicos da Europa medieval alegavam que a sua meta era salvar os muçulmanos do purgatório; nós defendíamos que queríamos ajudar os sauditas a se modernizar. Na verdade, acredito que os cruzados, assim como a corporatocracia, estavam basicamente buscando expandir o seu império.

Crenças religiosas à parte, o príncipe W. tinha um ponto fraco — as louras bonitas. Parecia quase ridículo mencionar o que agora se tornou um estereótipo grotesco, e eu devia mencionar que o príncipe W. era o único homem entre muitos sauditas que conheci que tinha essa inclinação, ou ao menos o único que se dispunha a me deixar perceber isso. Ainda assim, isso desempenhou um papel importante na estruturação desse acordo histórico, e demonstra até que ponto eu estava disposto a chegar para cumprir a minha missão.

CAPÍTULO 16

Corrompendo e Financiando Osama bin Laden

Desde o início, o príncipe W. me fez entender que toda vez que me visitasse em Boston esperava ser agradado por uma mulher do gosto dele, e que esperava que ela desempenhasse mais funções do que as de simples acompanhante. Mas ele absolutamente não queria saber de uma garota de programa profissional, alguém com que ele ou os integrantes da família dele pudessem deparar de repente na rua ou num coquetel. Os meus encontros com o príncipe W. eram mantidos em segredo, o que me facilitava atender aos desejos dele.

"Sally" era uma linda loura de olhos azuis que morava perto de Boston. O marido dela, um piloto da United Airlines que viajava muito durante e fora do horário de trabalho, mal se incomodava em disfarçar as suas infidelidades. Sally tinha uma atitude realista em relação às atividades do marido. Ela gostava do salário dele, do luxo do condomínio fechado em que morava em Boston e dos benefícios que uma esposa de piloto desfrutava naquela época. Uma década antes, ela fora uma *hippie* que se acostumara ao sexo promíscuo, e considerou bastante atraente a idéia de uma fonte de recursos extras ainda que secreta. Ela concordou em dar ao príncipe W. uma oportunidade, com uma condição: ela insistia que o futuro do relacionamento entre eles dependeria inteiramente do comportamento e da atitude dele em relação a ela.

Felizmente para mim, ambos satisfaziam os critérios um do outro.

O caso príncipe W.–Sally, um subcapítulo do Caso da Lavagem de Dinheiro da Arábia Saudita, criou o seu próprio conjunto de problemas para mim. A MAIN proibia rigorosamente que os seus integrantes fizessem qualquer coisa ilícita. Do ponto de vista legal, eu estava agindo como um cafetão — arranjando uma mulher para outro homem — uma atividade ilegal em Massachusetts, e assim o maior problema era descobrir como pagar pelos serviços de Sally. Felizmente, o departamento de contabilidade me dava grandes liberdades com a minha conta de despesas. Eu era um bom gastador e conseguia persuadir os garçons na maioria dos restaurantes sofisticados de Boston a me conseguir notas em branco; era uma época em que eram as pessoas, não os computadores, que preenchiam as notas.

Com o passar do tempo, o príncipe W. ficou mais ousado. Finalmente, ele quis que eu conseguisse que Sally fosse viver com ele nos seus aposentos privados na Arábia Saudita. Esse não era um pedido inaudito naqueles dias; havia um comércio ativo de mulheres jovens entre determinados países da Europa e o Oriente Médio. Essas mulheres assinavam contratos por determinado período de tempo, e quando o contrato expirava elas voltavam para casa com uma conta bancária substancial. Robert Baer, um funcionário de ligação de um diretório de operações da CIA por vinte anos e especialista em Oriente Médio, resume o caso: "No início da década de 1970, quando os petrodólares começaram a circular, empresários libaneses começaram a contrabandear prostitutas para o reino dos príncipes... Uma vez que ninguém na família real sabe como equilibrar um livro-caixa, os libaneses ficaram fabulosamente ricos".[1]

Eu tinha familiaridade com essa situação e até mesmo conhecia gente que poderia conseguir um contrato dessa natureza. No entanto, para mim, havia dois obstáculos principais: Sally e o pagamento. Eu tinha certeza de que Sally não pretendia deixar Boston e mudar-se para uma mansão no deserto no Oriente Médio. Era também bastante óbvio que nenhuma coleção de notas frias de restaurantes seria capaz de cobrir uma despesa daquelas.

O príncipe W. cuidou da última questão me assegurando que esperava pagar pela nova noiva ele mesmo; eu só precisava cuidar para que as coisas acontecessem. Também me deu um grande alívio quando ele me confidenciou que a Sally da Arábia Saudita não precisava ser exatamente a mesma pessoa que lhe fizera companhia nos Estados Unidos. Dei telefonemas a vários amigos que tinham contatos com libaneses em Londres e Amsterdã. Algumas semanas depois, uma nova Sally assinou o contrato.

O príncipe W. era uma pessoa complexa. Sally satisfazia um desejo físico e a minha capacidade de ajudar o príncipe nesse sentido valeu-me a confiança dele. No entanto, isso não o convencia de modo algum de que a SAMA era uma estratégia que ele quisesse recomendar para o seu país. Eu tinha de me esforçar muito para ganhar o caso. Gastei muitas horas mostrando-lhe estatísticas e ajudando-o a analisar estudos que tínhamos feito para outros países, incluindo os modelos econométricos que eu desenvolvera para o Kuwait durante o treinamento com Claudine, naqueles primeiros meses antes de ir para a Indonésia. No fim, ele cedeu.

Eu não estou a par dos detalhes do que ocorreu entre os meus colegas AEs e os outros negociadores sauditas. Tudo o que eu sei é que o pacote inteiro foi finalmente aprovado pela família real. A MAIN foi recompensada pela sua parte com um dos primeiros mais lucrativos contratos, administrados pelo Departamento do Tesouro americano. Fomos indicados para fazer um levantamento completo do sistema elétrico desorganizado e ultrapassado do país e para projetar um novo que atenderia aos padrões equivalentes do existente nos Estados Unidos.

Como sempre, era o meu trabalho integrar a primeira equipe, para desenvolver previsões econômicas e de carga elétrica para cada região do país. Três dos homens que trabalharam para mim — todos com experiência em projetos internacionais — estavam preparados para partir para Riad quando chegou a ordem do nosso departamento jurídico de que nos termos do contrato estávamos obrigados a ter um escritório totalmente equipado e funcionando em Riad dentro dos próximos meses. Essa cláusula aparentemente tinha passado despercebida durante mais de um mês. O nosso acordo também estipulava com o Tesouro que todo o equipamento tinha de ser manufaturado ou nos Estados Unidos ou na Arábia Saudita. Uma vez que a Arábia Saudita não tinha fábricas para produzir aqueles itens, tudo tinha de ser mandado dos Estados Unidos. Para a nossa infelicidade, descobrimos que alinhavam-se grandes filas de navios-tanques, esperando entrar nos portos da península arábica. Levaria muitos meses para obter um carregamento de suprimentos no reino.

A MAIN não estava disposta a perder um contrato valioso como aquele por causa de algumas salas de móveis de escritório. Em uma conferência entre todos os parceiros envolvidos, fizemos um *brainstorm* por várias horas. A solução foi fretar um Boeing 747, enchê-lo com os suprimentos de lojas da região de Boston e enviá-lo para a Arábia Saudita. Lembro-me de pensar que seria perfeito se o avião fosse da United Airlines e comandado por um determinado piloto cuja esposa desempenhara um papel decisivo no envolvimento da casa real de Saud.

O acordo entre os Estados Unidos e a Arábia Saudita transformou o reino praticamente da noite para o dia. As cabras foram substituídas por duzentos caminhões compactadores de lixo de cor amarelo berrante, fornecidos de acordo com um contrato de 200 milhões de dólares com a Waste Management, Inc.[2] De maneira semelhante, cada setor da economia saudita foi modernizado, da agricultura e energia a educação e comunicações. Conforme Thomas Lippman observou em 2003:

> Os americanos remodelaram uma paisagem vasta e descampada de tendas nômades e pastagens de agricultores à sua própria imagem, com lojas Starbucks em cada esquina e rampas de acesso para cadeiras de rodas em todos os prédios públicos. A Arábia Saudita de hoje é um país de vias expressas, computadores, *shopping centers* com ar-condicionado cheios das mesmas lojas reluzentes encontradas nos prósperos subúrbios americanos, hotéis elegantes, hospitais, prédios de escritórios e parques de diversões com rodas gigantes.[3]

Os planos que concebemos em 1974 estabeleceram um padrão para negociações futuras com países produtores de petróleo. De certa maneira, a SAMA/JECOR foi o patamar seguinte depois daquele estabelecido por Kermit Roosevelt no Irã. Ele introduziu um nível inovador de sofisticação para o arsenal de armas político-econômicas usadas por uma nova geração de soldados para o império mundial.

O Caso da Lavagem de Dinheiro da Arábia Saudita e a Comissão Conjunta também estabeleceram novos precedentes para a jurisprudência internacional. Isso ficou muito evidente no caso de Idi Amin. Quando o notório ditador ugandense foi para o exílio em 1979, ele recebeu asilo na Arábia Saudita. Embora fosse considerado um déspota assassino responsável pela morte de entre 100 mil e 300 mil pessoas, aposentou-se com uma vida luxuosa, completa com carros e criados domésticos fornecidos pela Casa de Saud. Os Estados Unidos objetaram discretamente mas se recusaram a pressionar o problema com medo de prejudicar os seus arranjos com os sauditas. Amin gastou os seus últimos anos pescando e se espreguiçando na praia. Em 2003, ele morreu em Jiddah, sucumbindo a um colapso renal com a idade de 80 anos.[4]

Mais sutil e em última análise muito mais pernicioso foi o papel que a Arábia Saudita permitiu-se desempenhar ao financiar o terrorismo internacional. Os Estados Unidos não escondiam o seu desejo de que a Casa de Saud patrocinasse a guerra afegã de Osama bin Laden contra a União Soviética durante a década de 1980, e Riad e Washington juntas contribuíram com cerca de 3,5 bilhões para os mujahideen.[5] No entanto, a participação americana e saudita foi muito além disso.

No fim de 2003, o *U.S. News & World Report* conduziu um exaustivo estudo intitulado "The Saudi Connection". A revista analisou centenas de páginas de julgamentos, relatórios dos serviços de informações americanos e estrangeiros e outros documentos e entrevistou dezenas de funcionários do governo e especialistas em terrorismo e no Oriente Médio. Entre o que descobriu destaca-se o seguinte:

> As evidências eram inquestionáveis: a Arábia Saudita, aliada americana de longa data e o maior produtor de petróleo do mundo, de alguma forma se tornou, conforme um funcionário graduado do Departamento do Tesouro classificou, "o epicentro" do financiamento do terrorismo...
>
> Desde o final da década de 1980 — depois do duplo choque da revolução iraniana e da guerra soviética no Afeganistão — as instituições de caridade semi-oficiais da Arábia Saudita tornaram-se a principal fonte de financiamento do movimento em franca expansão da jihad. Em cerca de 20 países o dinheiro era usado para contratar campos de treinamento de tropas paramilitares, comprar armamento e recrutar novos integrantes...
>
> A dádiva saudita encorajou os funcionários americanos a olhar para o outro lado, como dizem alguns funcionários veteranos dos serviços de inteligência. Bilhões de dólares em contratos, garantias e salários foram para uma vasta gama de ex-funcionários americanos que haviam feito acordos com os sauditas: embaixadores, chefes de bases da CIA, até mesmo secretários de gabinetes...
>
> Interceptação eletrônica de conversas implicaram membros da família real em apoiar não só a al-Qaeda mas também outros grupos terroristas.[6]

Depois dos ataques de 2001 ao World Trade Center e ao Pentágono, mais evidências surgiram sobre as relações encobertas entre Washington e Riad. Em outubro de 2003, a revista *Vanity Fair* revelou informações que não tinham chegado ao público, num artigo em profundidade intitulado "Saving the Saudis". A história que surgiu sobre o relacionamento entre a família Bush, a Casa de Saud e a família bin Laden não me surpreendeu. Eu sabia que esses relacionamentos remontavam pelo menos à época do Caso da Lavagem de Dinheiro da Arábia Saudita, que começou em 1974, e à indicação de George H. W. Bush como embaixador americano nas Nações Unidas (de 1971 a 1973) e depois como chefe da CIA (de 1976 a 1977). O que me surpreendeu foi o fato de que a verdade finalmente chegara à imprensa. *Vanity Fair* concluía:

> A família Bush e a Casa de Saud, as duas mais poderosas dinastias do mundo, tiveram estreitos laços pessoais, empresariais e políticos por mais de 20 anos...
>
> No setor privado, os sauditas apoiaram a Harken Energy, uma tumultuada companhia petrolífera em que George W. Bush fora um investidor. Mais recentemente, o ex-presidente George H. W. Bush e o seu aliado de longa data, o ex-secretário de Estado James A. Baker III, apareceram perante os sauditas em levantamentos de fundos para o Carlyle Group, discutivelmente a maior empresa patrimonial privada do mundo. Hoje, o ex-presidente Bush continua a atuar como conselheiro graduado para a empresa, cujos investidores supostamente incluem um saudita acusado de laços com grupos de apoio ao terrorismo...
>
> Poucos dias depois do 11 de Setembro, abastados sauditas, incluindo integrantes da família bin Laden, foram retirados dos Estados Unidos em jatinhos particulares. Ninguém admite ter autorizado os vôos, e os passageiros não foram interrogados. Será que o antigo relacionamento da família Bush com os sauditas permitiu que isso acontecesse?[7]

TERCEIRA PARTE: 1975–1981

CAPÍTULO 17

As Negociações sobre o Canal do Panamá e Graham Greene

A Arábia Saudita foi responsável por muitas carreiras. A minha já estava bem encaminhada, mas os meus êxitos no reino do deserto com certeza abriram novas portas para mim. Em 1977, eu tinha erigido um pequeno império que incluía um pessoal de cerca de vinte profissionais sediados no nosso escritório de Boston e um grupo permanente de consultores de outros departamentos e escritórios da MAIN espalhados pelo mundo afora. Eu me tornara o mais jovem sócio nos cem anos de história da empresa. Além do meu título de Economista-chefe, eu era denominado gerente de Economia e Planejamento Regional. Eu lecionava em Harvard e outros lugares e diversas publicações solicitavam artigos meus sobre acontecimentos recentes.[1] Eu tinha um veleiro de oceano que ficava fundeado no porto de Boston ao lado do histórico navio de guerra *Constitution*, um dos "Antigos Couraçados", reformado para reprimir os piratas bérberes até não muito depois da Guerra de Secessão. Eu tinha um salário excelente e tinha um patrimônio que prometia me elevar às alturas rarefeitas de um milionário bem antes de chegar à casa dos 40. Na verdade, desmanchara o meu casamento, mas eu passava o tempo com lindas e fascinantes mulheres em vários continentes.

Bruno apareceu com a idéia de um método inovador de previsão: um modelo econométrico baseado na obra de um matemático russo da virada do século. O modelo envolvia a especificação de probabilidades subjetivas para as previsões de que determinados setores específicos de uma economia iriam crescer. Parecia um método ideal para justificar as taxas infladas de crescimento que gostávamos de mostrar para obter grandes empréstimos, e Bruno me pediu para ver o que eu poderia fazer com o conceito.

Eu convidei um jovem matemático do MIT, dr. Nadipuram Prasad, para o meu departamento e dei-lhe um orçamento. Dentro de seis meses ele desenvolveu o método Markov de modelo econométrico. Juntos nós destrinchamos uma série de relatórios técnicos que apresentavam Markov como um método revolucionário de previsão considerando as conseqüências dos investimentos em infra-estrutura sobre o desenvolvimento econômico.

Era exatamente o que queríamos: um método que "provasse" cientificamente que estávamos fazendo um favor aos países ao ajudá-los a incorrer em dívidas que eles nunca seriam capazes de pagar. Além disso, apenas um econometrista altamente qualificado com uma grande disponibilidade de tempo e dinheiro poderia talvez compreender os meandros de Markov ou questionar as suas conclusões. Os relatórios eram publicados por diversas organizações de prestígio e nós formalmente os apresentávamos em palestras e universidades em vários países. Os relatórios — e nós — ficamos famosos em todo o setor.[2]

Omar Torrijos e eu honramos o nosso acordo secreto. Assegurei-me de que os nossos estudos fossem honestos e que as nossas recomendações levassem em conta os pobres. Embora eu ouvisse rumores de que as minhas previsões para o Panamá não apresentassem os seus padrões usuais de inflação, e mesmo que elas cheiravam a socialismo, o fato foi que a MAIN continuou ganhando contratos com o governo de Torrijos. Esses contratos incluíam algo novo — fornecer planos gerais inovadores que envolvessem a agricultura ao lado dos setores mais tradicionais de infra-estrutura. Eu também acompanhei paralelamente enquanto Torrijos e Jimmy Carter estabeleciam a renegociação do Tratado do Canal.

As negociações do Canal despertaram um grande interesse e grandes paixões em todo o mundo. As pessoas de todos os lugares esperavam para ver se os Estados Unidos fariam o que a maioria do resto do mundo acreditava que fosse a coisa certa — permitir que os panamenhos assumissem o controle — ou que em vez disso tentassem restabelecer a nossa versão mundial do Destino Manifesto, que fora abalado pelo nosso fracasso no Vietnã. Para muitas dessas pessoas, parecia que um homem razoável e compassivo fora eleito para a presidência americana no momento certo. No entanto, os baluartes conservadores de Washington e os púlpitos da direita religiosa vibravam com indignação. Como poderíamos desistir desse sustentáculo da defesa nacional, desse símbolo do engenho americano, dessa faixa de água que ligava as fortunas da América do Sul aos caprichos dos interesses comerciais americanos?

Durante as minhas viagens ao Panamá, acabei me acostumando a ficar no Hotel Continental. No entanto, na minha quinta viagem mudei-me para o outro lado da rua para o Hotel Panamá porque o Continental estava passando por reformas e os trabalhos de construção causavam muito barulho. De início, me ressenti do inconveniente — o Continental fora o meu segundo lar. Mas agora o vasto saguão onde estava sentado, com as suas cadeiras de palhinha e os seus ventiladores de teto com pás de madeira, me agradava cada vez mais. Poderia muito bem ter sido o cenário de *Casablanca* e eu imaginava que Humphrey Bogart podia aparecer a qualquer momento. Pus de lado o exemplar do *The New York Review of Books,* em que eu tinha acabado de ler um artigo sobre o Panamá e ergui os olhos para aqueles ventiladores, lembrando-me de uma noite quase dois anos antes.

"O Ford é um presidente fraco que não será reeleito", previa Omar Torrijos em 1975. Ele discursava a um grupo de panamenhos influentes. Eu era um dos poucos estrangeiros que haviam sido convidados para o elegante clube tradicional com os seus ventiladores de teto girando ruflantes. "É por isso que decidi acelerar essa questão do Canal. É um bom momento para iniciar uma batalha política em todas as direções para consegui-lo de volta."

O discurso me inspirou. Voltei ao meu quarto de hotel e rabisquei uma carta que acabei enviando ao *Boston Globe.* De volta a Boston, um editor respondeu me telefonando para o escritório para pedir que eu escrevesse um artigo especial assinado. Intitulado "Colonialism in Panama Has No Place in 1975"*, ocupou quase metade da página oposta aos editoriais na edição de 19 de setembro de 1975.

O artigo citava três razões específicas para transferir o Canal para o Panamá. Em primeiro lugar, "a situação atual é injusta — um bom motivo para qualquer decisão". Em segundo lugar, "o tratado como está cria riscos muito mais graves à segurança do que resultaria caso se exercesse maior controle sobre os panamenhos". Eu mencionava um estudo conduzido pela Comissão Interoceânica do Canal, que concluíra que "o tráfego poderia ser interrompido por dois anos por uma bomba colocada — supostamente por um homem — no lado das eclusas de Gatun", um ponto que o general Torrijos em pessoa enfatizara publicamente. E, em terceiro, "a atual situação está criando graves problemas para as relações já problemáticas Estados Unidos-países latino-americanos". Eu fechava o artigo com as seguintes palavras:

* "O Colonialismo no Panamá Não Faz Sentido em 1975." (N. do T.)

A melhor maneira de assegurar a continuidade e a eficiência das operações do Canal é ajudar os panamenhos a obter o controle e a responsabilidade por ele. Com isso, podemos nos orgulhar de iniciar uma ação que reafirmaria compromissos para a causa da autodeterminação que pleiteamos a nós mesmos 200 anos atrás...

O colonialismo estava em voga na virada do século (início da década de 1900) como estivera em 1775. Talvez a ratificação de um tratado como esse possa ser entendida no contexto daquela época. Hoje não tem justificativa. O colonialismo não faz sentido em 1975. No momento em que comemoramos o nosso bicentenário, nós devemos entender isso, e agir de acordo com isso.[3]

A redação desse texto foi um gesto de coragem da minha parte, especialmente porque eu tinha acabado de me tornar um sócio da MAIN. Os sócios da empresa deviam evitar a imprensa e com certeza abster-se da publicação de diatribes de cunho político em páginas editoriais do mais prestigioso jornal da Nova Inglaterra. Recebi pelo malote interno da empresa uma pilha de bilhetes desagradáveis, na maioria anônimos, grampeados a cópias do artigo. Tinha certeza de que reconheci a caligrafia de um deles como sendo de Charlie Illingworth. O meu primeiro gerente de projeto estava na MAIN havia dez anos (enquanto eu estava a menos de cinco) e ainda não era um sócio. Um ameaçador símbolo com a caveira e as tíbias cruzadas destacava-se no alto do bilhete e a sua mensagem era simples: "Será que esse Comuna é mesmo sócio da nossa empresa?"

Bruno me chamou à sua sala e disse: "Você vai receber um monte de ameaças desse tipo. A MAIN é uma empresa conservadora. Mas quero que saiba que o considero inteligente. Torrijos vai adorar o artigo; espero que mande uma cópia para ele. Muito bem. Agora, quanto a esses palhaços aqui do escritório, aqueles que pensam que Torrijos é um socialista, realmente não dão a mínima para os bons resultados do trabalho."

Bruno estava certo — como de costume. No momento estamos em 1977, Carter estava na Casa Branca e as negociações em torno do Canal seguiam em frente. Muitos dos concorrentes da MAIN haviam ficado do lado errado e acabaram tendo de sair do Panamá, mas o nosso trabalho se multiplicara. E eu me encontrava sentado no saguão do Hotel Panama, tendo acabado de ler um artigo de Graham Greene no *New York Review of Books*.

O artigo, intitulado "The Country with Five Frontiers"*, era um texto arrebatador que incluía uma discussão de corrupção entre as altas patentes da Guarda Nacional do Panamá. O autor observava que o general pessoalmente admitia oferecer muitos privilégios especiais ao seu pessoal, tais como alojamento de alto nível, porque "Se eu não pagá-los, a CIA o fará". A implicação clara era de que a comunidade de informações americana estava decidida a solapar os anseios do presidente Carter e, se necessário, corromperia os chefes militares do Panamá para que sabotassem as negociações do tratado.[4] Eu não pude deixar de pensar se os chacais já não estariam começando a rondar Torrijos.

Eu vira uma fotografia na seção "People" da revista *Time* ou *Newsweek* mostrando Torrijos e Greene sentados juntos; a legenda indicava que o escritor era um convidado especial que se tornara um bom amigo. Imaginei como o general se sentiria em relação a esse romancista, em quem ele aparentemente confiava, depois de ter escrito uma crítica daquelas.

O artigo de Graham Greene levantava uma outra questão, a qual se relacionava àquele dia de 1972 em que eu me sentara do outro lado da mesinha de centro com Torrijos. Na época, eu presumira que Torrijos sabia que o jogo da ajuda externa existia para fazê-lo rico ao mesmo tempo que algemava o país dele com a dívida. Eu estava certo de que ele sabia que o processo se baseava no pressuposto de que os homens em posição de poder são corruptíveis, e que a decisão dele de não buscar benefícios pessoais — e ao contrário usando a ajuda externa para realmente ajudar o seu povo — seria considerada uma ameaça que poderia acabar enfraquecendo o sistema como um todo. O mundo inteiro estava observando aquele homem; as ações dele tinham repercussões que iam além do Panamá e portanto não seriam consideradas levianamente.

Eu imaginara como a corporatocracia reagiria se os empréstimos concedidos ao Panamá ajudassem aos pobres sem contribuir para as dívidas impagáveis. Agora eu imaginava se Torrijos se arrependia do acordo que ambos firmáramos naquele dia — e não estava bem certo sobre como eu mesmo me sentia sobre aqueles acordos. Eu recuara no meu papel de AE. Eu fizera o jogo dele em lugar do meu, aceitando a insistência dele na honestidade em troca de mais contratos. Em termos puramente econômicos, fora uma decisão comercial sensata para a MAIN. Não obstante, fora incoerente com o que

* "O País com Cinco Fronteiras." (N. do T.)

Claudine incutira em mim; ela não contribuía para o avanço do império mundial. Será que não desatrelara os chacais?

Lembrei-me de ter pensado, quando deixara o bangalô de Torrijos naquele dia, em que a história latino-americana estava juncada de heróis mortos. Um sistema baseado na corrupção de personagens públicas não deve aceitar de bom grado que as mesmas personagens públicas se recusem a ser corrompidas.

Então pensei que eu devia estar enganado com o que via. Uma personagem familiar avançava lentamente através do saguão. A princípio, fiquei tão confuso que acreditei que fosse Humphrey Bogart, mas Bogart estava morto havia tempo. Então reconheci o homem que passou por mim como um dos grandes personagens da moderna literatura inglesa, autor de *The Pride and the Glory, The Comedians, Our Man in Havana* e do artigo no jornal que eu acabara de deixar sobre a mesa ao meu lado. Graham Greene hesitou por um instante, olhou ao redor e encaminhou-se para o salão de café.

Fiquei tentado a chamá-lo ou correr atrás dele, mas me contive. Uma voz interior me disse que ele precisava da sua privacidade; outra me advertiu de que ele me evitaria. Peguei o *New York Review of Books* e me surpreendi um instante depois ao descobrir que me encontrava na porta do salão de café.

Eu já tomara o desjejum naquela manhã e o *maître* dirigiu-me um olhar de estranheza. Relanceei o olhar ao redor. Graham Greene sentara-se sozinho a uma mesa próxima à parede. Indiquei a mesa ao lado da dele.

"Aquela mesa", disse ao *maître*. "Posso me sentar lá para outro desjejum?"

Eu sempre fui de dar boas gorjetas; o *maître* sorriu compreensivamente e me conduziu à mesa.

O romancista estava absorto no seu jornal. Pedi café e um *croissant* com mel. Queria descobrir os pensamentos de Greene sobre o Panamá, Torrijos e o caso do Canal, mas não fazia idéia sobre como iniciar uma conversa sobre o assunto. Nesse instante ele ergueu os olhos para tomar um gole do seu copo.

"Com licença", eu disse.

Ele me dirigiu um olhar feroz — ou foi o que me pareceu.

"Pois não?"

"Odeio parecer um intruso. Mas o senhor é Graham Greene, não é?"

"Ora, sou, sim." Ele sorriu calidamente. "Pouca gente seria capaz de me identificar aqui no Panamá."

Eu comentei entusiasmado que ele era o meu escritor favorito e em seguida resumi o meu histórico pessoal, incluindo o meu trabalho na MAIN e as minhas reuniões com Torrijos. Ele me perguntou se eu era o consultor que escrevera um artigo sobre os Estados Unidos saírem do Panamá.

"No *Boston Globe* se não me engano."

Fiquei pasmo.

"Um ato de muita coragem da sua parte, considerando o seu cargo", ele disse. "Não gostaria de sentar-se aqui?"

Passei para a mesa dele e ali permaneci por mais ou menos uma hora e meia. Compreendi enquanto conversávamos como ele havia se tornado íntimo de Torrijos. Às vezes ele se referia ao general como um pai falando do filho.

"O general me convidou para escrever um livro sobre o país", contou-me ele. "É o que estou fazendo no momento. Mas vai ser um livro de não-ficção... um pouco fora da minha linha."

Perguntei por que ele normalmente escrevia romances em vez de obras de não-ficção.

"Ficção é mais seguro", disse ele. "A maior parte dos temas sobre os quais escrevo é controvertida. Vietnã. Haiti. A Revolução Mexicana. Uma porção de editores teria medo de publicar não-ficção sobre esses assuntos." Ele apontou para o *New York Review of Books,* que estava sobre a mesa que eu desocupara. "Palavras como aquelas podem causar um grande prejuízo." Então ele sorriu. "Além do mais, eu gosto de escrever ficção. Me dá muito mais liberdade." Ele me observou intensamente. "O importante é escrever sobre coisas que interessam. Como o seu artigo no *Globe* sobre o Canal."

A admiração dele por Torrijos era óbvia. Parecia que o chefe de Estado do Panamá era capaz de impressionar tanto um romancista quanto os pobres e expropriados. Igualmente óbvia era a preocupação de Greene com a vida do amigo.

"É uma empreitada e tanto desafiar o Gigante do Norte", ele exclamou, abanando a cabeça com tristeza. "Temo pela segurança dele."

Então chegou a hora de ele ir embora.

"Tenho de pegar um avião para a França", explicou, levantando-se devagar e apertando a minha mão. Ele me olhou bem nos olhos. "Por que você não escreve um livro?" Fez-me um sinal encorajador com a cabeça. "Você leva jeito. Mas, lembre-se, escreva sobre coisas que interessam."

Virando-se, ele se afastou. Depois parou e retornou alguns passos para dentro do restaurante.

"Não se preocupe", disse ele. "O general vai se sair bem. Ele vai conseguir o Canal de volta."

Torrijos realmente o conseguiu de volta. Naquele mesmo ano, 1977, ele conseguiu negociar novos tratados com o presidente Carter, que transferiu a Zona do Canal e o Canal em si para o controle panamenho. Então a Casa Branca teve de convencer o Congresso americano a ratificar a decisão. Seguiu-se uma batalha longa e árdua. Na contagem final, o Tratado do Canal foi ratificado por um único voto. Os conservadores juraram vingança.

Quando o livro de não-ficção de Graham Greene, intitulado *Getting to Know the General,* foi publicado muitos anos depois, era dedicado "Aos amigos do meu amigo, Omar Torrijos, na Nicarágua, El Salvador e Panamá".[5]

CAPÍTULO 18

O Rei dos Reis do Irã

Entre 1975 e 1978, eu viajei com freqüência ao Irã. Às vezes eu alternava entre a América Latina ou a Indonésia e Teerã. O xá dos xás (literalmente, "rei dos reis", o título oficial dele) representava uma situação completamente diferente da encontrada nos outros países onde trabalhávamos.

O Irã produzia muito petróleo e, a exemplo da Arábia Saudita, não precisava contrair dívidas para financiar a sua ambiciosa lista de projetos. No entanto, o Irã diferia significativamente da Arábia Saudita uma vez que a sua grande população, embora predominantemente oriunda do Oriente Médio e muçulmana, não era de origem árabe. Além disso, o país tinha uma história de agitação política — tanto internamente quanto nas suas relações com os vizinhos. Portanto, adotamos um tratamento diferenciado: Washington e a comunidade empresarial uniram forças para converter o xá em um símbolo de progresso.

Lançamos uma imensa campanha para mostrar ao mundo o quanto podia realizar um forte e democrático amigo dos interesses políticos e corporativos americanos. Não interessa que o título que ele ostentava fosse obviamente antidemocrático, nem o fato menos óbvio do golpe conduzido pela CIA contra o seu primeiro-ministro eleito democraticamente; Washington e os seus parceiros europeus estavam determinados a apresentar o governo do xá como uma alternativa aos do Iraque, Líbia, China, Coréia e outros países onde estivesse emergindo uma forte corrente contra os americanos.

Para todos os efeitos, o xá era um amigo progressista dos menos privilegiados. Em 1962, ele ordenou que os grandes latifúndios fossem divididos e distribuídos a proprietários camponeses. No ano seguinte, inaugurou a sua Revolução Branca, que envolveu um extenso programa em favor de reformas econômicas. O poder da OPEP cresceu durante a década de 1970 e o xá tornou-se um líder mundial cada vez mais influente. Ao mesmo tempo, o Irã desenvolveu uma das mais poderosas forças militares do Oriente Médio muçulmano.[1]

A MAIN estava envolvida em projetos que abrangiam a maior parte do país, de regiões turísticas ao longo do mar Cáspio no norte a instalações militares secretas voltadas para os estreitos de Hormuz no sul. Uma vez mais, o nosso trabalho se concentrava na previsão dos potenciais de desenvolvimento regional e em seguida desenvolver sistemas de geração, transmissão e distribuição de eletricidade que forneceria a tão importante energia requerida para abastecer o crescimento industrial e comercial que tornaria aquelas previsões realidade.

Visitei a maioria das principais regiões do Irã uma vez ou outra. Segui a antiga trilha das caravanas através das montanhas do deserto, de Kirman a Bandar'Abbas e circulei pelas ruínas de Persépolis, o lendário palácio dos antigos reis e uma das maravilhas do mundo antigo. Visitei os lugares mais famosos e espetaculares do país: Shiraz, Isfahan e a magnificente cidade de tendas próxima a Persépolis onde o xá fora coroado. No processo, desenvolvi um amor genuíno por aquela terra e pelo seu povo complexo.

Na superfície, o Irã parecia ser um exemplo do modelo de cooperação cristã-muçulmana. No entanto, logo entendi que as aparências de tranqüilidade podiam mascarar um ressentimento profundo.

Numa noite de 1977, voltei mais tarde para o meu quarto no hotel para encontrar um bilhete enfiado sob a minha porta. Fiquei chocado ao descobrir que era assinado por um homem chamado Yamin. Não o conhecia pessoalmente, mas ele me fora indicado durante uma reunião com membros do governo como um famoso e o mais subversivo radical. Em um texto escrito em um inglês esmerado, o bilhete me convidava a encontrá-lo num determinado restaurante. No entanto, havia uma advertência: eu devia ir sozinho se estivesse interessado em conhecer uma face do Irã que a maioria das pessoas "na minha posição" jamais chegava a conhecer. Imaginei se Yamin sabia qual era a minha verdadeira posição. Compreendi que estava assumindo um grande risco; no entanto, não pude resistir à tentação de conhecer esse personagem enigmático.

O meu táxi me deixou em frente a um minúsculo portão num muro alto — tão alto que não se podia ver o prédio por trás dele. Uma linda mulher iraniana usando um longo hábito preto convidou-me a entrar e me conduziu por um corredor iluminado por lamparinas a óleo trabalhadas penduradas do teto baixo. No fim desse corredor, entrei numa sala que refulgia como o interior de um diamante, cegando-me com a sua luminosidade intensa. Quando os meus olhos finalmente se recompuseram, vi que as paredes eram marchetadas com pedras semipreciosas e madrepérolas. O restaurante era iluminado por altas velas brancas que se projetavam de candelabros de bronze entalhados com desenhos intrincados."

Um homem alto com um cabelo preto comprido, usando um traje de marinheiro azul-marinho feito sob medida, aproximou-se e apertou a minha mão. Ele se apresentou como sendo Yamin, com um sotaque que sugeria que era um iraniano que estudara no sistema educacional britânico e eu fiquei imediatamente impressionado por ele se parecer tão pouco com um radical subversivo. Ele me conduziu por diversas mesas onde casais faziam as suas refeições em silêncio, levando-me a um local reservado bastante íntimo; ali me assegurou que poderíamos conversar em sigilo absoluto. Tive a nítida impressão de que aquele restaurante favorecia encontros secretos. O nosso, bem possivelmente, era o único não amoroso naquela noite.

Yamin foi muito cordial. Durante a nossa conversa, ficou evidente que ele me considerava meramente como um consultor econômico, não como alguém com segundas intenções. Ele explicou que me escolhera porque sabia que eu fora um voluntário do Corpo de Paz e porque tinha sido informado de que eu aproveitara todas as oportunidades para conhecer o seu país e confraternizar com o seu povo.

"Você é muito jovem comparado à maioria das pessoas na sua profissão", observou ele. "Você aparenta ter um verdadeiro interesse pela nossa história e os nossos problemas atuais. Você representa a nossa esperança."

Essas palavras, assim como aquele lugar, a aparência dele e a presença de muitas outras pessoas no restaurante, deu-me um certo grau de conforto. Eu me acostumara com as pessoas me informando, como acontecera com Rasy em Java e Fidel no Panamá, e aceitei aquilo como um comprimento e uma oportunidade. Eu sabia que me destacava dos outros americanos porque realmente me impressionava com os lugares que visitava. Eu descobrira que as pessoas o recebem bem muito rapidamente se você abrir os seus olhos, ouvidos e o coração para a sua cultura.

Yamin me perguntou se eu sabia sobre o projeto Deserto Florescente.[2]

"O xá acredita que os nossos desertos foram um dia terras planas e florestas exuberantes. Pelo menos, é o que ele afirma. Durante o reinado de

Alexandre Magno, de acordo com essa teoria, imensos exércitos varreram essas terras, viajando com milhões de carneiros e ovelhas. Os animais comeram toda a grama e outros tipos de vegetação. O desaparecimento dessas plantas causou a seca e, no fim, a região inteira tornou-se um deserto. Agora tudo o que temos a fazer, pelo menos é o que diz o xá, é plantar milhões e milhões de árvores. Depois disso, na mesma hora, as chuvas retornarão e o deserto irá florescer outra vez. É claro que no processo teremos de gastar centenas de milhões de dólares." Ele sorriu de maneira condescendente. "Empresas como a sua vão colher lucros enormes."

"Devo considerar que você não acredita nessa teoria."

"O deserto é um símbolo. Torná-lo verde tem a ver com muito mais coisas do que a agricultura."

Vários garçons vieram até nós com bandejas de pratos iranianos maravilhosamente apresentados. Pedindo-me permissão em primeiro lugar, Yamin procedeu à escolha de um sortimento de diversas bandejas. Em seguida voltou-se outra vez para mim.

"Uma pergunta, senhor Perkins, se devo me atrever a tanto. O que destruiu as culturas dos seus próprios povos nativos, os índios?"

Eu respondi que achava que haviam sido muitos fatores, incluindo a cobiça e as armas superiores.

"Sim. Verdade. Tudo isso. Mas mais do que tudo, não levou à destruição do meio ambiente?"

Ele prosseguiu explicando que uma vez que as florestas e animais como o búfalo foram dizimados, e uma vez que os povos foram confinados em reservas, os próprios fundamentos das culturas entraram em colapso.

"Veja bem, acontece o mesmo aqui", continuou ele. "O deserto é o nosso ambiente. O projeto Deserto Florescente ameaça nada menos que a destruição de todo o nosso tecido social. Como podemos permitir que isso aconteça?"

Eu lhe disse que a meu ver a idéia como um todo por trás do projeto viera do povo dele. Ele respondeu com uma risada irônica, dizendo que a idéia fora plantada na mente do xá pelo próprio governo dos Estados Unidos, e que o xá era apenas uma marionete daquele governo.

"Um verdadeiro persa jamais permitiria uma coisa dessas", afirmou Yamin. Em seguida lançou-se a uma longa dissertação sobre o relacionamento entre o seu povo, os beduínos, e o deserto. Enfatizou o fato de que muitos iranianos urbanizados tiravam férias no deserto. Eles armavam tendas grandes o suficiente para a família inteira e passavam uma semana ou mais vivendo nelas.

"Nós, o meu povo, fazemos parte do deserto. As pessoas que o xá diz governar com essa mão de ferro dele simplesmente não são *do* deserto. Nós *somos* o deserto."

Depois disso, ele me contou histórias sobre as suas experiências pessoais no deserto. Quando a noite chegou ao fim, ele me acompanhou de volta à portinha no muro alto. O meu táxi estava esperando do outro lado da rua. Yamin apertou a minha mão e expressou o seu apreço pelo tempo que eu havia passado com ele. De novo ele mencionou a minha pouca idade e a minha compreensão, além do fato de eu ocupar uma posição como aquela lhe dar esperança no futuro.

"Estou muito feliz por ter passado esses momentos com um homem como você." Ele continuava a apertar a minha mão. "Vou lhe pedir apenas mais um favor. Não estou pedindo levianamente. Só o faço porque, depois do tempo que passamos juntos essa noite, sei que será importante para você. Você vai ganhar bastante com isso."

"O que é que eu posso fazer por você?"

"Eu gostaria de apresentá-lo a um grande amigo meu, um homem que pode lhe contar muitas coisas sobre o rei dos reis. Ele poderá deixá-lo chocado, mas eu garanto que conhecê-lo vai valer o tempo despendido."

CAPÍTULO 19

Confissões de um Homem Torturado

Vários dias depois, Yamin me levou de carro para fora de Teerã, através de uma favela empoeirada e bastante pobre, ao longo de uma antiga trilha de camelos, e para a beira do deserto. Com o sol se pondo por trás da cidade, ele parou o carro em um pequeno aglomerado de choupanas de barro cercado de palmeiras.

"Este é um dos oásis mais antigos", explicou ele, "remontando a séculos antes de Marco Polo." Ele me precedeu na direção de uma choupana. "O homem aí dentro tem um Ph.D. de uma das universidades de maior prestígio. Por razões que logo ficarão claras, ele deve permanecer incógnito. Você pode chamá-lo de 'Doc'."

Ele bateu na porta de madeira e ouviu-se uma resposta em voz abafada. Yamin abriu a porta e me conduziu para dentro. O minúsculo aposento não tinha janelas e era iluminado por apenas uma lamparina a óleo sobre uma mesa baixa a um canto. Assim que os meus olhos se acostumaram à obscuridade, vi que o chão sujo estava coberto de tapetes persas. Então a silhueta sombria de um homem começou a se formar. Ele estava sentado na frente da lamparina de uma maneira que mantinha os seus traços fisionômicos escondidos. Eu só posso dizer que estava envolvido por lençóis e usava algo ao redor da cabeça. Estava sentado em uma cadeira de rodas e além da mesa essa era única peça de mobília no aposento. Yamin me indicou para sentar sobre um tapete. Ele se adiantou e abraçou carinhosamente o homem, falando algumas palavras ao seu ouvido, depois voltou e sentou-se ao meu lado.

"Falei ao senhor sobre o senhor Perkins", disse Yamin. "Ambos estamos honrados com essa oportunidade de visitá-lo, senhor."

"Senhor Perkins. O senhor é bem-vindo." A voz, com um sotaque dificilmente distinguível, era baixa e rouca. Vi-me inclinando-me para a frente no pequeno espaço entre nós enquanto ele dizia: "Diante de si o senhor vê um homem quebrado. Nem sempre eu fui assim. Já fui forte como o senhor. Eu era um conselheiro próximo e confiável do xá." Houve uma longa pausa. "O xá dos xás, rei dos reis." O tom da voz dele soava, pensei, mais triste do que irada.

"Conheci pessoalmente muitos líderes mundiais. Eisenhower, Nixon, de Gaulle. Eles confiavam em mim para ajudar a conduzir este país para o campo capitalista. O xá confiava em mim e...", ele emitiu um som que poderia ter sido uma tosse, mas que considerei como uma risada, "...eu confiava no xá. Acreditei nessa retórica. Estava convencido de que o Irã conduziria o mundo muçulmano para uma nova época, que a Pérsia cumpriria o que fora prometido. Parecia o nosso destino... do xá, meu, de todos nós que tínhamos a missão que pensávamos havíamos nascido para cumprir."

O bolo de lençóis se moveu; a cadeira de rodas fez um ruído como um chiado e virou-se ligeiramente. Eu pude ver o contorno da face daquele homem de perfil, a sua barba hirsuta e — aquilo me pegou — o achatamento. Ele não tinha nariz! Estremeci e contive um arquejo.

"Não é uma bela visão, você diria, hein, senhor Perkins? Pena que não possa ver em plena luz. É verdadeiramente grotesco." Outra vez o som de uma risada entrecortada. "Mas estou certo que sabe compreender, devo permanecer anônimo. Com certeza, o senhor poderia conhecer a minha identidade se tentasse, embora possa descobrir que estou morto. Oficialmente, não mais existo. Ainda assim espero que não tente. Você e a sua família estarão melhores se não souberem quem eu sou. O braço do xá e a SAVAK chegam longe."

A cadeira chiou e voltou à posição original. Experimentei uma sensação de alívio, como se não ver o perfil de alguma forma obliterasse a violência que fora cometida. Na época, eu não sabia desse costume entre algumas culturas islâmicas. As pessoas que caíssem em desonra ou desgraça perante a sociedade ou os seus líderes são punidas tendo o nariz cortado. Dessa maneira, elas ficam marcadas pelo resto da vida — conforme a face daquele homem facilmente demonstrava.

"Estou certo, senhor Perkins, que está imaginando por que o convidei a vir aqui." Sem esperar pela minha resposta, o homem na cadeira de rodas continuou. "Como pode ver, este homem que se autodenomina rei dos reis é na realidade satânico. O pai dele foi deposto pela sua CIA com... odeio dizer isso... a minha ajuda, porque ele era considerado um colaborador do nazismo. E então houve a calamidade de Mossadegh. Hoje, o nosso xá está a caminho de sobrepujar Hitler nas esferas do mal. Ele faz isso com o pleno conhecimento e apoio do seu governo."

"Por que isso acontece?", perguntei.

"Muito simples. Ele é o seu único verdadeiro aliado no Oriente Médio e o mundo industrial gira em torno do eixo do petróleo que é o Oriente Médio. Ah, vocês têm Israel, é claro, mas isso é na verdade uma responsabilidade para vocês, não uma vantagem. E lá não tem petróleo. Os seus políticos devem aplacar o voto judeu, devem obter o seu dinheiro para financiar campanhas. Então vocês estão presos a Israel, sinto muito. No entanto, a chave é o Irã. As suas companhias petrolíferas... que têm ainda mais poder do que os judeus... precisam de nós. Vocês precisam do nosso xá... ou vocês acham que precisam, exatamente como vocês pensavam que precisavam dos líderes corruptos do Vietnã do Sul."

"O que o senhor está sugerindo então? Que o Irã é o equivalente ao Vietnã?"

"Potencialmente muito pior. Veja bem, este xá não vai durar muito mais. O mundo muçulmano o odeia. Não só os árabes, mas os muçulmanos de todos os lugares: da Indonésia, dos Estados Unidos, e mais principalmente aqui, pelo seu próprio povo persa." Ouviu-se um som abafado e compreendi que ele batia na lateral da sua cadeira. "Ele é o demônio! Nós, os persas, o odiamos." Seguiu-se o silêncio. Eu só ouvia a respiração pesada dele, como se o esforço o tivesse esgotado.

"Doc é muito próximo dos mulás", explicou-me Yamin, em voz baixa e calma. "Existe uma enorme corrente oculta de opinião entre as facções religiosas aqui e ela atravessa a maior parte do nosso país, a não ser por um punhado de pessoas nas classes comerciais que se beneficiam do capitalismo do xá."

"Não tenho a menor dúvida", declarei. "Mas devo dizer que durante quatro viagens que fiz para cá, não vi nada disso. Todo mundo com quem falei parece adorar o xá, gostar do crescimento econômico."

"O senhor não fala persa", observou Yamin. "Ouviu apenas o que lhe falavam pelos homens que mais se beneficiam. Os que estudaram nos Estados Unidos ou na Inglaterra acabam trabalhando para o xá. O Doc aqui é uma exceção... agora."

Ele fez uma pausa, parecendo pesar as próximas palavras.

"Acontece o mesmo com a sua imprensa. Ela apenas fala com as poucas pessoas que são próximas a ele, o círculo dele. É claro, para a maior parte, a sua imprensa também é controlada pelo petróleo. Então ela ouve o que quer ouvir e escreve o que os anunciantes querem ler."

"Por que estamos lhe contando isso, senhor Perkins?" A voz de Doc estava um pouco mais rouca do que antes, como se o esforço de falar e as emoções estivessem drenando a pouca energia que o homem tinha acumulado para essa reunião. "Porque gostaríamos de convencê-lo a sair daqui para persuadir a sua empresa a afastar-se do nosso país. Queremos adverti-lo de que embora vocês pensem que estejam ganhando uma grande quantidade de dinheiro aqui, isso é uma ilusão. Este governo não vai durar." Uma vez mais, ouvi o som da mão dele batendo contra a cadeira. "E quando ele acabar, aquele que o substituir não terá a menor simpatia por vocês e por gente do seu tipo."

"O senhor está dizendo que não seremos pagos?"

Doc se dobrou numa espécie de tosse. Yamin aproximou-se dele e esfregou-lhe as costas. Quando a tosse acabou, ele falou com Doc em persa e depois voltou a sentar-se.

"Devemos encerrar a nossa conversa", disse-me Yamin. "Em resposta à sua pergunta: sim, vocês não serão pagos. Vão ter todo esse trabalho e, quando chegar a hora de receber o pagamento, o xá irá embora."

Durante a viagem de volta, perguntei a Yamin por que ele e Doc queriam poupar a MAIN do desastre financeiro que ele tinha previsto.

"Ficaríamos contentes em ver a sua empresa ir à falência. No entanto, preferimos em vez disso que deixem o Irã. Só uma empresa como a sua, se afastando, poderia dar início a uma tendência. É isso que esperamos. Veja bem, não queremos um banho de sangue aqui, mas o xá precisa ir embora, e tentaremos tudo o que pudermos para facilitar isso. Portanto, oramos a Alá para que o senhor convença o seu Sr. Zambotti a sair enquanto ainda há tempo."

"Por que eu?"

"Percebi durante o nosso jantar, quando falamos sobre o projeto Deserto Florescente, que você é uma pessoa receptiva à verdade. Eu sabia que as nossas informações sobre você estavam corretas... o senhor é um homem em meio a dois mundos, um homem no meio."

Fiquei imaginando quanto ele sabia a meu respeito.

CAPÍTULO 20

A Queda de um Rei

Uma noite em 1978, enquanto eu estava sentado sozinho no luxuoso bar do lado de fora do Hotel InterContinental em Teerã, senti um tapinha no ombro. Voltei-me para ver um corpulento iraniano de paletó e gravata.

"John Perkins! Não se lembra mais de mim?"

O ex-jogador de futebol ganhara bastante peso, mas a voz era inconfundível. Era o meu antigo amigo Farhad de Middlebury, a quem eu não via havia mais de uma década. Nós nos abraçamos e sentamo-nos juntos. Rapidamente ficou óbvio que ele sabia tudo sobre mim e sobre o meu trabalho. Era igualmente óbvio que ele não pretendia comentar muita coisa sobre o próprio trabalho.

"Vamos direto ao assunto", disse ele enquanto pedia a segunda cerveja para nós. "Estou em um vôo para Roma amanhã. Os meus pais moram lá. Tenho uma passagem para você no meu vôo. As coisas estão ficando difíceis aqui. Você precisa ir embora." Ele me estendeu uma passagem de avião. Eu não duvidei dele nem por um instante.

Em Roma, jantamos com os pais de Farhad. O pai dele, o general iraniano reformado que uma vez se interpusera entre a possível bala assassina para salvar a vida do xá, expressou desilusão em relação ao antigo chefe. Disse que durante os últimos anos o xá mostrara a sua verdadeira face, a sua arrogância e cobiça. O general culpou a política americana — especialmente o apoio a Israel, a líderes corruptos e a governos despóticos — pelo ódio que varria o Oriente Médio, e previu que o xá perderia o posto dentro de alguns meses.

"Você sabe", disse ele, "vocês plantaram as sementes dessa rebelião no início da década de 1950, quando depuseram Mossadegh. Vocês acharam aquilo muito inteligente na ocasião... assim como eu. Mas agora a coisa se voltou contra vocês... nós."[1]

Fiquei atônito ante o pronunciamento dele. Tinha ouvido algo semelhante da parte de Yamin e Doc, mas vindo desse homem adquiria uma nova importância. Por essa época, todo mundo sabia da existência de uma corrente fundamentalista islâmica, mas nós havíamo-nos convencido de que o xá era imensamente popular entre a maioria do seu povo e que, portanto, era politicamente invencível. O general, no entanto, foi inflexível.

"Tome nota do que estou dizendo", advertiu solenemente, "a queda do xá será apenas o começo. É uma prévia de para onde o mundo muçulmano se encaminha. A nossa fúria ardeu às ocultas sob as areias por tempo demais. Logo ela irá ressurgir."

Ao longo do jantar, ouvi uma porção de coisas sobre o aiatolá Ruhollah Khomeini. Farhad e o pai deixaram claro que não apoiavam o fanatismo xiita dele, mas estavam obviamente impressionados pelos ataques que ele fazia contra o xá. Eles me contaram que esse clérigo, cujo nome a ele atribuído significava "inspirado por Deus", nascera em uma família de dedicados eruditos xiitas numa aldeia próxima a Teerã, em 1902.

Khomeini fizera questão de nunca se envolver com as lutas em favor de Mossadegh do início da década de 1950, mas ele se opusera vivamente ao xá na década de 1960, criticando o governante de maneira tão inflexível que fora banido para a Turquia, depois para a cidade sagrada xiita de An Najaf no Iraque, onde se tornou o líder reconhecido da oposição. Ele enviava cartas, artigos e mensagens gravadas em fitas incentivando os iranianos a se rebelarem, derrubarem o xá e criar um estado clerical.

Dois dias depois daquele jantar com Farhad e os pais dele, chegaram do Irã notícias de bombardeios e levantes. O aiatolá Khomeini e os mulás haviam começado a ofensiva que logo lhes daria o controle. Depois disso, as coisas aconteceram depressa. A fúria que o pai de Farhad mencionara explodiu em um violento levante islâmico. O xá fugiu do país pelo Egito em janeiro de 1979, e então, diagnosticado com câncer, foi levado para um hospital de Nova York.

Os seguidores do aiatolá Khomeini exigiram o retorno dele. Em novembro de 1979, um grupo de militantes islâmicos invadiu a Embaixada dos Estados Unidos em Teerã e manteve 52 americanos como reféns por cerca de 444 dias.[2] O presidente Carter tentou negociar para libertar os reféns. Quando as negociações fracassaram, ele autorizou uma missão militar de resgate, executada em abril de 1980. A ação foi um desastre e acabou se tornando o martelo que enterraria o prego final no ataúde do presidente Carter.

Uma pressão tremenda, exercida por grupos comerciais e políticos americanos, forçou o xá atacado de câncer a deixar os Estados Unidos. Desde o dia em que fugiu de Teerã ele teve muita dificuldade para encontrar refúgio; todos os seus antigos amigos o evitavam. No entanto, o general Torrijos exibiu a costumeira compaixão e ofereceu asilo ao xá no Panamá, a despeito da aversão à política do xá. O xá chegou e recebeu acolhida no mesmo hotel onde o novo Tratado do Canal do Panamá fora negociado em data recente.

Os mulás exigiram o retorno do xá em troca dos reféns mantidos na Embaixada americana. As pessoas de Washington que haviam se oposto ao Tratado do Canal acusaram Torrijos de corrupção e conivência com o xá e de colocar em perigo a vida de cidadãos americanos. Eles também exigiram que o xá fosse entregue ao aiatolá Khomeini. Ironicamente, até apenas algumas semanas antes, muitas daquelas mesmas pessoas haviam sido as mais ferrenhas defensoras do xá. O antes orgulhoso rei dos reis acabou retornando ao Egito, onde morreu de câncer.

A previsão de Doc tornara-se realidade. A MAIN perdeu milhões de dólares no Irã, assim como muitas das suas concorrentes. Carter perdeu a sua indicação para a reeleição. A administração Reagan-Bush desfilou para Washington com promessas de libertar os reféns, derrubar os mulás, devolver a democracia ao Irã e endireitar a situação no Canal do Panamá.

Para mim, as lições eram irrefutáveis. O Irã ilustrou além de qualquer dúvida que os Estados Unidos eram um país trabalhando para negar a verdade do nosso papel no mundo. Parecia incompreensível que pudéssemos ter sido tão desinformados sobre o xá e a maré de ódio que se levantara contra ele. Até mesmo aqueles de nós que trabalhávamos em empresas como a MAIN, que tínhamos escritórios e pessoal no país, não sabíamos de nada. Fiquei certo de que a ASN e a CIA deviam ter visto o que fora tão óbvio a Torrijos mesmo na época da minha conversa com ele em 1972, mas aquela nossa própria comunidade de informações intencionalmente tinha encorajado todos nós a fechar os olhos.

CAPÍTULO 21

Colômbia: Pedra Angular da América Latina

Embora a Arábia Saudita, o Irã e o Panamá propiciassem estudos fascinantes e perturbadores, também permaneciam como exceções à regra. Em razão das enormes jazidas de petróleo nos primeiros dois e o Canal no terceiro, eles não se encaixavam na norma. A situação da Colômbia era mais típica, e a MAIN era a empresa de engenharia que desenvolvia e conduzia o gigantesco projeto hidrelétrico no país.

Um professor de faculdade colombiano que escrevia um livro sobre a história das relações pan-americanas uma vez me disse que Teddy Roosevelt compreendera a importância do país dele. Indicando em um mapa, o presidente americano, também fundador do regimento Rough Rider*, segundo consta teria qualificado a Colômbia como "a pedra angular que fecha o arco da América do Sul". Eu nunca fui conferir essa história; no entanto, sem dúvida é verdade que num mapa a Colômbia, situada no ponto dominante do continente, parece ser a peça responsável pela união do resto do território. Ela interliga todos os países do sul ao istmo do Panamá e, portanto, às Américas Central e do Norte.

Se Roosevelt qualificou a Colômbia nesses termos ou não, ele foi apenas mais um dentre muitos presidentes que compreenderam a sua posição estrategicamente central. Por quase dois séculos, os Estados Unidos consideraram a Colômbia como uma pedra angular — ou talvez mais precisamente, como um portal para o hemisfério sul tanto para os empreendimentos comerciais como para a política.

---

* Regimento de voluntários da cavalaria organizado por Theodore Roosevelt e Leonard Wood para servir na Guerra Hispano-Americana de 1898. (N. do T.)

O país também é dotado de uma grande beleza natural: praias espetaculares orladas de coqueiros nas costas tanto do oceano Pacífico quanto do Atlântico, montanhas imponentes, pampas que rivalizam com as Grandes Planícies do Meio-Oeste americano e imensas florestas tropicais com uma enorme biodiversidade. Também a população tem uma característica especial, combinando os traços físicos, culturais e artísticos de diversos antecedentes étnicos que variam desde os locais taironas a povos originários da África, Ásia, Europa e do Oriente Médio.

Historicamente, a Colômbia tem desempenhado um papel fundamental na história e na cultura latino-americanas. Durante o período colonial, a Colômbia foi a sede do vice-reinado sobre todos os territórios espanhóis ao norte do Peru e ao sul da Costa Rica. As grandes frotas de galeões de ouro partiam da sua cidade costeira de Cartagena para transportar tesouros valiosíssimos vindos de lugares longínquos como o Chile e a Argentina aos portos da Espanha. Muitas das ações decisivas nas guerras pela independência ocorreram na Colômbia; por exemplo, as forças comandadas por Simón Bolívar saíram vitoriosas contra os realistas espanhóis na decisiva Batalha de Boyacá, em 1819.

Nos tempos modernos, a Colômbia ganhou a reputação de produzir alguns dos mais brilhantes escritores, artistas plásticos, filósofos e outros intelectuais da América Latina, assim como governos relativamente democráticos e fiscalmente responsáveis. Ela se tornou o modelo para os programas de construção nacional do presidente Kennedy em toda a América Latina. Ao contrário da Guatemala, o seu governo não foi manchado com a acusação de ser uma criação da CIA, e ao contrário da Nicarágua, o governo eleito representava uma alternativa tanto a ditadores de direita quanto a comunistas. Finalmente, ao contrário de muitos outros países, incluindo os poderosos Brasil e Argentina, a Colômbia não desconfia dos Estados Unidos. A imagem da Colômbia como um aliado confiável tem permanecido intacta, a despeito da mácula representada pelos seus cartéis de drogas.[1]

As glórias da história colombiana, no entanto, são contrabalançadas pelo ódio e pela violência. A sede do vice-reinado foi também o lar da Inquisição. Fortes majestosos, fazendas de gado e cidades foram construídos sobre os ossos de escravos índios e africanos. Os tesouros transportados nos galeões de ouro, objetos sagrados e obras de arte que foram fundidas para facilitar o transporte, foram arrancadas do seio de povos antigos. As esplêndidas culturas do passado foram elas mesmas arruinadas pelas espadas e doenças dos conquistadores. Mais recentemente, uma eleição presidencial controvertida em 1945 resultou em uma profunda divisão entre partidos políticos e levou à *La Violencia* (1948-1957), durante a qual mais de 200 mil pessoas perderam a vida.

Apesar dos conflitos e ironias, tanto Washington quanto Wall Street historicamente têm considerado a Colômbia como um fator essencial na promoção dos interesses comerciais e políticos pan-americanos. Isso se deve a diversos fatores, além da localização geográfica decisiva da Colômbia, incluindo a percepção de que líderes de todo o hemisfério olham para Bogotá em busca de inspiração e orientação, e do fato de que o país é tanto uma fonte de muitos produtos consumidos nos Estados Unidos — café, bananas, têxteis, esmeraldas, flores, petróleo e cocaína — como um mercado para as nossas mercadorias e serviços.

Um dos serviços mais importantes que vendemos para a Colômbia durante o século XX foi a experiência em engenharia e construção. A Colômbia era um caso típico de muitos lugares em que trabalhei. Era relativamente fácil demonstrar que o país poderia assumir enormes quantias de dívida e depois reembolsar essa dívida com os benefícios realizados tanto dos projetos em si quanto de recursos naturais do país. Assim, enormes investimentos em redes de energia elétrica, rodovias e telecomunicações ajudariam a Colômbia a abrir os seus imensos recursos de gás e petróleo e os seus territórios amazônicos não-desenvolvidos; esses projetos, por sua vez, gerariam o lucro necessário para pagar os empréstimos, mais os juros.

Essa era a teoria. A realidade, porém, coerente com a nossa verdadeira intenção ao redor do mundo, era subjugar Bogotá, visando ao império mundial. O meu trabalho, como sempre fora em tantos outros lugares, era apresentar o caso de modo a propiciar empréstimos excepcionalmente grandes. A Colômbia não tinha o benefício de um Torrijos; portanto, eu senti que não tinha escolha a não ser desenvolver previsões econômicas e de carga de energia elétrica.

Com exceção dos ocasionais acessos de culpa em relação ao meu trabalho, a Colômbia tornou-se um refúgio pessoal para mim. Ann e eu passáramos alguns meses lá no início da década de 1970 e havíamos até feito um pagamento por uma pequena fazenda de café localizada nas montanhas vizinhas à costa do Caribe. Acho que o tempo que passamos juntos durante aquele período foi o máximo que chegamos no sentido de curar as feridas que havíamos infligido um ao outro ao longo dos anos anteriores. No final das contas, porém, as feridas eram profundas demais e só depois que o nosso casamento acabou foi que eu realmente me familiarizei com o país.

Durante a década de 1970, a MAIN conseguira fechar uma série de contratos para desenvolver diversos projetos de infra-estrutura, incluindo uma rede de instalações hidrelétricas e os sistemas de distribuição para levar a eletricidade desde o meio da selva para cidades no alto das montanhas. Deram-me um escritório na cidade costeira de Barranquilla, e foi lá, em 1977, que conheci uma linda mulher colombiana que se tornaria um importante agente de mudança na minha vida.

Paula tinha cabelos louros compridos e uns olhos verdes impressionantes — bem diferente do que a maioria dos estrangeiros espera de uma colombiana. A mãe e o pai dela haviam emigrado do norte da Itália e, mantendo a herança familiar, ela se tornou desenhista de moda. Contudo, ela foi muito mais além disso e construiu uma pequena fábrica onde as suas criações eram transformadas em roupas, que ela então vendia a butiques da moda espalhadas por todo o país, assim como para o Panamá e para a Venezuela. Ela foi uma pessoa profundamente apaixonada que me ajudou a superar alguns dos meus traumas pessoais relativos ao meu casamento arruinado e começar a enfrentar algumas das minhas atitudes em relação às mulheres, que me haviam influenciado de uma maneira muito negativa. Ela também me ensinou muita coisa sobre as conseqüências das ações que eu praticava no meu trabalho.

Conforme já afirmei anteriormente, a vida é feita de uma série de coincidências sobre as quais não temos controle. Para mim, essas coincidências incluíram ser criado como o filho de um professor de uma escola preparatória masculina na zona rural de New Hampshire, conhecer Ann e o Tio Frank dela, a Guerra do Vietnã e conhecer Einar Greve. No entanto, uma vez que deparamos com essas coincidências, também nos vemos diante de escolhas. A maneira como reagimos, as ações que praticamos em face das coincidências, faz toda a diferença. Por exemplo, ser um ótimo aluno na escola, casar com Ann, entrar para o Corpo de Paz e escolher tornar-me um assassino econômico — todas essas decisões me conduziram ao momento atual da minha vida.

Paula foi outra coincidência, e a influência dela me levaria a tomar atitudes que mudariam o curso da minha vida. Até conhecê-la, eu convivia muito bem com o sistema. Muitas vezes eu me questionava sobre o que estava fazendo, às vezes me sentindo culpado a respeito; ainda assim, eu sempre descobria um modo de racionalizar a permanência no sistema. Talvez Paula simplesmente tenha aparecido no momento certo. É possível que eu teria feito o mergulho de qualquer maneira, que as minhas experiências na Arábia Saudita, no Irã e no Panamá teriam feito eu me mexer. Mas estou certo de que assim como uma mulher, Claudine, fora o instrumento de persuasão que fizera eu me alistar como AE, outra mulher, Paula, era o catalisador de que eu precisava na ocasião. Ela me convenceu a mergulhar fundo dentro de mim mesmo e ver que eu nunca seria feliz se continuasse a desempenhar aquele papel.

CAPÍTULO 22

República Americana *versus* Império Mundial

"Vou ser franca", disse Paula um dia, enquanto estávamos sentados em um café. "Os índios e todos os fazendeiros que vivem ao longo do rio que vocês estão represando os odeiam. Até mesmo as pessoas das cidades, que não são diretamente afetadas, simpatizam com os guerrilheiros que atacam o seu canteiro de obras. O seu governo chama essa gente de comunistas, terroristas e narcotraficantes, mas a verdade é que eles são apenas pessoas com famílias que vivem em terras que a sua empresa está destruindo."

Eu tinha acabado de contar a ela sobre Manuel Torres. Ele era um engenheiro contratado pela MAIN e um dos homens recentemente atacados pelos guerrilheiros no local de construção da barragem para a usina hidrelétrica. Manuel era um cidadão colombiano que tinha um emprego por causa de uma norma do Departamento de Estado americano proibindo-nos de enviar cidadãos americanos para aquele lugar. Referíamos a essa norma como a doutrina "Colombianos são Sacrificáveis" e ela simbolizava uma atitude que eu odiava cada vez mais. Os meus sentimentos em relação a essas políticas estavam tornando cada vez mais difícil para mim viver comigo mesmo.

"De acordo com Manuel, eles atiraram com os seus AK-47 para o ar e nos pés dele", contei a Paula. "Ele parecia calmo quando me contou o que aconteceu, mas sei que estava à beira da histeria. Eles não acertaram ninguém. Apenas lhes deram aquela carta e mandaram-nos descer o rio nos seus barcos."

"Meu Deus", exclamou Paula. "O coitado deve ter ficado aterrorizado.

"Mas é claro que ficou." Contei-lhe que eu tinha perguntado a Manuel se ele achava que eram homens das FARC ou do M-19, referindo-me aos dois mais famigerados grupos guerrilheiros colombianos.

"E o que ele respondeu?"

"Ele acha que nenhum dos dois. Mas também disse que acredita na carta."

Paula pegou o jornal que eu levara e leu a carta em voz alta.

"Nós, que trabalhamos todos os dias apenas pela nossa sobrevivência, juramos pelo sangue dos nossos antepassados que nunca permitiremos represas nos nossos rios. Somos simples índios e mestiços, mas preferimos morrer a permitir que inundem as nossas terras. Advertimos os nossos irmãos colombianos: parem de trabalhar para as construtoras." Ela deixou o jornal sobre a mesa. "O que você disse a ele?"

Eu hesitei, mas apenas por um momento.

"Não tive escolha. Precisava me conformar com as orientações da empresa. Perguntei a ele se achava que a carta parecia algo que poderia ter sido escrito por um camponês."

Ela ficou sentada me observando, pacientemente.

"Ele simplesmente deu de ombros." Nossos olhares se encontraram. "Ah, Paula, eu me detesto por fazer esse papel."

"E o que você fez depois?", ela pressionou.

"Bati com o punho na escrivaninha. Intimidei-o. Perguntei se fazia algum sentido para ele colonos portando AK-47. Então perguntei se ele sabia quem inventou a AK-47."

"E ele sabia?"

"Sabia, mas eu mal consegui ouvir o que ele respondeu. 'Um russo', disse ele. É claro que eu disse que ele estava certo, que o inventor tinha sido um comunista chamado Kalashnikov, um oficial altamente condecorado do Exército Vermelho. Fiz com que ele compreendesse que as pessoas que haviam escrito aquele bilhete eram comunistas."

"Você acredita nisso?", ela perguntou.

A pergunta me pegou de surpresa. Como poderia responder, honestamente? Lembrei-me do Irã e da ocasião em que Yamin qualificou-me como um homem dividido entre dois mundos, um homem do meio. De certa maneira, eu gostaria de estar naquele canteiro de obras quando os guerrilheiros atacaram, ou que eu fosse um dos guerrilheiros. Um sentimento estranho me dominou, um tipo de inveja de Yamin e Doc e dos rebeldes colombianos. Esses eram homens com convicções. Eles tinham escolhido mundos reais, não um território de ninguém em algum ponto intermediário.

"Tenho um trabalho a fazer", disse no final.

Ela sorriu compreensivamente.

"Odeio esse trabalho", continuei. Pensei sobre os homens cujas imagens me acompanharam com freqüência ao longo dos anos, Tom Paine e outros heróis da Guerra de Secessão, piratas e desbravadores. Eles ficavam nos lados, não no meio. Eles tinham tomado uma posição e assumiam as conseqüências. "A cada dia que passa odeio cada vez mais o meu trabalho."

Ela pegou a minha mão.

"O seu trabalho?"

Os nossos olhares se encontraram e não se desviaram. Entendi a implicação.

"A mim mesmo."

Ela acariciou a minha mão e inclinou a cabeça bem devagar. Senti um alívio imediato, só por admitir aquilo.

"O que você vai fazer, John?"

Eu não tinha o que responder. O alívio se transformou em atitude defensiva. Eu gaguejei as justificativas de sempre: que estava tentando fazer o bem, que estava procurando maneiras de mudar o sistema de dentro e — o velho recurso infalível — que se eu pedisse demissão, alguém ainda pior do que eu tomaria o meu lugar. Mas percebi pela maneira como ela me olhava que não comprava a idéia. Pior ainda, eu sabia que nem eu estava comprando a idéia. Ela me forçara a entender a verdade básica: não era o meu trabalho, mas eu, que era o culpado.

"E quanto a você?", perguntei por fim. "Em que você acredita?"

Ela suspirou brevemente e soltou a minha mão. Perguntou:

"Você está tentando mudar de assunto?"

Inclinei a cabeça, confirmando.

"Tudo bem", ela concordou. "Sob uma condição. Que voltemos a ele outro dia." Ela pegou uma colher e ficou absorvida contemplando-a. "Sei que alguns dos guerrilheiros receberam treinamento na Rússia e na China." Ela baixou a colher para dentro do seu *café com leche,* mexeu e depois bem devagar soltou a colher. "O que mais eles poderiam fazer? Eles precisavam aprender um pouco sobre armamento moderno e sobre como enfrentar os soldados que entram nas escolas deles. Às vezes eles vendem cocaína para levantar dinheiro para os suprimentos. De que outra maneira poderiam comprar armas? Eles já enfrentam adversidades tremendas. O seu Banco Mundial não os ajuda a se defender. Na verdade, força-os a essa postura." Ela tomou um gole de café. "Acredito que a causa deles é justa. A eletricidade só vai ajudar a uns poucos, os colombianos mais ricos, e milhares morrerão porque o peixe e a água ficarão envenenados, depois que vocês construírem essa sua barragem."

Ouvindo-a falar tão apaixonadamente sobre as pessoas que se opunham a nós — a mim — me causou arrepios. Quando percebi estava me inclinando para a frente apoiado nos cotovelos.

"Como é que você sabe tanto a respeito dos guerrilheiros?" No mesmo momento que fazia a pergunta, tive um mau pressentimento, uma premonição de que não queria conhecer a resposta.

"Eu estudei com alguns deles", declarou ela. Depois de hesitar um pouco, empurrou a xícara para o lado. "Meu irmão entrou para o movimento."

Ali estava. Senti-me absolutamente murcho. Pensava que sabia tudo sobre ela, mas aquilo... Por um instante tive a impressão de sentir o mesmo que um homem que ao voltar para casa encontra a mulher na cama com outro.

"Como é que você nunca me contou?"

"Parecia irrelevante. E por que deveria? Não é uma coisa de que eu possa me gabar." Ela fez uma pausa. "Faz dois anos que não o vejo. Ele precisa tomar todos os cuidados."

"Como sabe que ele está vivo?"

"Não sei, a não ser pelo fato de que recentemente o governo o colocou numa lista de procurados. Isso é um sinal."

Eu me dividia entre o impulso de criticar ou ficar na defensiva. Esperava que não percebesse o meu ressentimento.

"Como ele se tornou um deles?", quis saber.

Felizmente, ela manteve os olhos na xícara de café.

"Fazendo um protesto na frente da sede de uma companhia petrolífera... ocidental, acho. Ele estava protestando contra a perfuração em terras indígenas, nas florestas de uma tribo ameaçada de extinção... ele e mais uns vinte outros amigos. Eles foram atacados pelo exército, espancados e jogados na prisão... e não estavam fazendo nada ilegal, veja bem, só agitando cartazes e cantando na frente daquele prédio." Ela desviou o olhar para uma janela ao nosso lado. "Eles o mantiveram preso por quase seis meses. Ele nunca nos contou o que aconteceu lá, mas quando saiu era uma outra pessoa."

Essa foi a primeira de muitas outras conversas semelhantes que mantive com Paula e agora sei que essas discussões prepararam o terreno para o que viria a seguir. Os meus sentimentos se dividiram, mas ainda assim eu era comandado pela minha carteira e por todos aqueles pontos fracos que a ASN identificara quando fizera o meu perfil uma década antes, em 1968. Ao me forçar a ver isso e a confrontar os sentimentos profundos por trás da minha fascinação pelos piratas e outros rebeldes, Paula ajudou-me a trilhar o caminho da salvação.

Além dos meus dilemas pessoais, meus tempos na Colômbia também me ajudaram a compreender a distinção entre a antiga república americana e o novo império mundial. A república oferecia esperança ao mundo. Os seus fundamentos eram morais e filosóficos em vez de materialistas. Ela se baseava nos conceitos de igualdade e justiça para todos. Mas também podia ser pragmática, não meramente um sonho utópico mas também uma entidade viva, arejada e magnânima. Era capaz de abrir os braços para acolher os oprimidos. Era uma fonte de inspiração e ao mesmo tempo uma força com que contar; se necessário, poderia entrar em ação, como aconteceu durante a Segunda Guerra Mundial, para defender os princípios que defendia. As próprias instituições — as grandes corporações, os bancos e a burocracia governamental — que ameaçam a república poderiam ser usadas em vez de instituir mudanças fundamentais no mundo. Essas instituições possuem as redes de comunicação e sistemas de transporte necessários para acabar com a doença, a fome e até mesmo com as guerras — bastando para isso que pudessem ser convencidas a tomar esse caminho.

O império mundial, por outro lado, é a nêmesis da república. Ele é egoísta, mecânico, ganancioso e materialista, um sistema baseado no mercantilismo. A exemplo dos antigos impérios, os seus braços só se abrem para acumular recursos, para agarrar tudo o que esteja ao seu alcance e empanturrar o seu estômago insaciável. Também é capaz de usar todos os meios que julgar necessários para ajudar os seus governantes a acumular mais poder e riqueza.

É claro, que ao aprender a entender essa distinção, eu também desenvolvi um senso de maior clareza sobre o meu papel. Claudine me advertira; ela delineara honestamente o que seria esperado de mim se eu aceitasse o emprego que a MAIN oferecia. Ainda assim, foi preciso a experiência de trabalhar em países como a Indonésia, o Panamá, o Irã e a Colômbia para eu entender melhor as implicações profundas. E foi preciso a paciência, o amor e as histórias pessoais de uma mulher como Paula.

Eu era leal à república americana, mas o que estávamos perpetrando por intermédio dessa nova e altamente sutil forma de imperialismo era o equivalente financeiro ao que tentáramos realizar militarmente no Vietnã. Se o Sudeste Asiático nos ensinara que os exércitos têm as suas limitações, os economistas haviam respondido imaginando um plano melhor e as agências de ajuda externa e as empreiteiras privadas que as serviam (ou, mais apropriadamente, eram servidas por elas) tinham se tornado peritas nesse plano.

Nos países de todos os continentes, vi como homens e mulheres que trabalhavam em corporações americanas — embora não oficialmente para a rede de relações de trabalho dos AEs — participavam de algo muito mais pernicioso do que qualquer coisa imaginada nas teorias da conspiração. A exemplo dos engenheiros da MAIN, esses trabalhadores estavam cegos para as conseqüências dos seus atos, convencidos de que as lojas de doces e indústrias que fabricavam sapatos e peças de automóveis para as suas empresas estavam ajudando os pobres a sair da pobreza, em vez de simplesmente afundando-os ainda mais em um tipo de escravidão remanescente dos feudos medievais e latifúndios sulistas. Assim como anteriores manifestações de exploração, os servos ou escravos modernos eram educados para acreditar que se davam melhor do que as almas desafortunadas que viviam nas margens, nos buracos escuros da Europa, nas selvas da África ou nas selvagens regiões de fronteira americanas.

A luta em torno de saber se eu devia continuar na MAIN ou pedir demissão tornara-se um verdadeiro campo de batalha. Não havia a menor dúvida sobre o que a minha consciência queria, mas aquele outro lado, o que eu costumava considerar a minha personalidade desenvolvida na faculdade de administração, não estava assim tão segura. O meu próprio império pessoal continuava se expandindo; eu acrescentara funcionários, países e ações da bolsa aos meus diversos perfis e ao meu ego. Além da sedução do dinheiro, do estilo de vida e da adrenalina elevada do poder, eu geralmente me lembrava de Claudine me advertindo de que, se eu entrasse, não havia como sair.

É claro que Paula fazia pouco disso.

"O que ela poderia saber?"

Observei que Claudine estivera certa sobre uma grande parte das coisas.

"Isso foi há muito tempo. A vida muda. De qualquer maneira, que diferença isso faz? Você não está feliz consigo mesmo. O que Claudine ou quem quer que seja pode fazer para tornar as coisas ainda piores do que estão?"

Esse foi um refrão a que Paula voltava com freqüência, e eu acabei concordando. Eu admiti para ela e para mim mesmo que todo o dinheiro, aventura e *glamour* não justificavam mais a agitação, a culpa e a tensão. Como sócio da MAIN, eu estava ficando rico, e sabia que se continuasse ficaria preso para sempre.

Um dia, quando caminhávamos pela praia vizinha ao antigo forte espanhol de Cartagena, um lugar que resistira a incontáveis ataques de piratas, Paula saiu com uma abordagem que nunca havia me ocorrido.

"E se você nunca disser nada sobre as coisas que você sabe?", indagou ela.

"Você quer dizer... simplesmente ficar quieto?"

"Exatamente. Não lhes dê uma justificativa para que possam se voltar contra você. Na verdade, dê-lhes todos os motivos para deixá-lo em paz, para não turvar a água."

Fazia muito sentido — imaginei por que aquilo nunca me ocorrera antes. Eu não escreveria livros nem faria nada para expor a verdade da maneira como chegara a percebê-la. Não começaria nenhuma cruzada; em vez disso, eu simplesmente seria uma pessoa preocupada em aproveitar a vida, viajar por prazer, talvez até mesmo constituir família com alguém como Paula. Eu já tivera o bastante; simplesmente queria sair.

"Tudo o que Claudine lhe ensinou foi uma fraude", acrescentou Paula. "A sua vida é uma mentira." Ela sorriu de modo condescendente. "Você já deu uma olhada no seu currículo recentemente?"

Eu admiti que não.

"Então faça isso", advertiu ela. "Eu li a versão em espanhol outro dia. Se a versão inglesa for a mesma coisa, acho que você vai achar muito interessante."

CAPÍTULO 23

O Currículo Enganoso

Enquanto eu estava na Colômbia, chegou a notícia de que Jake Dauber se aposentara da presidência da MAIN. Conforme esperado, o *chairman* e CEO Mac Hall indicou Bruno como substituto de Dauber. As linhas telefônicas entre Boston e Barranquilla enlouqueceram. Todo mundo previa que eu também seria logo promovido; afinal de contas, eu era um dos mais confiáveis dentre os protegidos de Bruno.

Essas mudanças e rumores foram um incentivo adicional para eu reavaliar a minha própria posição. Ainda na Colômbia, segui o conselho de Paula e li a versão em espanhol do meu currículo. Fiquei chocado. De volta a Boston, consegui tanto a versão original em inglês quanto um exemplar de 1978 do *MAINLINES*, a revista corporativa; essa edição me apresentava em um artigo intitulado: "Specialists Offer MAIN's Clients New Services".* (Veja as pp. 163 e 164.)

Em outros tempos eu tive grande orgulho daquele resumo e daquele artigo e no entanto agora, vendo-os como Paula fizera, senti um crescente senso de raiva e depressão. O material naqueles documentos representava enganos intencionais, se não mentiras. E aqueles documentos carregavam uma importância mais profunda, uma realidade que refletia os nossos tempos e atingia o seio da nossa marcha atual para o império mundial: eles simbolizavam uma estratégia calculada para comunicar aparências, para esconder uma realidade subjacente. De uma maneira estranha, eles simbolizavam a história da minha vida, um verniz capcioso cobrindo superfícies sintéticas.

* "Especialistas Oferecem Novos Serviços aos Clientes da MAIN". (N. do T.)

É claro que não me dava um grande conforto saber que eu tinha de assumir muita da responsabilidade pelo que estava incluído no meu resumo. De acordo com os procedimentos operacionais padrão, eu devia estar constantemente atualizando tanto o currículo básico quanto uma pasta com informações de acesso pertinentes sobre clientes atendidos e o tipo de trabalho feito. Se um profissional de marketing ou gerente de projeto quisesse me incluir em uma proposta ou usar as minhas credenciais de alguma outra maneira, ele podia manipular essas informações básicas de uma maneira que enfatizasse as suas necessidades particulares.

Por exemplo, poderia decidir destacar a minha experiência no Oriente Médio, ou em fazer apresentações junto ao Banco Mundial e outros fóruns multinacionais. Sempre que isso fosse feito, aquele profissional devia obter a minha aprovação antes de realmente publicar o currículo revisado. No entanto, uma vez que a exemplo de muitos outros funcionários da MAIN eu viajava muito, com freqüência aconteciam exceções. Assim, o currículo que Paula sugeriu que eu lesse, e a sua versão em inglês, eram completamente novos para mim, embora as informações certamente estivessem incluídas na minha pasta.

À primeira vista, o meu currículo parecia bem inocente. Sob *Experiência,* ele afirmava que eu fora encarregado de projetos importantes nos Estados Unidos, na Ásia, na América Latina e no Oriente Médio, e oferecia uma lista extensa dos tipos de projetos: planejamento de desenvolvimento, previsões econômicas, previsão de demanda de energia e assim por diante. Essa parte terminava descrevendo o meu trabalho no Corpo de Paz no Equador; no entanto, omitia qualquer referência ao Corpo de Paz em si, deixando a impressão de que eu fora o gerente profissional de uma empresa de materiais de construção, e não um voluntário prestando assistência a uma pequena cooperativa de fabricação de tijolos composta de camponeses andinos ignorantes.

Em seguida vinha uma longa lista de clientes. Essa lista incluía o Banco Internacional para a Reconstrução e o Desenvolvimento (o nome oficial do Banco Mundial); o Asian Development Bank; o governo do Kuwait; o Ministério da Energia iraniano; a companhia petrolífera Arabian American Oil Company, da Arábia Saudita; o Instituto de Recursos Hidraulicos y Electrificación; a Perusahaan Umum Listrik Negara; e muitas outras. Mas o que chamou a minha atenção foi a citação discreta: Departamento do Tesouro Americano, reino da Arábia Saudita. Eu estava impressionado por essa lista ter chegado a ser impressa, muito embora, obviamente, incluísse parte da minha vida.

JOHN M. PERKINS

EXPERIÊNCIA

John M. Perkins é Gerente do Departamento de Economia da Divisão de Sistemas Energéticos e Ambientais.

Desde que ingressou na MAIN, o Sr. Perkins é encarregado de importantes projetos nos Estados Unidos, na Ásia, na América Latina e no Oriente Médio. Esse trabalho inclui o planejamento de desenvolvimento, previsões econômicas, previsão de demanda de energia, estudos de mercado, instalação de fábricas, análises de alocação de combustível, estudos de viabilidade econômica, estudos de impacto ambiental e econômico, planejamento de investimentos e consultoria administrativa. Além disso, muitos projetos envolvem o treinamento de clientes no uso de técnicas desenvolvidas pelo Sr. Perkins e sua equipe.

Recentemente, o Sr. Perkins esteve encarregado de um projeto para desenvolver pacotes de programas de computador para 1) projetar demanda de energia e quantificar as relações entre desenvolvimento econômico e produção de energia, 2) avaliar impactos ambientais e socioeconômicos de projetos e 3) aplicar modelos econométricos como o de Markov ao planejamento econômico nacional e regional.

Antes de ingressar na MAIN, o Sr. Perkins passou três anos no Equador conduzindo estudos de mercado e organizando e administrando uma empresa de materiais de construção. Ele também conduziu estudos sobre a viabilidade da organização de cooperativas de crédito e de poupança em todo o Equador.

FORMAÇÃO ACADÊMICA

Bacharel em Administração e Negócios
Boston University
Estudos de Pós-graduação:
Construção de Modelos, Economia Aplicada à Engenharia,
Econometria, Métodos de Probabilidade

IDIOMAS

Inglês, Espanhol

FILIAÇÃO A ASSOCIAÇÕES PROFISSIONAIS

American Economic Association
Society for International Development

PUBLICAÇÕES

"A Markov Process Applied to Forecasting the Demand for Electricity"
"A Macro Approach to Energy Forecasting"
"A Model for Describing the Direct and Indirect Interrelationships between the Economy and the Environment"
"Electric Energy from Interconnected Systems"
"Markov Method Apllied to Planning"

CREDENCIAIS

Estudos sobre Previsão
Estudos sobre Marketing
Estudos sobre Viabilidade
Estudos sobre Escolha de Localização
Estudos sobre Impacto Econômico
Planejamento de Investimentos
Estudos sobre Fornecimento de Combustíveis
Planejamento de Desenvolvimento Econômico
Programas de Treinamento
Gerenciamento de Projetos
Planejamento de Alocação
Consultoria Administrativa

Clientes atendidos:

- Arabian-American Oil Company, Arábia Saudita
- Asian Development Bank
- Boise Cascade Corporation
- City Service Corporation
- Dayton Power & Light Company
- General Electric Company
- Governo do Kuwait
- Instituto de Recursos Hidraulicos y Electrificación, Panamá
- Banco Interamericano de Desenvolvimento
- Banco Internacional para a Reconstrução e o Desenvolvimento
- Ministério da Energia, Irã
- New York Times
- Departamento de Energia Elétrica do Estado de Nova York
- Perusahaan Umum Listrik Negara, Indonésia
- Companhia de Eletricidade e Gás da Carolina do Sul
- Technical Association of the Pulp and Paper Industry
- Union Camp Corporation
- Departamento do Tesouro Americano, Reino da Arábia Saudita

MAIN

Especialistas oferecem novos serviços aos clientes da MAIN

por Pauline Ouellette

Olhando-se para as faces por trás das escrivaninhas, é fácil dizer que o Planejamento Econômico e Regional é um dos setores mais recentes e em crescimento mais rápido da MAIN. Até o momento, há cerca de 20 especialistas nesse grupo, reunidos ao longo de um período de sete anos. Entre esses especialistas incluem-se não somente economistas, mas também planejadores urbanos, especialistas em demografia e em previsões de mercado e o primeiro sociólogo da MAIN.

Embora diversas pessoas tenham influenciado o crescimento desse grupo econômico, ele basicamente deve a sua existência aos esforços de um homem, **John Perkins**, que hoje é o chefe do grupo.

Contratado como assistente do chefe de previsão de carga energética em janeiro de 1971, John foi um dos poucos economistas que trabalhavam para a MAIN nessa época. Como sua primeira missão, foi enviado como parte de uma equipe de 11 homens para um estudo de demanda de eletricidade na Indonésia.

"Eles queriam ver se eu conseguiria sobreviver lá por três meses", disse ele sorridente e nostálgico. Mas com a sua experiência, John não teve problemas de "sobrevivência". Ele acabara de passar três anos no Equador trabalhando para uma cooperativa de materiais de construção e ajudando os índios quíchuas, descendentes diretos dos incas. Os índios, disse John, estavam sendo explorados no seu trabalho como fabricantes de tijolos, então pediram a ele para formar uma cooperativa. Então ele alugou um caminhão para ajudá-los a vender seus tijolos diretamente aos consumidores. Como resultado, os lucros subiram rapidamente até 60 por cento. Os lucros foram divididos entre os integrantes da cooperativa que, depois de 2 anos e meio, incluíam 200 famílias.

Foi durante esse período que John Perkins conheceu **Einar Greve** (um ex-funcionário), que trabalhava na cidade de Paute, Equador, em um projeto hidrelétrico para a MAIN. Os dois tornaram-se amigos e, por uma troca de correspondência constante, John recebeu a proposta de um cargo na MAIN.

Cerca de um ano mais tarde, John tornou-se o chefe do setor de previsão de carga e, como as demandas de clientes e instituições como o Banco Mundial cresceram, ele entendeu que seriam necessários mais economistas na MAIN. "Embora a MAIN seja uma empresa de engenharia", disse ele, "os clientes nos diziam que precisávamos ser mais do que isso." Ele contratou mais economistas em 1973 para atender às necessidades dos clientes e, como resultado, formou o setor que lhe rendeu o título de Economista-chefe.

Perkins

O mais recente projeto de John envolve o desenvolvimento agrícola no Panamá de onde ele retornou recentemente depois de uma estada de um mês. Foi no Panamá que a MAIN conduziu o seu primeiro estudo sociológico por intermédio de **Martha Hayes,** a primeira socióloga da MAIN. Marti passou um mês e meio no Panamá para definir o impacto do projeto sobre a vida e a cultura do povo. Especialistas em agricultura e outros campos correlatos também foram contratados em relação a esse estudo.

A expansão do Planejamento Econômico e Regional deu-se em ritmo acelerado, mas ainda assim John acha que teve sorte com relação a cada um dos contratados ser um profissional dedicado. Conforme ele me informou na sua própria mesa, o interesse e o apoio que tem da equipe é evidente e admirável.

MAINLINES Novembro de 1978

Deixando de lado o currículo por um momento, concentrei-me no artigo da *MAINLINES*. Eu me lembrava claramente da entrevista que concedera à autora, uma jovem muito talentosa e bem-intencionada. Ela me passara o texto para aprovação antes que fosse publicado. Lembro-me de ter me sentido gratificado por ela ter composto um retrato tão lisonjeiro a meu respeito, e imediatamente o aprovei. Uma vez mais, a responsabilidade caía sobre os meus ombros. O artigo começava assim:

> Olhando-se para o rosto das pessoas que estavam sentadas por trás das escrivaninhas, é fácil dizer que o Planejamento Econômico e Regional é um dos setores mais recentes e de crescimento mais rápido da MAIN...
>
> Embora diversas pessoas tenham influenciado o crescimento desse grupo econômico, ele basicamente deve a sua existência aos esforços de um homem, John Perkins, que hoje é o chefe do grupo.
>
> Contratado como assistente do chefe de previsão de carga energética em janeiro de 1971, John foi um dos poucos economistas que trabalhavam para a MAIN naquela época. Como sua primeira missão, foi enviado como parte de uma equipe de 11 homens para um estudo de demanda de eletricidade na Indonésia.

O artigo resumia brevemente o meu histórico profissional anterior, descrito como eu tinha "gasto três anos no Equador", e depois continuava da seguinte maneira:

> Foi durante esse período que John Perkins conheceu Einar Greve (um ex-funcionário) [ele tinha deixado a MAIN para tornar-se presidente da Tucson Gas & Electric Company] que trabalhava na cidade de Paute, Equador, em um projeto hidrelétrico para a MAIN. Os dois tornaram-se amigos e, por uma troca de correspondência constante, John recebeu a proposta de um cargo na MAIN.
>
> Cerca de um ano mais tarde, John tornou-se o chefe do setor de previsão de carga e, como as demandas de clientes e instituições como o Banco Mundial cresceram, ele entendeu que seriam necessários mais economistas na MAIN.

Nenhuma das declarações em um e outro documento era mentira declarada — os dados que eu havia fornecido para ambos os documentos estavam registrados, no meu arquivo; no entanto, eles passavam uma percepção que eu agora descobria ser distorcida e amenizada. E em uma cultura que idolatra documentos oficiais, eles perpetravam algo que era ainda mais sinistro. Mentiras declaradas podem ser refutadas. Documentos como aqueles dois eram impossíveis de refutar porque eram baseados em vislumbres da verdade, não imposturas rematadas, e porque eram produzidos por uma corporação que ganhara a confiança de outras corporações, bancos internacionais e governos.

Isso se aplicava especialmente ao currículo porque ele era um documento oficial, ao contrário do artigo, que era uma entrevista concedida a uma jornalista e publicada numa revista. O logotipo da MAIN, aparecendo no fundo do currículo e sobre as capas de todas as propostas e relatórios que o currículo provavelmente abrilhantava, conferia um grande peso no mundo dos negócios internacionais; era um selo de autenticidade que evocava o mesmo nível de confiança que aqueles estampados em diplomas e certificados emoldurados nos consultórios médicos e escritórios de advocacia.

Esses documentos me retratavam como um economista muito competente, chefe de um departamento numa empresa de consultoria de prestígio, que viajava pelo mundo todo realizando uma vasta gama de estudos que tornariam o mundo um lugar mais civilizado e próspero. O logro não estava no que era declarado, mas no que era omitido. Se eu me colocasse no lugar de alguém de fora — observando com a mais absoluta objetividade — teria de admitir que aquelas omissões levantavam muitas questões.

Por exemplo, não havia menção ao meu recrutamento pela ASN nem da ligação de Einar Greve com as Forças Armadas e o papel que ele desempenhava como um elo de ligação da ASN. Obviamente não havia discussão sobre o fato de que eu estivera sob tremenda pressão para produzir previsões econômicas altamente inflacionadas, ou que grande parte do meu trabalho envolvia conseguir empréstimos desmedidos que países como a Indonésia e o Panamá nunca poderiam reembolsar. Não havia nenhuma menção honrosa ao meu predecessor, Howard Parker, nem nenhum reconhecimento de que me tornei o chefe das previsões de carga porque admitia fornecer os estudos tendenciosos que os meus chefes queriam, em vez de — como Howard — dizer o que acreditava ser a verdade e ser demitido por causa disso. O mais confuso de tudo era a citação final, embaixo da lista dos meus clientes: Departamento do Tesouro americano, Reino da Arábia Saudita.

Eu não conseguia parar de voltar àquela linha e imaginava como as pessoas a interpretariam. Elas podiam muito bem perguntar sobre qual era a ligação entre o Departamento do Tesouro americano e a Arábia Saudita. Talvez algumas a considerassem como um erro tipográfico, duas linhas separadas convertidas em uma por engano. A maioria dos leitores, no entanto, nunca saberia a verdade, que ela fora incluída por uma razão específica. Estava ali de modo que aqueles no círculo pequeno do mundo onde eu atuava entenderiam que eu fora parte da equipe que elaborara o acordo do século, o acordo que mudara o curso da história mundial mas nunca chegara aos jornais. Eu ajudei a criar um convênio que garantia a continuidade de fornecimento de petróleo para os Estados Unidos, salvaguardava o governo da Casa de Saud e ajudava no financiamento de Osama bin Laden e a proteção de criminosos internacionais como Idi Amin, de Uganda. Aquela única linha no meu currículo era dirigida àqueles que tinham conhecimento disso. Ela informava que o economista-chefe da MAIN era um homem que dava conta do recado.

O parágrafo final do artigo da *MAINLINES* era uma observação pessoal da autora, e acertava um nervo exposto:

> A expansão do Planejamento Econômico e Regional deu-se em ritmo acelerado, mas ainda assim John acha que teve sorte com relação a cada um dos contratados ser um profissional dedicado. Conforme ele me informou na sua própria mesa, o interesse e o apoio que tem da equipe é evidente e admirável.

O fato era que eu nunca me considerei um economista na verdadeira acepção da palavra. Havia me formado como bacharel em ciências administrativas na Boston University, com especialização em marketing. Sempre fui péssimo em matemática e estatística. No Middlebury College, minhas maiores notas foram em literatura americana; tinha muita facilidade para escrever. A minha posição como economista-chefe e como gerente de Planejamento Econômico e Regional não podia ser atribuída à minha capacidade em economia nem em planejamento; ao contrário, era em função da minha disposição de fornecer os tipos de estudos e conclusões que os meus chefes e clientes queriam, combinada com uma perspicácia para persuadir os outros por meio da palavra escrita. Além disso, eu era inteligente o bastante para contratar gente muito competente, muitos com graus de mestrado e uns dois com Ph.D., formando um pessoal que sabia em conjunto muito mais sobre os aspectos técnicos do meu trabalho do que eu. Não admira que a autora do artigo concluísse que "o interesse e o apoio que tem da equipe é evidente e admirável".

Guardei esses dois documentos e vários outros semelhantes na gaveta de cima da minha escrivaninha e voltei a consultá-los com freqüência. Mais tarde, eu às vezes me encontrava fora do meu escritório, andando entre as escrivaninhas do meu pessoal, olhando para aqueles homens e mulheres que trabalhavam para mim e sentindo-me culpado sobre o que eu fizera a eles, e sobre o papel que nós todos desempenhávamos no alargamento da distância entre ricos e pobres. Pensei nas pessoas que passavam fome todos os dias enquanto o meu pessoal e eu dormíamos em hotéis de primeira classe, comíamos nos restaurantes mais finos e construíamos os nossos perfis financeiros.

Pensei no fato de que as pessoas que treinei agora faziam parte da hierarquia dos AEs. Eu os levara a isso. Eu os recrutara e treinara. Mas as coisas já não eram as mesmas de quando eu entrara. O mundo mudara e a corporatocracia progredira. Nós havíamos nos tornado melhores e mais perniciosos. As pessoas que trabalhavam para mim eram de uma estirpe diferente da minha. Não houvera um detector de mentiras da ASN ou uma Claudine na vida deles. Ninguém lhes explicara nada, o que era esperado que eles fizessem para executar a missão do império mundial. Eles nunca ouviram a expressão "assassino econômico" nem a sigla AE, nem mesmo ninguém lhes falou que estavam ali pela vida toda. Eles simplesmente tinham aprendido com o meu exemplo e com o meu sistema de recompensas e punições. Eles sabiam que se esperava que produzissem os tipos de estudos e resultados que eu queria. O salário deles, os bônus de Natal, na verdade seus próprios empregos, dependiam de me agradar.

Eu, é claro, fizera tudo o que pudera imaginar para aliviar a carga deles. Eu redigira relatórios, fizera palestras e aproveitara todas as oportunidades para convencê-los da importância de previsões otimistas, de empréstimos enormes, de injeções de capital que estimulariam o crescimento do PIB e fazer do mundo um lugar melhor. Foi necessária menos de uma década para chegar a esse ponto em que a sedução, a coerção, assumiram uma forma muito mais sutil, um tipo de estilo leve de lavagem cerebral. Agora aqueles homens e mulheres que se sentavam nas escrivaninhas à frente da minha sala com vista para a baía de Boston saíam por todo o mundo para ampliar a causa do império mundial. Num sentido verdadeiramente real, eu os criara, assim como Claudine me criara. Mas ao contrário de mim, eles foram mantidos no escuro.

Passei muitas noites acordado, pensando, divagando sobre essas coisas. A referência que Paula fizera ao meu currículo abrira a caixa de Pandora, e eu muitas vezes me sentia com inveja dos meus funcionários pela sua ingenuidade. Eu os tinha intencionalmente enganado e, ao fazer isso, protegera-os da própria consciência. Eles não tinham de lutar com as questões morais que me assaltavam.

Eu também pensava muito na idéia de integridade nos negócios, sobre aparências *versus* realidade. Com certeza, dizia a mim mesmo, as pessoas enganam umas às outras desde o começo da história. As lendas e o folclore estão cheios de histórias sobre verdades distorcidas e acordos fraudulentos: mercadores de tapetes fraudadores, agiotas usurários e alfaiates querendo convencer o imperador de que as roupas dele eram invisíveis apenas para ele.

No entanto, por mais que eu quisesse concluir que as coisas eram como sempre haviam sido, e que a fachada do meu currículo na MAIN e a realidade por trás dele eram meramente reflexos da natureza humana, eu sabia do fundo do coração que não era esse o caso. As coisas haviam mudado. Agora eu entendia que tínhamos chegado a um novo nível de impostura que levaria à nossa destruição — não só moralmente, mas também fisicamente como cultura — a menos que fizéssemos importantes mudanças bem depressa.

O exemplo do crime organizado parecia oferecer uma boa metáfora. Os chefões da Máfia geralmente começam como bandidos comuns. Mas ao longo do tempo, aqueles que conseguem chegar ao topo mudam de aparência. Eles passam a usar trajes impecáveis feitos sob medida, possuindo negócios legítimos e envolvendo-se numa capa de integridade social. Eles dão apoio a instituições de caridade locais e são respeitados pelas suas comunidades. Eles se apressam a emprestar dinheiro às pessoas em situação desesperadora. Assim como o John Perkins do currículo da MAIN, esses homens parecem ser cidadãos exemplares. No entanto, por baixo dessa pátina, desse verniz, há uma trilha de sangue. Quando os devedores não podem pagar, os matadores entram em cena para cobrar a dívida. Se isso não der resultado, os chacais se aproximam com tacos de beisebol. Por fim, como um recurso final, aparecem as armas.

Entendi que o meu disfarce como economista-chefe, chefe de Planejamento Econômico e Regional, não era o simples engodo de um negociante de tapetes, nem algo que um comprador poderia perceber. Era parte de um sistema sinistro destinado não a ludibriar um cliente descuidado, mas sim em promover a forma mais sutil e eficaz de imperialismo que o mundo jamais conheceu. Cada uma das pessoas da minha equipe também ostentava um título — analista financeiro, sociólogo, economista, economista principal, econometrista, especialista em *shadow pricing* e assim por diante — ainda que nenhum desses títulos indicasse que cada um deles era, à sua própria maneira, um AE, que cada um deles servia aos interesses do império mundial.

Nem o fato de aqueles títulos entre o meu pessoal sugerir que nós éramos apenas a ponta do *iceberg*. Cada empresa internacional importante — das que comercializavam sapatos e produtos esportivos até as que fabricavam equipamento pesado — tinha os seus equivalentes próprios de AE. A marcha havia começado e estava circundando rapidamente o planeta. Os encapuzados haviam despido suas jaquetas de couro, trocando-as por paletó e gravata e assumindo um ar de respeitabilidade. Homens e mulheres saídos de sedes de empresas em Nova York, Chicago, San Francisco, Londres e Tóquio, espalhados por todos os continentes para convencer políticos corruptos a permitir que os seus países fossem algemados pela corporatocracia, e a induzir gente desesperada a vender o corpo para lojas de doces e linhas de montagem.

Era perturbador entender que os detalhes não ditos por trás das palavras escritas do meu currículo e daquele artigo definissem um mundo de fumaça e espelhos que pretendia manter-nos todos atados a um sistema que é moralmente repugnante e em última análise autodestrutivo. Ao me levar a ler nas entrelinhas, Paula me empurrara para dar mais um passo à frente no caminho que acabaria por transformar a minha vida.

CAPÍTULO 24

O Presidente do Equador Contra as Grandes Companhias Petrolíferas

Meu trabalho na Colômbia e no Panamá me deu muitas oportunidades de manter contato e visitar o primeiro país que considerei a minha segunda casa fora do meu país. O Equador sofrera sob uma longa série de ditadores e oligarquias de direita manipuladas pelos interesses políticos e comerciais americanos. Num certo sentido, o país era o mais perfeito exemplo de uma república de bananas, e a corporatocracia fizera grandes incursões ali.

A verdadeira exploração de petróleo na bacia amazônica equatoriana começou no final da década de 1960 e resultou numa farra de aquisições em que o seleto clube de famílias que comandava o Equador desempenhou nas mãos dos bancos internacionais. Elas atrelaram o seu país a uma imensa quantidade de dívidas, confiando na promessa das receitas obtidas com o petróleo. Estradas e parques industriais, represas de hidrelétricas, sistemas de transmissão e distribuição e outros projetos de energia brotaram por todo o país. Empresas internacionais de engenharia e construção o deixaram rico — uma vez mais.

Um homem cuja estrela estava em ascensão nesse país andino era a exceção à regra da corrupção política e cumplicidade com a corporatocracia. Jaime Roldós era um professor universitário e advogado chegando à casa dos 40 anos de idade, a quem eu tinha encontrado em diversas ocasiões. Ele era um homem carismático e atraente. Uma vez, ofereci-me impetuosamente para voar até Quito e prestar gratuitamente serviços de consultoria sempre que ele precisasse. Disse aquilo em parte por brincadeira, mas também porque o faria de bom grado durante o meu tempo de folga — gostava dele e, como me apressei a dizer-lhe, estava sempre procurando uma boa desculpa para visitar o seu país. Ele riu e me propôs um acordo semelhante, dizendo que sempre que eu precisasse negociar a minha conta de petróleo, devia telefonar para ele.

Ele tinha estabelecido uma reputação como populista e nacionalista, uma pessoa que acreditava firmemente nos direitos dos pobres e na responsabilidade dos políticos de usar os recursos naturais do país de maneira sensata. Quando ele deu início à sua campanha pela presidência em 1978, conseguiu chamar a atenção dos seus compatriotas e de cidadãos em todos os países em que interesses estrangeiros exploraram o petróleo — ou onde as pessoas desejavam independência das influências de poderosas forças exteriores. Roldós era um raro político moderno que não tinha receio de se opor ao *status quo*. Ele não dava trégua às companhias petrolíferas e ao sistema que as apoiava de um modo não tão sutil."

Por exemplo, ele acusou o Summer Institute of Linguistics (SIL), um grupo missionário evangélico dos Estados Unidos, de um pernicioso conluio com as companhias petrolíferas. Eu estava acostumado com a SIL desde os meus tempos no Corpo de Paz. A organização tinha entrado no Equador, como fizera em muitos outros países, sob o pretexto de estudar, registrar e traduzir as linguagens indígenas.

O SIL trabalhara extensamente com a tribo Huaorani na área da bacia Amazônica, durante os primeiros anos de exploração do petróleo, quando surgiu um padrão perturbador. Sempre que os sismologistas relatavam à sede da corporação que uma determinada região tinha características que indicavam uma alta probabilidade de petróleo sob a superfície, o SIL aparecia e encorajava o povo indígena a mudar-se daquela terra, para reservas missionárias; lá receberiam alimentação gratuita, moradia, roupas, tratamento médico e educação no estilo missionário. A condição era que eles tinham de transferir a posse das terras deles para as companhias petrolíferas.

Eram abundantes os rumores de que os missionários do SIL usavam uma variedade de técnicas ardilosas para persuadir as tribos a abandonar o seu lar e mudar-se para as missões. Uma história que era repetida com freqüência era que eles tinham distribuído alimentos fortemente contaminados com laxantes — depois ofereciam medicamentos para curar a epidemia de diarréia. Ao longo de todo o território huaorani, o SIL jogara de aviões cestos de alimentos com fundo falso contendo minúsculos radiotransmissores; receptores em estações de comunicações altamente sofisticados, controlados por pessoal militar americano na base das forças armadas em Shell, sintonizava esses transmissores. Sempre que um integrante da tribo era picado por uma serpente venenosa ou ficava gravemente enfermo, um representante do SIL chegava com o antídoto ou os medicamentos adequados — geralmente em helicópteros da companhia petrolífera.

Durante os primeiros dias da exploração de petróleo, cinco missionários do SIL foram encontrados mortos com lanças huaorani espetadas no corpo. Mais tarde, os huaoranis alegaram que fizeram isso para enviar uma mensagem à SIL para ficar fora dali. A mensagem foi desdenhada. Na verdade, ela acabou tendo o efeito contrário. Rachel Saint, a irmã de um dos homens assassinados, viajou pelos Estados Unidos, aparecendo na televisão nacional para levantar dinheiro para apoiar o SIL e as companhias petrolíferas, que ela afirmava estarem ajudando os "selvagens" a tornarem-se civilizados e instruídos.

O SIL recebeu dinheiro das instituições de caridade Rockefeller. Jaime Roldós afirmou que essas ligações com Rockefeller comprovavam que o SIL era realmente um movimento deliberado para roubar as terras indígenas e promover a exploração do petróleo; o herdeiro da família John D. Rockefeller fundara a Standard Oil — que mais tarde desmembrou-se em outras grandes empresas, incluindo a Chevron, a Exxon e a Mobil.[1]

Roldós me impressionou como um homem que trilhava o caminho aberto por Torrijos. Ambos afrontavam os maiores superpoderes do mundo. Torrijos queria de volta a posse do Canal, enquanto a posição fortemente nacionalista de Roldós em relação ao petróleo ameaçava as empresas mais influentes do mundo. Assim como Torrijos, Roldós não era um comunista, mas em vez disso defendia o direito do seu país de determinar o próprio destino. E assim como haviam feito com Torrijos, os sábios previram que as grandes empresas e Washington nunca iriam tolerar Roldós como presidente, que se eleito ele encontraria um destino semelhante ao de Arbenz na Guatemala ou Allende no Chile.

Tive a impressão de que os dois homens juntos podiam ser a ponta de lança de um novo movimento na política latino-americana e que esse movimento poderia se constituir na base das mudanças que poderiam afetar todos os países do planeta. Esses homens não eram Castros ou Kadhafis. Eles não estavam ligados à Rússia ou à China ou, como no caso de Allende, ao movimento socialista internacional. Eles eram líderes populares, inteligentes, carismáticos que eram pragmáticos em vez de dogmáticos. Eles eram nacionalistas mas não contra os americanos. Se a corporatocracia erigia-se sobre três pilares — as maiores corporações, os bancos internacionais e um conluio governamental — Roldós e Torrijos tinham nas mãos a possibilidade de remover o pilar do conluio governamental.

Uma parte importante da plataforma de Roldós era o que se tornou conhecido como a Política dos Hidrocarbonetos. Essa política baseava-se na premissa de que a maior fonte de recursos do Equador era o petróleo e que toda a exploração futura desse recurso deveria ser feita de uma maneira que trouxesse o maior benefício para a maior porcentagem da população. Roldós acreditava firmemente na obrigação do Estado de dar assistência aos pobres e desprivilegiados. Ele expressava esperança em que a Política de Hidrocarbonetos poderia de verdade ser usada como um instrumento para desencadear as reformas sociais. Contudo, ele precisava andar na corda bamba; porque sabia que no Equador, a exemplo de muitos outros países, ele poderia não ser eleito sem o apoio de pelo menos algumas das famílias mais influentes, e que mesmo se conseguisse vencer sem elas, nunca veria o seu programa implementado sem esse apoio.

Eu pessoalmente me senti aliviado pelo fato de Carter ser o ocupante da Casa Branca durante esse período crucial. A despeito das pressões da Texaco e outras sociedades petrolíferas, Washington permaneceu relativamente fora de cena. Eu sabia que esse não fora o caso na maior parte das outras administrações — republicanas ou democratas.

Acima de qualquer outra questão, eu acreditava que fora a Política dos Hidrocarbonetos que convenceu os equatorianos a colocar Jaime Roldós no Palácio Presidencial em Quito — o primeiro presidente democraticamente eleito do país depois de uma longa série de ditadores. Ele delineou a base dessa política no seu discurso de posse em 10 de agosto de 1979:

> Precisamos tomar medidas eficazes para defender os recursos energéticos da nação. O Estado (deve) manter a diversificação das suas exportações e não perder a sua independência econômica... As nossas decisões serão inspiradas somente pelos interesses nacionais e pela defesa irrestrita dos nossos direitos soberanos.[2]

Uma vez empossado, Roldós se concentraria na Texaco, já que na época a empresa se tornara a maior operação local no jogo do petróleo. Foi um relacionamento extremamente duro. A gigante do petróleo não confiou no novo presidente e não quis tomar parte de nenhuma política que estabelecesse novos precedentes. A empresa estava muito consciente de que essas políticas podiam servir como modelo em outros países.

Um discurso pronunciado por um conselheiro de confiança de Roldós, José Carvajal, resumiu a postura da nova administração:

> Se um parceiro [Texaco] não quiser correr riscos, fazer investimentos para exploração, ou para explorar áreas de uma concessão petrolífera, o outro parceiro tem o direito de fazer aqueles investimentos e então assumir como o proprietário...
>
> Acreditamos que as nossas relações com empresas estrangeiras têm de ser justas; temos de ser duros na luta; temos de estar preparados para todos os tipos de pressões, mas não devemos demonstrar receio ou um complexo de inferioridade ao negociar com esses estrangeiros.[3]

No dia de ano-novo, em 1980, tomei uma resolução. Era o início de uma nova década. Em 28 dias, eu completaria 35 anos de idade. Resolvi que durante o ano seguinte faria a maior mudança da minha vida e que no futuro tentaria me moldar tomando como exemplo heróis modernos como Jaime Roldós e Omar Torrijos.

Então alguma coisa chocante aconteceu. De um ponto de vista de lucratividade, Bruno tinha sido o mais bem-sucedido presidente da história da MAIN. Não obstante, de repente e sem avisar, Mac Hall o demitiu.

CAPÍTULO 25

Eu Me Demito

A demissão de Bruno por Mac Hall atingiu a MAIN como um terremoto. Ela causou tumultos e desentendimentos em toda a empresa. Bruno tinha a sua cota de inimigos, mas até mesmo alguns deles ficaram pasmos. Para muitos funcionários era óbvio que o motivo fora ciúme. Durante as discussões nas mesas do almoço ou junto ao carrinho de café, as pessoas geralmente confessavam que pensavam que Hall sentia-se ameaçado por aquele homem que fora durante mais de quinze anos o subalterno dele e que conseguira alçar a empresa a novos níveis de lucratividade.

"Hall não poderia permitir que Bruno continuasse parecendo tão bom", declarou um homem. "Hall devia saber que era só uma questão de tempo até Bruno assumir o comando e mandar o homem mais velho pastar."

Como se para provar essas teorias, Hall indicou Paul Priddy como o novo presidente. Paul era vice-presidente da MAIN havia anos e era um engenheiro amável e minucioso. Na minha opinião, também lhe faltava um certo brilho, um indivíduo servil que se inclinaria a todos os caprichos do presidente nunca o ameaçaria com lucros estratosféricos. Muitos compartilhavam da minha opinião.

Para mim, a saída de Bruno foi devastadora. Ele fora um mentor pessoal e um fator essencial no nosso trabalho internacional. Priddy, por outro lado, concentrara-se nas tarefas domésticas e pouco sabia a respeito da verdadeira natureza dos nossos papéis no exterior. Eu não tinha dúvida de para onde a empresa se encaminharia a partir daquele momento. Liguei para Bruno na casa dele e ele foi comedido.

"Bem, John, ele sabia que não tinha uma causa", disse a respeito de Hall, "então eu exigi uma excelente indenização e recebi. Mac controla um enorme bloco de ações com direito a voto, e uma vez que agiu assim não havia mais nada a fazer." Bruno observou que estava avaliando diversas ofertas de cargos de alto nível em bancos multinacionais que haviam sido nossos clientes.

Perguntei-lhe o que ele achava que eu deveria fazer.

"Fique com os olhos abertos", aconselhou ele. "Mac Hall perdeu a noção da realidade, mas ninguém vai lembrá-lo disso... especialmente agora, depois do que ele me fez."

No fim de março de 1980, ainda vacilante por causa da demissão, saí de férias para velejar nas Ilhas Virgens. Fui acompanhado por "Mary", uma jovem que também trabalhava na MAIN. Embora eu não pensasse nisso quando escolhi o lugar, agora sei que a história de região foi um fator importante para me ajudar a tomar uma decisão que começaria a satisfazer a minha decisão de ano-novo. A primeira sugestão manifestou-se no começo de uma tarde enquanto dávamos a volta à ilha de St. John e entramos no canal Sir Francis Drake, que separa as Ilhas Virgens americanas das britânicas.

O canal tinha esse nome, é claro, em homenagem ao inglês que foi o tormento das frotas de ouro espanholas. O fato me lembrou das muitas ocasiões durante a última década em que pensei sobre piratas e outras figuras históricas, homens como Drake e Sir Henry Morgan, que roubavam, pilhavam e exploravam, e ainda assim eram louvados — até mesmo consagrados cavalheiros — pelas suas atividades. Eu sempre me perguntara por que, considerando que eu crescera respeitando gente daquele tipo, eu devia ter escrúpulos em relação a explorar países como a Indonésia, o Panamá, a Colômbia e o Equador. Muitos dos meus heróis — Ethan Allen, Thomas Jefferson, George Washington, Daniel Boone, Davy Crockett, Lewis e Clark, para citar apenas alguns — haviam explorado os índios, escravos e terras que não lhes pertenciam, e eu recorrera aos seus exemplos para aliviar a minha culpa. Agora, velejando pelo canal Sir Francis Drake, eu percebia a insensatez das minhas racionalizações no passado.

Lembrei-me de algumas coisas que convenientemente ignorara ao longo dos anos. Ethan Allen passou vários meses confinado em infectos navios-prisões britânicos, a maior parte do tempo atado a quinze quilos de grilhões de ferro, e depois mais tempo em uma masmorra inglesa. Ele foi um prisioneiro de guerra, capturado na Batalha de Montreal em 1775 enquanto lutava pelo mesmo tipo de liberdade que Jaime Roldós e Omar Torrijos agora enfrentavam pelo seu povo. Thomas Jefferson, George Washington e todos os outros Pais Fundadores arriscaram a vida por ideais semelhantes. A vitória da revolução não era a conclusão final; eles entendiam que se perdessem, seriam enforcados como traidores. Daniel Boone, Davy Crockett e Lewis e Clark também enfrentaram grandes vicissitudes e fizeram muitos sacrifícios.

E quanto a Drake e Morgan? Eu estava um pouco confuso quanto àquele período da história, mas me lembrava que a Inglaterra protestante se considerava cruelmente ameaçada pela Espanha católica. Eu tinha de admitir a possibilidade de que Drake e Morgan se converteram à pirataria no sentido de atingir o cerne do império espanhol, aqueles navios carregados de ouro, para defender a santidade da Inglaterra, e não por um simples desejo de grandeza pessoal.

Enquanto navegávamos pelo canal, bordejando de acordo com o vento, aproximando-nos das montanhas que se erguiam diretamente do mar — as ilhas Great Thatch ao norte e St. John ao sul —, eu não conseguia apagar esses pensamentos da minha mente. Mary me ofereceu uma cerveja e aumentou o volume de uma canção de Jimmy Buffett. Ainda assim, apesar da beleza que me envolvia e o sentimento de liberdade que velejar normalmente proporciona, eu sentia raiva. Tentei aplacá-la. Engoli de vez a cerveja.

A emoção não se desvanecia. Eu estava com raiva por causa daquelas vozes da história e a maneira como as usara para racionalizar a minha própria ambição. Estava furioso com os meus pais, e com Tilton — aquela hipócrita escola preparatória na colina — por me impor toda aquela história. Abri outra lata de cerveja. Eu devia ter matado Mac Hall pelo que ele fizera a Bruno.

Um barco de madeira com uma bandeira de arco-íris passou por nós, as velas abertas de ambos os lados, aproveitando o vento de popa para descer o canal. Uma meia dúzia de jovens, homens e mulheres, gritaram e acenaram para nós, *hippies* em sarongues de cores vibrantes, um casal completamente nu no convés de proa. Era óbvio, a julgar pelo barco em si e a aparência deles, que viviam a bordo, uma sociedade comunitária, piratas modernos, livres, desinibidos.

Tentei acenar em resposta mas a minha mão não obedeceu. Sentia-me assoberbado de inveja.

Mary ficou em pé no convés, observando-os enquanto se distanciavam da nossa popa. "Como alguém pode gostar de uma vida dessas?", exclamou.

E então eu compreendi. Não tinha nada a ver com os meus pais, Tilton, nem Mac Hall. Era a *minha vida* que eu odiava. A minha. A pessoa responsável, o único culpado, era eu.

Mary gritou qualquer coisa. Ela apontava para a curva do estibordo. Ela se aproximou de mim. "Baía Leinster", comentou. "O nosso ancoradouro desta noite."

Ali estava, semi-oculta na ilha St. John, uma caverna onde os navios piratas ficavam à espera das frotas de ouro quando elas passavam por aquelas águas. Aproximei-me do local, passei o leme a Mary e adiantei-me para a proa. Enquanto ela conduzia o barco ao redor do recife Watermelon e para dentro da linda baía, eu me abaixei e desci a vela de proa, em seguida retirei a âncora da sua caixa. Ela desceu suavemente a vela grande. Eu soltei a âncora ao lado do barco; a corrente afundou na água cristalina e o barco derivou até parar.

Depois de nos acomodarmos, Mary nadou um pouco e tirou uma soneca. Eu deixei-lhe um bilhete e saí com o caíque para a praia, encostando num ponto exatamente abaixo das ruínas de uma antiga fazenda de cana-de-açúcar. Fiquei ali sentado junto à água por um bom tempo, tentando não pensar, concentrando-me em me esvaziar de toda emoção. Mas não funcionou.

No fim da tarde, subi penosamente a colina escarpada e me vi no alto das paredes em ruínas dessa antiga feitoria, olhando para o nosso veleiro ancorado lá embaixo. Observei o sol se pôr no mar do Caribe. Tudo parecia muito idílico, ainda assim eu sabia que a feitoria ao meu redor fora o cenário de um sofrimento incalculável; centenas de escravos africanos teriam morrido ali — forçados sob a mira das armas de fogo a construir a mansão imponente, a plantar e colher a cana e a fazer funcionar o engenho que transformava o açúcar cru em ingrediente básico para o rum. A tranqüilidade do lugar mascarava a sua história de brutalidade, assim como mascarava a raiva que surgira dentro de mim.

O sol desapareceu por trás de uma ilha montanhosa. Um vasto arco avermelhado espalhou-se por todo o céu. O mar escureceu e eu me vi face a face com o fato chocante de que eu também fora um traficante de escravos, que o meu trabalho na MAIN não tivera a ver apenas com usar a dívida para atrair países pobres ao império mundial. As minhas previsões inflacionadas não eram meramente instrumentos para assegurar que quando o meu país precisasse de petróleo nós poderíamos cobrar a nossa dívida, e a minha posição como um sócio não tinha simplesmente a ver com aumentar a lucratividade da empresa. O meu trabalho também tinha a ver com pessoas e as suas famílias, pessoas parecidas com as que tinham morrido para construir a parede sobre a qual eu me encontrava sentado, pessoas que eu tinha explorado.

Durante dez anos, eu fora herdeiro daqueles traficantes de escravos que iam para as selvas africanas e carregavam homens e mulheres para os navios à espera. O meu método fora mais moderno, mais sutil — eu nunca vira os mortos, sentira o cheiro da carne pútrida, nem ouvira os clamores de agonia. Mas o que eu fizera era igualmente sinistro e porque eu podia me afastar disso, porque eu podia me desligar dos aspectos pessoais, os corpos, a carne e os clamores, talvez no cômputo final eu fosse um pecador ainda maior.

Olhei de novo para o veleiro que se agüentava na âncora, derivando com a maré vazante. Mary estava recostada no convés, provavelmente bebericando uma margarita e esperando para me oferecer uma. Naquele momento, vendo-a ali naquela última luz do dia, tão relaxada, tão confiante, fui tomado pelo que estava fazendo a ela e a todos os outros que trabalhavam para mim, as maneiras como os estava convertendo a AEs. Eu estava fazendo com eles o que Claudine fizera comigo, mas sem a honestidade de Claudine. Eu os estava seduzindo por meio de aumentos e promoções a serem escravos, e ainda assim eles, como eu, também estavam acorrentados ao sistema. Eles também estavam escravizados.

Desliguei-me do mar, da baía e do céu avermelhado. Fechei os olhos para as paredes que haviam sido construídas por escravos arrancados dos seus lares na África. Tentei apagar tudo. Quando abri os olhos, vi um grande bastão trabalhado, tão grosso quanto um bastão de beisebol e duas vezes mais comprido. Levantei-me, peguei o bastão e comecei a bater com ele as paredes de pedra. Bati naquelas paredes até cair exausto. Fiquei deitado na grama por um bom tempo, observando as nuvens passando acima no céu.

Por fim refiz o caminho de volta ao caíque. Fiquei ali na praia, olhando para o nosso veleiro ancorado nas águas azuladas, e entendi o que precisava fazer. Sabia que se quisesse voltar à minha vida anterior, para a MAIN e tudo o que ela representava, estaria perdido para sempre. Os aumentos de salário, a aposentadoria, o seguro e as gratificações, a participação nos lucros... Por quanto mais tempo eu permanecesse, mais difícil seria para sair. Eu havia me tornado um escravo. Poderia continuar a me bater como batera naquelas paredes de pedra, ou poderia fugir.

Dois dias depois voltei a Boston. Em 1º de abril de 1980, entrei na sala de Paul Priddy e pedi demissão.

QUARTA PARTE:
1981–PRESENTE

CAPÍTULO 26

Morte de Presidente no Equador

Sair da MAIN não foi fácil; Paul Priddy recusou-se a acreditar em mim. "Dia da Mentira", ele piscou para mim.

Eu garanti para ele que era a sério. Lembrando-me do conselho de Paula de que não devia fazer nada para contrariar ninguém ou dar causa para suspeita que pudesse expor o meu trabalho como AE, enfatizei que agradecia por tudo o que a MAIN havia feito por mim mas que precisava seguir a minha vida. Sempre quisera escrever sobre as pessoas que a MAIN me apresentara ao redor do mundo, mas nada de cunho político. Disse que queria ser um colaborador eventual da *National Geographic* e de outras revistas e continuar a viajar. Declarei a minha lealdade à MAIN e jurei elogiá-la em todas as oportunidades. Finalmente, Paul desistiu.

Depois disso, todo mundo tentou me convencer a não sair. Lembravam-me de como eu era bom naquele trabalho e cheguei mesmo a ser acusado de insanidade. Cheguei à conclusão de que ninguém queria aceitar o fato de que eu estava saindo voluntariamente, ao menos em parte, porque isso forçava que olhassem para si mesmos. Se eu não estivesse louco para sair, então ele podia ter de considerar a própria sanidade por ficar. Era mais fácil me considerar uma pessoa que perdera o juízo.

Particularmente perturbadoras foram as reações entre o meu pessoal. Aos olhos deles, eu os estava abandonando, e aparentemente não havia um sucessor forte. No entanto, eu tinha me convencido. Depois de todos aqueles anos de vacilação, agora eu estava determinado a fazer uma limpeza.

Infelizmente, as coisas não se resolveram daquela maneira. Na verdade, eu nem tinha mais um trabalho, mas uma vez que estava longe de ser um verdadeiro sócio na acepção da palavra, a venda das minhas ações não era suficiente para a minha aposentadoria. Se eu tivesse ficado na MAIN por mais alguns anos, podia ter-me tornado o milionário de 40 anos de idade que imaginara; no entanto, aos 35 eu tinha um longo caminho para atingir o meu objetivo. Era um frio e melancólico abril em Boston.

Então um dia Paul Priddy me telefonou e implorou para que eu fosse ao seu escritório. "Um dos nossos clientes ameaça nos deixar", informou ele. "Eles nos contrataram porque queriam que você os representasse num julgamento na posição de testemunha especializada."

Pensei bastante no assunto. No momento em que me sentei em frente à mesa de Paul, já tinha tomado a minha decisão. Estabeleci o meu preço — um adiantamento que era mais de três vezes o meu salário anterior na MAIN. Para a minha surpresa, ele concordou, e aquilo foi para mim o começo de uma nova carreira.

Durante os vários anos seguintes, eu estava empregado como uma testemunha especializada altamente remunerada — basicamente por empresas de serviços públicos de fornecimento de energia elétrica americanas querendo ter novas usinas aprovadas para construção por comissões de serviços públicos. Um dos meus clientes era a Public Service Company de New Hampshire. O meu trabalho foi justificar, sob juramento, a viabilidade econômica da altamente controvertida usina nuclear de energia Seabrook.

Embora eu não estivesse mais diretamente envolvido com a América Latina, continuei a acompanhar os acontecimentos por lá. Como uma testemunha especializada, sobrava-me muito tempo entre um aparecimento e outro num julgamento. Continuei em contato com Paula e renovei antigas amizades dos meus tempos do Corpo de Paz no Equador — um país que de repente saltara para o centro das atenções no mundo da política internacional do petróleo.

Jaime Roldós estava avançando. Ele levou a sério as promessas de campanha e estava lançando um ataque generalizado contra as companhias petrolíferas. Ele parecia ver com clareza as coisas que os outros em ambos os lados do Canal do Panamá não percebiam ou preferiam ignorar. Ele entendeu as correntes ocultas que ameaçavam converter o mundo num império mundial e a relegar os cidadãos do seu país a um papel muito secundário, beirando a escravidão. Conforme li em artigos de jornal sobre ele, ficava impressionado não só pelo empenho que ele demonstrava, mas também pela sua capacidade de perceber as questões mais profundas. E as questões mais profundas apontavam para o fato de que estávamos entrando numa nova era da política mundial.

Em novembro de 1980, Carter perdeu a eleição presidencial americana para Ronald Reagan. O Tratado do Canal do Panamá que ele havia negociado com Torrijos, e a situação no Irã, especialmente os reféns mantidos na Embaixada americana e a fracassada tentativa de resgate, foram os fatores mais importantes. No entanto, algo mais sutil estava acontecendo. Um presidente cuja maior meta era a paz mundial e que estava dedicado a reduzir a dependência americana do petróleo era substituído por um homem que acreditava que o lugar de direito dos Estados Unidos era no topo de uma pirâmide mundial mantido pela força militar, e que controlar os campos de petróleo onde quer que eles existissem era parte do nosso Destino Manifesto. Um presidente que instalara painéis solares nos salões da Casa Branca era substituído por outro que, imediatamente depois de ocupar o Salão Oval, mandou retirar todos.

Carter pode ter sido um político ineficaz, mas tinha uma visão para os Estados Unidos que era coerente com aquela definida na nossa Declaração de Independência. Olhando para trás, agora ele parece ingenuamente arcaico, um retorno aos ideais que moldaram esse país e atraíram tantos dos nossos avós para as suas praias. Quando o comparamos com os seus predecessores e sucessores imediatos, ele é uma anomalia. A visão de mundo dele era incoerente com a dos AEs.

Reagan, por outro lado, era mais definidamente um construtor do império mundial, um escravo da corporatocracia. Na época da eleição dele, eu a achei bem de acordo com o que ele era: um ator de Hollywood, um homem que seguia ordens baixadas por magnatas, que sabia que direção seguir. Essa seria a assinatura dele. Ele iria satisfazer os homens que entravam e saíam de escritórios de CEO corporativos para diretorias de bancos e para dentro dos salões do governo — homens como o vice-presidente George H. W. Bush, o secretário de Estado George Shultz, o secretário da Defesa Caspar Weinberger, Richard Cheney, Richard Helms e Robert McNamara. Ele defenderia o que aqueles homens quisessem: os Estados Unidos que controlassem o mundo e todos os seus recursos, um mundo que respondesse aos comandos dos Estados Unidos, um país militarista que cumpriria as leis como elas estavam escritas pelos Estados Unidos, e um sistema internacional de comércio e bancário que apoiasse os Estados Unidos como o CEO do império mundial.

Quando olhei para o futuro, parecia que estávamos entrando num período que seria muito bom para os AEs. Era outra distorção do fato de que eu escolhera esse momento da história para cair fora. Quanto mais eu refletia a respeito, no entanto, melhor me sentia. Sabia que o meu senso de oportunidade estava certo.

A respeito do que poderia significar a longo prazo, eu não tinha bola de cristal; no entanto, sabia pela história que os impérios não duram para sempre e que o pêndulo sempre oscila em ambas as direções. Do meu ponto de vista, homens como Roldós ofereciam esperança. Eu estava certo de que o novo presidente do Equador compreendia muitas das sutilezas da situação corrente. Eu sabia que ele fora um admirador de Torrijos e aplaudira Carter pela sua posição corajosa na questão do Canal do Panamá. Eu tinha certeza de que Roldós não iria titubear. Só podia esperar que a fortaleza dele acendesse uma vela pelos líderes dos outros países, que precisavam do tipo de inspiração que ele e Torrijos podiam oferecer.

No início de 1981, a administração Roldós apresentou formalmente a sua nova lei dos hidrocarbonetos ao Congresso Equatoriano. Se fosse implementada, ela reformaria a relação do país com as companhias petrolíferas. Sob muitos pontos de vista, ela era considerada revolucionária e até mesmo radical. Ela certamente visava mudar a maneira como os negócios eram conduzidos. A sua influência se estenderia para além do Equador, para muito além da América Latina e para todo o mundo.[1]

As companhias petrolíferas reagiram como previsível — lançaram mão de todos os recursos disponíveis. O seu pessoal de relações públicas começou a trabalhar para aviltar Jaime Roldós e os seus lobistas esquadrinharam Quito e Washington, as pastas cheias de ameaças e subornos. Eles tentaram pintar o primeiro presidente democraticamente eleito do Equador nos tempos modernos como outro Castro. Mas Roldós não se deixaria intimidar. Ele reagiu denunciando a conspiração entre a política e o petróleo — e a religião. Ele acusou abertamente o Summer Institute of Linguistics de conluio com as companhias petrolíferas e então, em um gesto de extrema coragem — talvez temeridade — ordenou que o SIL deixasse o país.[2]

Apenas algumas semanas depois de enviar o seu pacote legislativo para o Congresso, e uns dois dias depois de expulsar os missionários do SIL, Roldós advertiu todos os interesses externos, incluindo mas não limitado às companhias petrolíferas, de que, a menos que implementassem planos que ajudassem o povo do Equador, seriam forçados a deixar o país. Ele fez um importante discurso no Estádio Olímpico de Atahualpa, em Quito, e então se encaminhou para uma pequena comunidade no sul do Equador.

Ele morreu ali na queda e explosão do seu helicóptero, em 24 de maio de 1981.[3]

O mundo ficou chocado. Os latino-americanos sentiram-se ultrajados. Os jornais de todo o hemisfério verberavam: "Assassínio da CIA!" Além do fato de que Washington e as companhias petrolíferas o odiassem, muitas circunstâncias pareciam sustentar essas afirmações e tais suspeitas foram intensificadas à medida que mais fatos se tornaram conhecidos. Nada jamais ficou provado, mas as testemunhas afirmaram que Roldós, advertido sobre uma tentativa contra a sua vida, tomara precauções, incluindo viajar em dois helicópteros. No último momento, um dos seus funcionários da segurança convenceu-o a embarcar no helicóptero usado como engodo. Foi o que explodiu.

Apesar da reação mundial, as notícias mal repercutiram na imprensa americana.

Osvaldo Hurtado assumiu como o presidente do Equador. Ele reintegrou o Summer Institute of Linguistics e as companhias petrolíferas que o patrocinavam. No fim do ano, ele já lançava um programa ambicioso para aumentar a prospecção de petróleo pela Texaco e outras companhias estrangeiras no golfo de Guayaquil e na bacia Amazônica.[4]

Omar Torrijos, num panegírico a Roldós, referiu-se a ele como "irmão". Ele também confessou ter pesadelos sobre o seu próprio assassínio; ele se via caindo do céu numa gigantesca bola de fogo. Foi uma visão profética.

CAPÍTULO 27

Panamá: Outra Morte Presidencial

Fiquei assombrado com a morte de Roldós, mas talvez devesse não ter ficado. Eu era tudo menos ingênuo. Sabia sobre Arbenz, Mossadegh, Allende — e sobre muitas outras pessoas cujos nomes nunca chegaram aos jornais ou livros de história mas cujas vidas foram aniquiladas e às vezes eliminadas porque se interpuseram no caminho da corporatocracia. De qualquer maneira, eu fiquei chocado. Aquilo era simplesmente muito espalhafatoso.

Eu havia concluído, depois do nosso sucesso fenomenal na Arábia Saudita, que ações tão brutalmente não dissimuladas fossem coisa do passado. Pensei que os chacais tivessem sido relegados aos zoológicos. Agora via que estava errado. Não tinha dúvida de que a morte de Roldós não fora um acidente. Ela apresentava todas as marcas de um assassínio orquestrado pela CIA. Entendi que fora executada assim com tanto estardalhaço com a finalidade de dar um recado. A nova administração Reagan, completada com a imagem acessível de caubói hollywoodiano do presidente, era o meio ideal para transmitir essa mensagem. Os chacais estavam de volta e queriam que Omar Torrijos e quem quer que pudesse considerar uma aproximação com a corporatocracia soubessem disso.

Mas Torrijos não se curvou. Assim como Roldós, ele se recusava a ser intimidado. Ele também expulsou o Summer Institute of Linguistics e teimosamente se recusava a aceitar as exigências da administração Reagan para renegociar o Tratado do Canal.

Dois meses depois da morte de Roldós, o pesadelo de Omar Torrijos se concretizou; ele morreu num desastre de avião. Foi em 31 de julho de 1981.

A América Latina e o mundo sentiram uma vertigem. Torrijos era conhecido em todo o mundo; ele era respeitado como o homem que forçara os Estados Unidos a abandonar o Canal do Panamá aos seus donos de direito e que continuara a fazer frente a Ronald Reagan. Ele era um defensor dos direitos humanos, o chefe de Estado que abrira os braços para refugiados de ambos os lados do espectro político, incluindo o xá do Irã, uma voz carismática pela justiça social que, muito se acreditava, seria indicado para o Prêmio Nobel da Paz. Agora ele estava morto. "Assassínio da CIA!", uma vez mais clamavam os títulos de artigos e editoriais.

Graham Greene começou o seu livro *Getting to Know the General*, aquele que resultaria da viagem em que o conheci no Hotel Panama, com o seguinte parágrafo:

> Em agosto de 1981, minha mala estava pronta para a minha quinta visita ao Panamá quando recebi um telefonema com a notícia da morte do general Omar Torrijos Herrera, meu amigo e anfitrião. O pequeno avião em que ele voava para uma casa que comprara em Coclesito, nas montanhas do Panamá, espatifou-se no solo e não houve sobreviventes. Alguns dias depois, o chefe da sua guarda de segurança, o sargento Chuchu, aliás José de Jesús Martínez, ex-professor de filosofia marxista na Universidade do Panamá, professor de matemática e poeta, contou-me: "Havia uma bomba no avião. Eu *sabia* que havia uma bomba no avião, mas não podia contar-lhe pelo telefone".[1]

Por toda parte as pessoas lamentaram a morte desse homem que ganhara a reputação de defensor dos pobres e desamparados, e o clamor produzido pressionou Washington para iniciar investigações sobre as atividades da CIA. No entanto, isso não deveria acontecer. Havia homens que odiavam Torrijos e a lista incluía pessoas com imenso poder. Antes da sua morte, declararam publicamente a sua repugnância por ele o presidente Reagan, o vice-presidente Bush, o secretário de Defesa Weinberger, e os chefes do Estado-Maior Conjunto, assim como os CEOs de muitas corporações influentes.

Os chefes militares estavam especialmente irados com as cláusulas do Tratado Torrijos-Carter que os forçara a fechar a Escola das Américas e o centro bélico tropical do Comando Sul americano. Os chefes tinham assim um problema sério. Enquanto tinham de descobrir uma maneira de contornar o novo tratado, ao mesmo tempo precisavam encontrar outro país que quisesse abrigar aquelas instalações — uma sondagem provavelmente infrutífera nas décadas finais do século XX. É claro que havia também uma outra opção: desfazer-se de Torrijos e renegociar o tratado com o seu sucessor.

Entre os inimigos corporativos de Torrijos incluíam-se as gigantescas multinacionais. A maioria tinha laços estreitos com políticos americanos e estavam envolvidas na exploração de mão-de-obra e recursos naturais latino-americanos — petróleo, companhias madeireiras, estanho, cobre, bauxita e lavouras. Eles incluíam indústrias manufatureiras, empresas de comunicação, conglomerados de transporte e despachos navais e construtoras e outras corporações de orientação tecnológica.

O Bechtel Group, Inc. era um exemplo típico do relacionamento ideal entre empresas privadas e o governo americano. Eu conhecia bem a Bechtel; na MAIN muitas vezes trabalhamos em conjunto com a empresa e o seu arquiteto-chefe tornou-se um amigo íntimo meu. A Bechtel era a empresa de engenharia e construção mais influente dos Estados Unidos. Entre o seu presidente e funcionários mais graduados incluíam-se George Shultz e Caspar Weinberger, que detestavam Torrijos porque ele tivera o atrevimento de cortejar um plano japonês para substituir o atual Canal do Panamá por outro novo e mais eficiente.[2] Essa providência não só transferiria a propriedade dos Estados Unidos para o Panamá como também excluiria a Bechtel da participação no mais excitante e potencialmente lucrativo projeto de engenharia do século.

Torrijos enfrentou aqueles homens e o fez com elegância, charme e um maravilhoso senso de humor. Agora que ele estava morto, e fora substituído por um protegido, Manuel Noriega, um homem que não tinha a mesma perspicácia, carisma e inteligência de Torrijos e um homem que muitos suspeitavam não ter a menor possibilidade contra os Reagans, Bushes e Bechtels do mundo.

Eu fiquei pessoalmente arrasado com a tragédia. Passei muitas horas refletindo sobre as minhas conversas com Torrijos. No meio de uma noite, fiquei um longo tempo sentado olhando para a fotografia dele numa revista e me recordando da minha primeira noite no Panamá, dentro de um táxi no meio da chuva, parado diante de um gigantesco cartaz dele numa parede. "O ideal de Omar é a liberdade; ainda não se inventou um míssil que possa matar esse ideal!" A lembrança dessa inscrição me fez sentir um arrepio, o mesmo que sentira naquela noite tempestuosa.

Eu podia não ter sabido na época que Torrijos colaboraria com Carter para devolver o Canal do Panamá para o povo que merecia por direito ser o seu proprietário, ou que essa vitória, juntamente com as tentativas de reconciliar as diferenças entre os socialistas latino-americanos e os ditadores, deixariam tão enfurecida a administração Reagan-Bush a ponto de querer assassiná-lo.[3] Eu não poderia ter sabido que em outra noite escura ele seria morto durante um vôo de rotina no seu Twin Otter, ou que a maior parte do mundo fora dos Estados Unidos não teria dúvida de que a morte de Torrijos aos 52 anos de idade era simplesmente mais um de uma série de assassínios cometidos pela CIA.

Tivesse Torrijos sobrevivido e ele sem nenhuma dúvida teria buscado aplacar a crescente violência que se espalhou por tantos países das Américas Central e do Sul. Com base no histórico dele, podemos supor que ele teria tentado costurar um acordo para mitigar a destruição pelas companhias petrolíferas internacionais de regiões amazônicas no Equador, na Colômbia e no Peru. Um resultado dessa ação seria o alívio dos terríveis conflitos que Washington chama de terroristas e guerra do tráfico, mas que Torrijos teria considerado como ações desencadeadas por pessoas desesperadas para proteger as suas famílias e lares. Mais importante ainda, acho certo que ele teria servido como um modelo exemplar para uma nova geração de líderes das Américas, da África e da Ásia — algo que a CIA, a ASN e os AEs não poderiam permitir.

CAPÍTULO 28

A Minha Empresa de Energia, a Enron e George W. Bush

Na época da morte de Torrijos, fazia vários meses que eu não me encontrava com Paula. Estava saindo com outras mulheres, incluindo Winifred Grant, uma jovem projetista ambiental que conhecera na MAIN, e cujo pai por acaso era o arquiteto-chefe da Bechtel. Paula estava saindo com um jornalista colombiano. Continuamos amigos mas concordamos em cortar os nossos laços amorosos.

Mergulhei no meu trabalho de testemunha especializada, especialmente para justificar a usina nuclear da Seabrook. Era sempre como se eu estivesse me vendendo, voltando a um papel que desempenhara apenas por dinheiro. Winifred foi uma ajuda imensa para mim durante esse período. Ela era uma ambientalista confessa, ainda que entendesse as necessidades práticas do fornecimento de quantidades cada vez maiores de eletricidade. Ela crescera na área de Berkeley, da East Bay de San Francisco e formara-se na UC Berkeley. Ela era uma livre-pensadora cujos pontos de vista sobre a vida contrastavam com os dos meus pais puritanos e os de Ann.

O nosso relacionamento evoluiu. Winifred ausentou-se da MAIN, e ambos velejamos no meu barco para o sul, pela costa do Atlântico até a Flórida. Aproveitamos o nosso tempo, muitas vezes deixando o barco em portos diferentes de modo que eu pudesse pegar um vôo de volta para prestar um testemunho especializado. Finalmente, velejamos até West Palm Beach, na Flórida, e alugamos um apartamento. Casamo-nos e a nossa filha, Jessica, nasceu em 17 de maio de 1982. Eu tinha na época 36 anos de idade; era muito mais velho do que todos os outros homens que estavam na classe Lamaze.

Parte do meu trabalho no caso Seabrook era convencer a Comissão do Serviço Público de New Hampshire de que a energia nuclear era a escolha melhor e mais econômica para a geração de eletricidade no Estado. Infelizmente, quanto mais eu estudava a questão, mais começava a duvidar da validade dos meus próprios argumentos. A literatura mudava o tempo todo na época, refletindo o avanço nas pesquisas, e as evidências indicavam cada vez mais que muitas das formas alternativas de energia eram tecnicamente superiores e mais econômicas que a energia nuclear.

O equilíbrio também estava começando a se afastar da antiga teoria de que a energia nuclear era segura. Questões sérias estavam sendo levantadas sobre a integridade dos sistemas de armazenamento, o treinamento de operadores, a tendência humana a cometer erros, a fadiga dos equipamentos e a inadequação do lixo nuclear. Eu pessoalmente fiquei pouco à vontade com a posição que esperavam que assumisse — era pago para assumir — sob juramento o que viesse a acontecer no julgamento. Ao mesmo tempo, eu estava ficando convencido de que algumas das tecnologias emergentes ofereciam métodos de geração de eletricidade que poderiam, na verdade, ajudar o ambiente. Isso se aplicava especialmente ao campo da geração de eletricidade a partir de substâncias anteriormente consideradas como produtos para o lixo.

Um dia eu informei os meus chefes na empresa de serviços de utilidade pública que não poderia mais testemunhar a seu favor. Desisti dessa muito lucrativa carreira e decidi criar uma empresa que tirasse algumas das novas tecnologias da prancheta e pusesse as teorias em prática. Winifred me apoiava totalmente, a despeito das incertezas do empreendimento e do fato de que, pela primeira vez na vida dela, ela estava agora começando uma família.

Vários meses depois do nascimento de Jessica em 1982, fundei a Independent Power Systems (IPS), uma empresa cuja missão incluía desenvolver usinas elétricas ambientalmente benéficas e estabelecer modelos para inspirar outras pessoas a fazer o mesmo. Era um negócio de alto risco, e a maioria dos nossos concorrentes acabou falindo. No entanto, algumas "coincidências" saíram em nosso socorro. Na verdade, eu estava certo de que muitas vezes alguém aparecia para ajudar, que eu estava sendo recompensado pelo meu serviço no passado e pelo meu compromisso de silêncio.

Bruno Zambotti aceitou um cargo de alto nível no Banco de Desenvolvimento Interamericano. Ele concordou em trabalhar na diretoria da IPS e ajudar a financiar a empresa nascente. Recebemos apoio do Bankers Trust; da ESI Energy; da Prudential Insurance Company; do Chadbourn and Park (um importante escritório de advocacia de Wall Street, do qual o ex-senador americano, candidato à presidência e secretário de Estado Ed Muskie, era sócio); e da Riley Stoker Corporation (uma empresa de engenharia, de propriedade da Ashland Oil Company, que criara e construíra caldeiras altamente sofisticadas e inovadoras de centrais de energia). Recebemos apoio até do Congresso americano, que excluiu a IPS de um determinado imposto, que depois nos deu uma vantagem significativa sobre a concorrência.

Em 1986, a IPS e a Bechtel simultaneamente — mas de maneira independente uma da outra — começaram a construção de usinas energéticas que usavam tecnologia inovadora, uma obra-prima mesmo, para queimar carvão sem produzir chuva ácida. No fim da década, essas duas fábricas haviam revolucionado o setor de serviços de utilidade pública, contribuindo diretamente para novas leis nacionais contra a poluição ao oferecer de uma vez e para sempre o que muitos assim chamados dejetos na verdade possam ser convertidos em eletricidade e que o carvão possa ser queimado sem criar chuva ácida, portanto dissipando as alegações de longa data das empresas de prestação de serviços de utilidade pública que afirmavam o contrário. A nossa fábrica também estabeleceu que aquelas tecnologias não provadas e avançadas poderiam ser financiadas por uma empresa pequena e independente, por meio de Wall Street e outros meios convencionais.[1] Como um benefício adicional, a usina elétrica da IPS enviava calor gerado por cata-ventos para uma estufa hidropônica de 2 hectares, em vez de poços de resfriamento ou torres de resfriamento.

O meu papel como presidente da IPS me deu uma visão de dentro do setor de energia. Eu lidava com algumas das pessoas mais influentes no negócio: advogados, lobistas, banqueiros investidores e executivos de alto nível das maiores empresas. Também tinha a vantagem de ter um sogro que passara quase trinta anos na Bechtel, conseguira chegar ao posto de arquiteto-chefe e agora estava encarregado de construir uma cidade na Arábia Saudita — um resultado direto do trabalho que eu havia feito no início da década de 1970, durante o Caso da Lavagem de Dinheiro da Arábia Saudita. Winifred crescera próximo à sede mundial em San Francisco da Bechtel e era também uma integrante da família corporativa; o primeiro emprego dela depois de se formar na UC Berkeley foi na Bechtel.

O setor de energia estava passando por uma importante reestruturação. As grandes empresas de engenharia estavam tramando para conseguir — ou pelo menos competindo com — as empresas de prestação de serviços públicos que antes aproveitavam os privilégios de monopólios locais. A desregulamentação era a palavra de ordem do dia, e as regras mudavam da noite para o dia. Abundavam oportunidades para que pessoas ambiciosas tirassem vantagem da situação que desconcertava os tribunais e o Congresso. Os sábios do setor a apelidaram na época de "Oeste Selvagem da Energia".

Uma vítima desse processo foi a MAIN. Conforme Bruno previra, Mac Hall perdera a noção da realidade e ninguém ousou apontar-lhe isso. Paul Priddy nunca reivindicou o seu controle e a administração da MAIN não só deixou de tirar vantagem das mudanças que varriam o setor como também cometeu uma série de erros fatais. Apenas alguns anos depois de Bruno apresentar os lucros recordes, a MAIN desistiu de seu papel de AE e estava em terríveis apuros financeiros. Os sócios venderam a MAIN a uma das maiores empresas de engenharia e construção que soubera aproveitar as suas cartas.

Embora eu tivesse recebido quase 30 dólares por cada uma de minhas ações em 1980, os sócios remanescentes conseguiram menos da metade dessa quantia, aproximadamente quatro anos depois. Assim cem anos de serviço orgulhoso acabaram em humilhação. Eu fiquei triste ao ver a empresa fechar, mas sentia-me vingado por ter saído quando saí. O nome MAIN continuou sob nova propriedade por algum tempo, mas então foi abandonado. O logo que tivera tamanho prestígio em países em todo o mundo caiu no esquecimento.

A MAIN foi um exemplo de uma empresa que não soube enfrentar a atmosfera de mudança do setor energético. No extremo oposto do espectro estava uma empresa que nós do meio achávamos fascinante: a Enron. Uma das empresas de maior crescimento do setor, ela parecia ter vindo do nada e imediatamente começou a fazer negócios monstruosos. A maioria das reuniões de negócios começava com alguns instantes de conversa ruidosa enquanto os participantes se acomodavam nos seus lugares, bebericavam xícaras de café e organizavam os seus documentos; naqueles dias a conversa ruidosa geralmente era a respeito da Enron. Ninguém de fora da empresa sequer imaginava como a Enron era capaz de fazer tais milagres. Os que trabalhavam na empresa simplesmente sorriam para nós de fora, e ficavam em silêncio. Ocasionalmente, quando pressionados, eles falavam sobre novas abordagens da administração, sobre "financiamento criativo" e sobre o seu compromisso de contratar executivos que conheciam os caminhos pelos corredores do poder nas capitais de todo o mundo.

Para mim, tudo isso parecia uma nova versão das antigas técnicas dos AEs. O império mundial avançava a passos rápidos.

Para aqueles de nós interessados no petróleo e no cenário internacional, havia outro assunto freqüentemente discutido: o filho do vice-presidente, George W. Bush. A primeira empresa de energia dele, a Arbusto (palavra espanhola para *bush)* era um fracasso que acabara resgatada por uma fusão em 1984 com a Spectrum 7. A Spectrum 7 se achava suspensa à beira da falência, e foi comprada, em 1986, pela Harken Energy Corporation; G. W. Bush foi mantido como membro e consultor da diretoria com um salário anual de 120 mil dólares.[2]

Todos presumimos que ter um pai que era o vice-presidente americano influenciara nessa decisão de contratação, uma vez que os resultados alcançados pelo mais jovem dos Bush como executivo de petróleo certamente não era garantia suficiente. Também parecia não haver coincidência que a Harken aproveitou essa oportunidade para se desmembrar no campo internacional pela primeira vez na história corporativa, e para começar efetivamente a busca de investimentos no petróleo no Oriente Médio. A revista *Vanity Fair* relatou: "Depois que Bush assumiu o seu cargo na diretoria, coisas maravilhosas começaram a acontecer para a Harken — novos investimentos, inesperadas fontes de financiamento, direitos de prospecção fantásticos.[3]

Em 1989, a Amoco negociava com o governo de Bahrain pelos direitos de prospecção na costa. Então o vice-presidente Bush foi eleito presidente. Pouco tempo depois, Michael Ameen — um consultor do Departamento de Estado foi designado para atualizar as informações junto ao embaixador americano confirmado para Bahrain, Charles Hostler — conseguido por reuniões entre o governo de Bahrain e a Harken Energy. De repente, a Amoco era substituída pela Harken. Embora a Harken não tivesse feito prospecções fora do sudeste dos Estados Unidos, e nunca em alto-mar, ela conseguiu direitos exclusivos de prospecção em Bahrain, algo anteriormente inaudito no mundo árabe. Dentro de algumas semanas, o preço das ações aumentaram acima de 20 por cento, de 4,50 dólares para 5,50 dólares por ação.[4]

Até mesmo o pessoal experiente no ramo da energia ficou chocado com o que aconteceu em Bahrain. "Espero que G. W. não esteja fazendo algo que o pai não vá pagar depois", declarou um advogado amigo meu que se especializara no setor de energia e também era um importante apoiador do Partido Republicano. Estávamos bebericando coquetéis no bar numa esquina de Wall Street, no topo do World Trade Center. Ele expressou assombro. "Imagino se realmente vale a pena", continuou, abanando a cabeça com tristeza. "Será que vale a pena arriscar a presidência pela carreira do filho?"

Eu estava menos surpreso do que os meus colegas, mas suponho que tivesse um ponto de vista privilegiado. Eu trabalhara para os governos do Kuwait, da Arábia Saudita, do Egito e do Irã, estava acostumado com a política do Oriente Médio e sabia que Bush, assim como os executivos da Enron, faziam parte da rede de relação que eu e os meus colegas AEs tínhamos criado; eles eram os senhores feudais e os donos dos latifúndios.[5]

CAPÍTULO 29

Eu Aceito um Suborno

Durante esse período da minha vida, compreendi que realmente havíamos começado uma nova era na economia mundial. Os acontecimentos postos em movimento enquanto Robert McNamara — o homem que servira como um dos meus modelos — reinara como secretário de Defesa e presidente do Banco Mundial haviam assumido uma escala além dos meus piores receios. A visão keynesiana da economia que inspirava McNamara, e a defesa dele de uma liderança agressiva tornara-se uma norma, estava em toda parte. O conceito dos AEs se expandira para incluir todo o comportamento dos executivos em uma variedade de negócios. Eles podiam não ter sido recrutados ou perfilados pela ASN, mas desempenhavam funções semelhantes.

A única diferença agora era que os AEs executivos corporativos não necessariamente envolviam-se com o uso de fundos da comunidade bancária internacional. Embora a antiga ramificação, a minha ramificação, continuasse a prosperar, a nova versão levava em conta aspectos que eram até mesmo mais sinistros. Durante a década de 1980, homens e mulheres jovens subiam na hierarquia da média administração acreditando que quaisquer meios justificavam os fins: um resultado melhor. O império mundial era simplesmente um caminho para lucros cada vez maiores.

As novas tendências eram tipificadas pelo setor energético, onde eu trabalhava. O Public Utility Regulatory Policy Act (PURPA)* foi aprovado pelo Congresso americano em 1978, propôs uma série de desafios legais e acabou sendo convertido em lei em 1982. O Congresso originalmente visava à lei como uma maneira de encorajar empresas pequenas e independentes co-

---

* Lei de Regulamentação dos Serviços de Utilidade Pública. (N. do T.)

mo a minha a desenvolver combustíveis alternativos e outros métodos inovadores de produção de eletricidade. Sob essa lei, as maiores empresas de serviços públicos eram obrigadas a comprar energia gerada pelas empresas menores, a preços justos e razoáveis. Essa política foi o resultado do desejo de Carter de reduzir a dependência americana do petróleo — todo o petróleo, não apenas o petróleo importado. O objetivo da lei era claramente encorajar tanto fontes de energia alternativa quanto o desenvolvimento de empresas independentes que refletissem o espírito empreendedor americano. No entanto, a realidade se revelou algo muito diferente.

Durante a década de 1980, a ênfase mudou de empreendedorismo para desregulamentação. Eu observei como a maioria dos outros pequenos independentes era engolida pelas grandes empresas de engenharia e construção, e pelas próprias empresas de prestação de serviços públicos. Essas encontraram lacunas legais que lhes permitiram criar empresas holdings, que podiam possuir tanto as empresas de prestação de serviços públicos regulamentadas quanto as corporações produtoras de energia desregulamentadas independentes. Muitas dessas lançaram programas agressivos para levar as independentes à falência e depois comprá-las. Outras simplesmente começaram a planejar e desenvolver as suas próprias equivalentes das independentes.

A idéia de diminuir a nossa dependência do petróleo caiu por terra. Reagan estava profundamente endividado perante as companhias petrolíferas; Bush fizera a própria fortuna como profissional do petróleo. E a maioria dos agentes principais e membros de gabinete dessas duas administrações era tanto parte do setor de petróleo quanto parte das empresas de engenharia e de construção a que estava intimamente ligada. Afinal de contas, em última análise, o petróleo e a construção não eram partidários; muitos democratas tinham lucrado com eles e eram devedores a eles também.

A IPS continuava a manter uma visão de energia benéfica ao ambiente. Estávamos comprometidos com as metas originais do PURPA, e parecíamos liderar uma vida encantada. Éramos uma das poucas corporações independentes que não só sobreviviam mas também prosperavam. Eu não tinha dúvida de que a razão disso eram os meus serviços prestados no passado à corporatocracia.

O que estava acontecendo no campo da energia era simbólico de uma tendência que afetava o mundo todo. As preocupações com o bem-estar social, com o ambiente e outras questões de qualidade de vida funcionavam como um freio à ganância. No processo, uma ênfase esmagadora foi colocada na promoção das empresas privadas. De início, isso era justificado em bases teóricas, incluindo a idéia de que o capitalismo era superior ao comunismo e iria detê-lo. No final das contas, porém, essa justificativa não foi necessária. *A priori*, era simplesmente aceito, pois havia algo inerentemente melhor no que dizia respeito aos projetos de propriedade de investidores ricos em vez de pelos governos. Organizações internacionais como o Banco Mundial assimilaram essa noção, defendendo a desregulamentação e a privatização dos sistemas de abastecimento de água e tratamento de esgotos, redes de comunicações, de prestação de serviços públicos e outras instalações que até então tinham sido administradas pelos governos.

Como resultado, foi fácil expandir o conceito de AE na comunidade como um todo, para enviar executivos de um amplo espectro de empresas em missões até então reservadas para os poucos de nós recrutados em um clube exclusivo. Esses executivos espalharam-se por todo o planeta. Eles pesquisavam os lugares de mão-de-obra mais barata, os recursos mais acessíveis e os maiores mercados. Eles tinham um procedimento implacável e desumano. Assim como os AEs que os precederam — como eu, na Indonésia, no Panamá e na Colômbia —, eles encontraram meios de racionalizar os seus malefícios. E como nós, eles enganaram comunidades de países. Prometiam afluência, um meio de os países usarem o setor privado para cavarem eles mesmos as suas dívidas. Eles construíam escolas e estradas, doavam telefones, televisores e serviços médicos. No fim, contudo, se encontrassem uma força de trabalho mais barata ou recursos mais acessíveis onde quer que fosse, iam embora. Quando abandonavam uma comunidade cujas esperanças haviam alimentado, as conseqüências eram geralmente devastadoras, mas eles aparentemente faziam isso sem um momento de hesitação ou dor na consciência.

Eu imaginava, entretanto, o que tudo isso estaria fazendo com o espírito deles, se eles teriam os seus momentos de dúvida, como eu tivera os meus. Será que alguma vez estiveram próximos a um canal poluído, observando uma jovem tentando banhar-se enquanto um velho defecava rio acima? Teriam encontrado algum Howard Parker para fazer as perguntas de difícil resposta?

Embora eu gostasse das minhas conquistas na IPS e da minha vida como homem de família, não conseguia impedir os meus momentos de grave depressão. Agora eu era o pai de uma menina e temia pelo futuro que ela herdaria. Estava sobrecarregado pela culpa pelo papel que desempenhara.

Também podia olhar para trás e ver uma tendência histórica muito perturbadora. O moderno sistema financeiro internacional fora criado próximo ao fim da Segunda Guerra Mundial, num encontro de líderes de muitos países, mantido em Bretton Woods, em New Hampshire — o meu estado natal. O Banco Mundial e o Fundo Monetário Internacional foram criados para reconstruir a Europa devastada e conseguiram um resultado formidável. O sistema expandira-se rapidamente e logo fora sancionado por todos os principais aliados dos Estados Unidos e louvado como uma panacéia contra a depressão. Ele nos salvaria, asseguravam-nos, das garras malignas do comunismo.

Mas eu não conseguia deixar de imaginar para onde tudo isso nos levaria. No final da década de 1980, com o colapso da União Soviética e do movimento comunista mundial, ficou evidente que deter o comunismo não era o objetivo; era igualmente óbvio que o império mundial, que tinha as suas raízes no capitalismo, reinaria absoluto. Conforme Jim Garrison, presidente do Fórum Mundial das Nações, observou:

> Considerada cumulativamente, a integração do mundo como um todo, especialmente em termos de globalização econômica e as características míticas do capitalismo de "livre mercado", representa um autêntico "império" pela sua própria natureza... Nenhum país sobre a terra tem sido capaz de resistir ao magnetismo irreprimível da globalização. Poucos têm sido capazes de escapar dos "ajustes estruturais" e das "condicionalidades" do Banco Mundial, do Fundo Monetário Internacional ou das arbitragens da Organização Mundial do Comércio, instituições financeiras internacionais que, por mais inadequadas que sejam, ainda decidem o que significa a globalização, quais são as regras e quem é recompensado pela submissão ou punido por infrações cometidas. Tal é o poder da globalização, que ainda no período das nossas vidas é provável que vejamos a integração, ainda que desigual, de todas as economias nacionais do mundo num único sistema mundial de livre mercado.[1]

Enquanto eu meditava sobre essas questões, decidi que era a hora de escrever um livro contando tudo, *Consciência de um Assassino Econômico*, mas não fiz o menor esforço para trabalhar em silêncio. Até hoje, não sou do tipo de escritor que trabalhe em isolamento. Acho necessário discutir o trabalho que estou fazendo. Recebo inspiração das outras pessoas e as procuro para me ajudar a lembrar e a colocar em perspectiva acontecimentos do passado. Gosto de ler partes do material no qual estou trabalhando para os amigos, assim posso perceber as suas reações. Compreendo que isso possa ser arriscado, ainda assim não conheço outra maneira de escrever. Assim, não era segredo que eu estava escrevendo um livro sobre o tempo em que trabalhei na MAIN.

Uma tarde de 1987, outro ex-colega da MAIN me telefonou e ofereceu-me um contrato extremamente lucrativo de consultoria com a Stone & Webster Engineering Corporation (SWEC). Na ocasião, a SWEC era uma das principais empresas de engenharia e construções do mundo, e estava tentando assegurar um lugar para si no ambiente altamente competitivo do setor energético. O meu contato explicou que eu me reportaria à nova subsidiária da empresa, uma ramificação independente de desenvolvimento energético criada nos moldes de outras empresas como a minha própria IPS. Fiquei aliviado ao saber que não me pediriam para me envolver em nenhum projeto internacional ou do tipo AE.

Na verdade, ele me falou, não esperavam que eu fizesse muita coisa. Eu fazia parte de uma minoria que fundara e administrava uma empresa de energia independente bem-sucedida e tinha uma excelente reputação no setor. O interesse básico da SWEC era usar o meu currículo e me incluir no seu rol de conselheiros, o que era perfeitamente legal e coerente com as práticas comuns do setor. A oferta era especialmente atraente para mim porque, em razão de uma série de circunstâncias, eu estava pensando em vender a IPS. A idéia de ter uma participação estável na SWEC e receber uma remuneração espetacular a título de honorários era bem-vinda.

No dia que me contratou, o CEO da SWEC convidou-me para um almoço particular. Conversamos informalmente durante algum tempo e nesse meio-tempo eu entendi que um lado meu estava ansioso para voltar ao negócio da consultoria, deixar para trás as responsabilidades de tocar uma complicada empresa de energia, de ser responsável por cerca de uma centena de pessoas quando estávamos construindo uma instalação e de lidar com todas as obrigações e responsabilidades associadas à construção e operação de usinas energéticas. Eu já imaginara como gastaria os substanciais honorários que eu sabia que ele estava prestes a me oferecer. Decidi usá-los, entre outras coisas, para criar uma organização sem fins lucrativos.

Na sobremesa, meu anfitrião mencionou o assunto do único livro que já havia publicado, *The Stress-Free Habit*. Ele me contou que ouvira comentários maravilhosos sobre ele. Então me olhou diretamente nos olhos.

"Você pretende escrever mais algum livro?", indagou.

Meu estômago se contraiu. De repente, entendi do que se tratava tudo aquilo. Não hesitei.

"Não", disse. "Não estou pretendendo publicar nenhum livro no momento."

"Fico feliz em ouvir isso", disse ele. "Nós prezamos a nossa privacidade nesta empresa. Assim como a MAIN."

"Entendo perfeitamente."

Ele se recostou na cadeira, sorrindo, parecendo relaxado.

"É claro que livros como o seu último, sobre como enfrentar a tensão e coisas do gênero, são perfeitamente admissíveis. Às vezes eles podem até mesmo impulsionar a carreira de um profissional. Como consultor da SWEC, você está totalmente livre para publicar esse tipo de coisa." Ele ficou me olhando como se esperasse uma resposta.

"É bom saber."

"Sim, perfeitamente admissíveis. No entanto, não é preciso dizer que jamais deve mencionar o nome desta empresa nos seus livros, e que não escreva sobre nada que toque a natureza do nosso negócio aqui ou o trabalho que fizemos para a MAIN. Não mencione assuntos políticos nem quaisquer contratos com bancos internacionais e projetos de desenvolvimento." Ele me observou atentamente. "Trata-se simplesmente de uma questão de confidencialidade."

"Nada será dito", garanti a ele. Por um instante, o meu coração pareceu parar de bater. Um antigo sentimento retornava, semelhante àqueles que experimentei com Howard Parker na Indonésia, enquanto seguia de carro pela Cidade do Panamá junto com Fidel e sentado num café colombiano com Paula. Eu estava me vendendo — de novo. Não se tratava de um suborno no sentido legal — era perfeitamente por cima da mesa e legítimo para essa empresa pagar para incluir o meu nome no seu rol de colaboradores, recorrer a mim para aconselhá-la ou para comparecer a uma reunião de vez em quando, mas eu entendia o verdadeiro motivo pelo qual eu estava sendo contratado.

Ele me ofereceu como pagamento anual, a título de honorários, uma quantia equivalente ao salário de um executivo.

No final daquela tarde fiquei sentado no aeroporto, atordoado esperando o meu vôo de volta para a Flórida. Sentia-me como uma prostituta. Pior que isso, sentia que traíra a minha filha, a minha família e o meu país. E ainda assim, disse para mim mesmo, tinha pouca escolha. Sabia que se não aceitasse esse suborno, as ameaças viriam em seguida.

CAPÍTULO 30

Os Estados Unidos Invadem o Panamá

Torrijos estava morto, mas o Panamá continuava a ocupar um lugar especial no meu coração. Morando no sul da Flórida, eu tinha acesso a muitas fontes de informação sobre os acontecimentos vigentes na América Central. O legado de Torrijos continuava vivo, ainda que instilado por pessoas que não eram dotadas da sua personalidade apaixonada e força de caráter. Tentativas de estabelecer diferenças ao longo de todo o hemisfério continuaram depois da morte dele, assim como a determinação do Panamá de forçar os Estados Unidos a praticarem os termos do Tratado do Canal.

O sucessor de Torrijos, Manuel Noriega, a princípio pareceu comprometido em seguir as pegadas do seu mentor. Nunca me encontrei pessoalmente com Noriega, mas para todos os efeitos, ele inicialmente se esforçou para dar andamento à causa dos pobres e oprimidos da América Latina. Um dos mais importantes projetos dele foi continuar a examinar as perspectivas de construir um novo canal, a ser financiado e construído pelos japoneses. Previsivelmente, encontrou uma grande resistência por parte de Washington e das empresas privadas americanas. Conforme escreveu o próprio Noriega:

> O secretário de Estado, George Shultz, era um ex-executivo da empresa multinacional da construção Bechtel; o secretário da Defesa, Caspar Weinberger, fora vice-presidente da Bechtel. A Bechtel não iria gostar que ninguém melhor do que ela ganhasse os bilhões de dólares em receita que a construção do canal geraria... As administrações Reagan e Bush temiam a possibilidade de que o Japão pudesse dominar um eventual projeto de construção do canal; não só havia uma preocupação inadequada sobre segurança, havia também a questão da rivalidade comercial. As construtoras americanas anteviam a perda de bilhões de dólares.[1]

Mas Noriega não era Torrijos. Ele não tinha o carisma e a integridade do ex-chefe. Com o tempo, ele desenvolveu uma reputação repugnante por corrupção e tráfico de drogas, e foi até mesmo suspeito de providenciar o assassínio do rival político, Hugo Spadafora.

Noriega construiu a sua reputação como um coronel que chefiou a unidade G-2 das forças de defesa panamenhas, o comando militar de informações que era a ligação nacional com a CIA. Nessa posição, ele desenvolveu um relacionamento íntimo com o diretor da CIA, William J. Casey. A CIA usou essa ligação para promover os seus interesses por todo o Caribe e Américas Central e do Sul. Por exemplo, quando a administração Reagan quis adiantar uma advertência a Castro sobre a invasão americana de Granada, Casey recorreu a Noriega, pedindo-lhe para servir de mensageiro. O coronel também ajudou a CIA a se infiltrar nos cartéis de drogas colombianos entre outros.

Em 1984, Noriega fora promovido a general e comandante-chefe das forças de defesa panamenhas. Conta-se que quando Casey chegou à Cidade do Panamá naquele ano e foi recebido no aeroporto pelo chefe local da CIA, ele perguntou: "Onde está o meu garoto? Onde está Noriega?"

Quando o general visitou Washington, os dois homens reuniram-se em particular na casa de Casey. Muitos anos depois, Noriega admitiria que os seus laços estreitos com Casey fizeram-no sentir-se invencível. Ele acreditava que a CIA, assim como a G-2, fosse a ramificação mais forte do governo do país. Ele estava convencido de que Casey o protegeria, apesar da posição de Noriega quanto ao Tratado do Canal do Panamá e às bases militares americanas na Zona do Canal.[2]

Assim, enquanto Torrijos fora um ícone internacional para a justiça e a igualdade, Noriega tornou-se um símbolo de corrupção e decadência. A notoriedade dele nesse sentido firmou-se quando, em 12 de junho de 1986, o *New York Times* publicou um artigo de primeira página com o título: "Panama Strongman Said to Trade in Drugs and Illicit Money"*. O texto, redigido por um repórter ganhador do Prêmio Pulitzer, afirmava que o general era um parceiro secreto e ilegal de várias empresas latino-americanas; que praticava espionagem tanto para os Estados Unidos quanto para Cuba, sendo, portanto, um agente duplo; que a G-2, sob as ordens dele, na realidade eliminara Hugo Spadafora; e que Noriega pessoalmente dirigia "o mais im-

* Homem Forte do Panamá Confessa Tráfico de Drogas e Dinheiro Ilícito." (N. do T.)

portante comércio de drogas do Panamá". Esse artigo era acompanhado de um retrato pouco lisonjeiro do general e uma seqüência no dia seguinte incluía maiores detalhes.[3]

Compondo os seus outros problemas, Noriega também estava atrelado ao presidente americano que sofria de um problema de imagem, a que os jornalistas chamavam de "fator incompetência" de George H. W. Bush.[4] Isso adquiriu uma importância significativa quando Noriega se recusou terminantemente a considerar uma extensão por 15 anos da Escola das Américas. As memórias do general dão uma idéia interessante a respeito:

> Por mais que estivéssemos determinados a dar prosseguimento ao legado de Torrijos e orgulhosos disso, os Estados Unidos não queriam saber de nada a esse respeito. Eles queriam uma extensão ou uma renegociação da instalação [Escola das Américas], dizendo que com os crescentes preparativos de guerra deles na América Central, ainda precisavam dela. Mas aquela Escola das Américas era um embaraço para nós. Não queríamos um centro de treinamento para esquadrões da morte e militares da repressão de direita no nosso território.[5]

Talvez, portanto, o mundo devesse ter previsto, mas na verdade o mundo ficou surpreso quando, em 20 de dezembro de 1989, os Estados Unidos atacaram o Panamá, o que foi relatado como sendo o maior ataque aerotransportado sobre uma cidade desde a Segunda Guerra Mundial.[6] Foi um ataque injustificado sobre uma população civil. O Panamá e o seu povo não ofereciam nenhuma ameaça aos Estados Unidos ou a nenhum outro país. Políticos, governos e a imprensa de todo o mundo denunciaram a ação unilateral americana como uma clara violação da legislação internacional.

Tivesse essa operação militar sido dirigida contra um país que cometera assassinato em massa ou outros crimes contra os direitos humanos — o Chile de Pinochet, o Paraguai de Stroessner, a Nicarágua de Somosa, El Salvador de D'Aubuisson ou o Iraque de Saddam, por exemplo —, o mundo poderia ter entendido. Mas o Panamá não fizera nada do tipo; ele meramente ousara desafiar os desejos de um punhado de políticos e executivos de corporações poderosas. O país insistira que o Tratado do Canal fosse honrado, mantivera discussões com reformadores sociais e explorara a possibilidade de construir um novo canal com empresas e financiamento japoneses. Como resultado, o país sofria as conseqüências devastadoras. Conforme observou Noriega:

> Quero deixar uma coisa bem clara: a campanha de desestabilização lançada pelos Estados Unidos em 1986, que culminou com a invasão do Panamá em 1989, foi o resultado da rejeição americana de um cenário em que o controle futuro do Canal do Panamá pudesse ficar nas mãos de um Panamá independente e soberano — apoiado pelo Japão... Shultz e Weinberger, enquanto isso, mascarados como funcionários trabalhando pelo interesse público e apostando na ignorância popular sobre os poderosos interesses econômicos que representavam, difundiram uma campanha de propaganda para me derrubar.[7]

A justificação apresentada por Washington para o ataque baseou-se em um homem. O único argumento dos Estados Unidos para enviar os seus rapazes e moças para arriscar a vida e a consciência por matar pessoas inocentes, incluindo um não revelado número de crianças, e abrir fogo contra imensas regiões da Cidade do Panamá, foi Noriega. Ele foi caracterizado como demônio, como o inimigo do povo, como um monstruoso traficante de drogas e como tal oferecia à administração a desculpa para a invasão maciça de um país com 2 milhões de habitantes — que coincidentemente se localizava sobre uma das mais valiosas propriedades imobiliárias do mundo.

Considerei a invasão perturbadora a ponto de entrar numa depressão que durou muitos dias. Sabia que Noriega tinha guarda-costas, ainda assim não podia deixar de acreditar que os chacais o pegariam, assim como fizeram com Roldós e Torrijos. A maioria dos guarda-costas dele, eu suspeitava, tinha sido treinada pelo pessoal do exército americano e provavelmente tinha sido paga tanto para olhar para o lado quanto para cuidar eles mesmos de assassiná-lo.

Quanto mais eu pensava e lia sobre a invasão, portanto, mais convencido ficava de que ela indicava um retorno da política americana a antigos métodos imperialistas, que a administração Bush estava determinada a praticar melhor do que Reagan e a demonstrar ao mundo que não hesitaria em usar a força maciça com a finalidade de alcançar os seus fins. Também parecia que a meta no Panamá, além de substituir o legado de Torrijos por uma administração de marionetes favorável aos Estados Unidos, era amedrontar países como o Iraque para que se submetessem.

David Harris, um editor contribuinte da *New York Times Magazine* e autor de muitos livros, fez uma observação interessante. No livro que ele publicou em 2001, *Shooting the Moon,* ele afirma:

De todos os milhares de governantes, potentados, homens fortes, juntas e senhores da guerra com que os americanos lidam em todos os quadrantes do mundo, o general Manuel Antonio Noriega é o único que os americanos perseguem dessa maneira. Apenas uma vez nos seus 225 anos de existência nacional formal, os Estados Unidos invadiram outro país e levaram o seu governante de volta aos Estados Unidos para enfrentar um julgamento e a prisão por violações da lei americana cometidas no terreno nativo estrangeiro daquele governante.[8]

Em seguida ao bombardeio, os Estados Unidos de repente se encontraram numa situação delicada. Por um momento, pareceu como se toda a coisa fosse sair como um tiro pela culatra. A administração Bush podia ter sufocado os rumores quanto à fraqueza, mas agora ela deparava com o problema da legitimidade, de parecer ser um poder arrogante e cruel surpreendido num ato de terrorismo. Foi revelado que as forças armadas americanas haviam proibido a presença da imprensa, da Cruz Vermelha e de outros observadores estrangeiros de entrar nas áreas mais fortemente bombardeadas por 3 dias, enquanto os soldados incineravam e queimavam as vítimas. A imprensa fez perguntas sobre quantas evidências de comportamento criminoso e outro tipo de comportamento inadequado tinham sido destruídas, e sobre quantos morreram por impedirem que recebessem os cuidados médicos necessários, mas essas perguntas nunca foram respondidas.

É bem possível que jamais saberemos muito sobre os fatos da invasão, nem sobre a extensão do massacre perpetrado. O secretário da Defesa Richard Cheney apresentou uma estimativa de 500 ou 600 mortos, mas os grupos independentes de defesa dos direitos humanos estimaram o número de mortos entre 3 mil e 5 mil, com outros 25 mil desabrigados.[9] Noriega foi preso, levado de avião a Miami e sentenciado a 40 anos de prisão; na ocasião, ele era a única pessoa nos Estados Unidos oficialmente classificada como prisioneiro de guerra.[10]

O mundo estava ultrajado com essa violação das leis internacionais e pela destruição desnecessária de um povo indefeso nas mãos da mais poderosa força militar do planeta, mas poucos nos Estados Unidos estavam conscientes tanto do ultraje quanto dos crimes cometidos por Washington. A cobertura da imprensa foi muito limitada. Uma série de fatores contribuiu para isso, incluindo a política governamental, os telefonemas da Casa Branca para editores e executivos das televisões, congressistas que não ousaram objetar, temendo que o fator incompetência se tornasse problema deles, e jornalistas que pensavam que o povo precisava de heróis em vez de objetividade.

Uma exceção foi Peter Eisner, editor de *Newsday* e repórter da Associated Press que cobriu a invasão do Panamá e continuou a analisá-la por muitos anos. Em *The Memoirs of Manuel Noriega: America´s Prisoner,* publicado em 1997, Eisner escreve:

> A morte, a destruição e a injustiça forjadas em nome de caçar Noriega — e as mentiras que envolveram esse acontecimento — foram ameaças aos princípios básicos americanos da democracia... Os soldados receberam ordem de matar no Panamá e o fizeram depois de lhe dizerem que tinham de resgatar um país das garras de um ditador cruel e depravado; depois que eles agiram, as pessoas do seu país (os Estados Unidos) marcharam no mesmo passo que eles.[11]

Depois de extensa pesquisa, incluindo entrevistas com Noriega na cela da prisão dele em Miami, Eisner afirma:

> No essencial, não acho que as evidências demonstrem que Noriega seja culpado das acusações contra ele. Não acho que as ações dele como líder militar estrangeiro ou chefe de Estado soberano justifiquem a invasão do Panamá ou que ele representasse uma ameaça à segurança nacional americana.[12]

Eisner conclui:

> As minhas análises da situação política e as minhas reportagens no Panamá antes, durante e depois da invasão me levaram à conclusão de que a invasão americana do Panamá foi um abuso de poder abominável. A invasão serviu principalmente às metas dos arrogantes políticos americanos e os seus aliados panamenhos, à custa de um banho de sangue injustificável.[13]

A família Arias e a oligarquia anterior a Torrijos, que servira como marionetes dos americanos desde a época em que o Panamá fora arrancado da Colômbia até que Torrijos assumisse o poder, foram reinstaladas. O novo Tratado do Canal tornou-se um ponto de um processo simulado. Na essência, Washington uma vez mais controlava a passagem, apesar de tudo o que estivesse escrito nos documentos oficiais.

Enquanto eu refletia sobre esses incidentes e tudo o que vivera enquanto trabalhava para a MAIN, me vi fazendo as mesmas perguntas vezes sem conta: Quantas decisões — incluindo aquelas de grande importância histórica que influenciam milhões de pessoas — são tomadas por homens e mulheres que são conduzidos por motivos pessoais em vez de por um desejo de fazer a coisa certa? Quantos dos nossos funcionários da mais alta administração são influenciados pela ganância pessoal em vez de lealdade nacional? Quantas guerras são travadas porque um presidente não quer que os seus constituintes percebam que ele é um incompetente?

Apesar das minhas promessas ao presidente da SWEC, a minha frustração e o meu sentimento de impotência em relação à invasão do Panamá levaram-me a retomar a redação do meu livro, exceto pelo fato de que agora eu decidia concentrar-me em Torrijos. Eu via a história dele como uma maneira de expor muitas das injustiças que infectavam o nosso mundo e como um meio de me redimir da minha culpa. Dessa vez, entretanto, estava decidido a manter silêncio sobre o que estava fazendo, em vez de procurar conselhos com amigos e colegas.

À medida que escrevia o livro, ficava impressionado com a magnitude do que os AEs tinham conseguido, em tantos lugares. Tentei me concentrar em apenas alguns países que resistiram, mas as listas de lugares onde eu tinha trabalhado e que tinham piorado muito depois era estonteante. Eu também estava horrorizado pela extensão da minha própria corrupção. Eu fizera muita autocrítica, ainda assim entendia que enquanto estava no meio da coisa estava tão concentrado nas minhas próprias atividades diárias que não tinha uma perspectiva muito ampla. Assim, quando estava na Indonésia, eu me aborrecia com as coisas que Howard Parker e eu discutíamos, ou as questões levantadas pelos jovens amigos indonésios de Rasy. Quando estava trabalhando no Panamá, fui profundamente afetado pelas implicações do que vira durante a apresentação feita por Fidel das favelas, da Zona do Canal e da discoteca. Agora, o ato de escrever este livro me dava uma nova visão das coisas. Eu entendia com que facilidade não estava disposto a ver a situação como um todo e, portanto, a deixar de perceber a verdadeira importância das minhas ações.

Como isso soa simples, e como parece tão evidente por si mesmo; ainda assim, como foi insidiosa a natureza dessas experiências. Para mim elas invocam a imagem de um soldado. No começo, ele é ingênuo. Pode ser que questione a moralidade de matar outras pessoas, mas na maior parte das vezes tem de lidar com o próprio medo, tem de se concentrar na sobrevivência. Depois que mata o primeiro inimigo, é esmagado pelas emoções. Pode pensar na família do morto e sentir remorso. Mas à medida que o tempo passa e ele participa de mais batalhas, mata mais gente, ele fica empedernido. Ele se transformou num soldado profissional.

Eu me tornei um soldado profissional. Admitir esse fato abriu a porta para uma compreensão melhor do processo pelo qual são cometidos crimes e se constroem impérios. Agora eu compreendia por que tantas pessoas cometem atrocidades — como, por exemplo, iranianos bons e de bem com a família podiam trabalhar para a brutal polícia secreta do xá, como bons alemães podiam seguir as ordens de Hitler, como bons americanos, homens e mulheres, eram capazes de bombardear a Cidade do Panamá.

Como um AE, eu nunca recebi nem um centavo da ASN nem de nenhuma agência do governo; a MAIN pagava o meu salário. Eu era um cidadão particular, funcionário de uma corporação privada. Entender isso ajudou-me a ver com maior clareza o papel emergente do executivo no papel de AE de uma corporação. Toda uma nova classe de soldado surgia no cenário mundial, e essas pessoas estavam se tornando insensíveis a essas ações. Escrevi então:

> Hoje, homens e mulheres vão para a Tailândia, as Filipinas, a Botsuana, a Bolívia, e a todos os outros países onde esperam encontrar pessoas desesperadas por trabalho. Eles vão a esses lugares com o propósito expresso de explorar pessoas miseráveis — pessoas cujos filhos estão gravemente desnutridos, até mesmo morrendo de fome, pessoas que vivem em favelas e perderam toda esperança de uma vida melhor, pessoas que deixaram até mesmo de sonhar com o dia seguinte. Esses homens e mulheres deixam os seus escritórios luxuosos de Manhattan, San Francisco ou Chicago, atravessam continentes e oceanos na primeira classe de aviões de carreira, hospedam-se nos hotéis mais luxuosos da cidade e fazem as refeições nos mais finos restaurantes que o país tem a oferecer. Então eles saem para procurar aquelas pessoas desesperadas.
>
> Hoje, ainda temos traficantes de escravos. Eles não precisam mais desbravar florestas da África em busca de espécimes primitivos que darão um lucro fácil nos mercados de Charleston, Cartagena e Havana. Eles simplesmente recrutam pessoas desesperadas e constroem uma fábrica para produzir jaquetas, calças *jeans*, tênis, peças de automóveis, componentes de computadores e milhares de outros itens que possam vender nos mercados que escolherem. Ou eles podem escolher nem mesmo ser os próprios donos das fábricas; em vez disso, contratam um empreendedor local para fazer todo o trabalho sujo por eles.
>
> Esses homens e mulheres se consideram honrados. Eles voltam para casa com fotografias dos lugares exóticos e ruínas antigas, para mostrar aos

filhos. Eles comparecem a seminários onde se cumprimentam uns aos outros com tapinhas nas costas e trocam conselhos de lambujem sobre como lidar com as excentricidades das alfândegas em terras distantes. Os seus patrões contratam advogados que lhes asseguram que o que estão fazendo é perfeitamente legal. Eles têm um quadro de psicoterapeutas e outros especialistas de recursos humanos à disposição para convencê-los de que estão ajudando aquela gente desesperada.

O antigo traficante de escravos se convencia de que estava lidando com uma espécie que não era inteiramente humana, e que estava oferecendo a ela a oportunidade de se tornar cristã. Também entendia que os escravos eram fundamentais à sobrevivência da própria sociedade, que eram a base da economia que representavam. O moderno traficante de escravos assegura às pessoas desesperadas que é melhor ganhar um dólar por dia do que nenhum dólar, e que elas estão recebendo a oportunidade de se integrar na ampla comunidade mundial. Ele (ou ela) também entende que essa gente desesperada é fundamental para a sobrevivência da sua empresa, que ela é a base para o seu próprio estilo de vida. Ele nunca pára para pensar sobre as implicações mais amplas de que ele, o seu estilo de vida e o sistema econômico por trás de si estão fazendo ao mundo — ou de como podem, em última análise, influenciar de maneira decisiva o futuro dos seus filhos.

CAPÍTULO 31

O Fracasso dos AEs no Iraque

O meu papel como presidente da IPS na década de 1980, e como consultor da SWEC no final da década de 1980 e ao longo de grande parte da década de 1990, deu-me acesso a informações sobre o Iraque que não estavam disponíveis à maioria das pessoas. Na verdade, durante a década de 1980 a maioria dos americanos sabia pouco sobre o país. Ele simplesmente não se encontrava na tela do radar deles. No entanto, eu estava fascinado pelo que estava acontecendo lá.

Mantive contato com velhos amigos que trabalhavam para o Banco Mundial, a USAID e o FMI, ou para uma das outras organizações financeiras internacionais e com pessoas da Bechtel, Halliburton e outras importantes empresas de engenharia e construção, incluindo o meu sogro. Muitos dos engenheiros empregados por subcontratantes da IPS e outras empresas energéticas independentes também estavam envolvidos em projetos no Oriente Médio. Eu estava bem a par de que os AEs tinham bastante trabalho no Iraque.

As administrações Reagan e Bush estavam determinadas a converter o Iraque em uma outra Arábia Saudita. Havia muitas razões interessantes para Saddam Hussein seguir o exemplo da Casa de Saud. Ele só tinha de observar os benefícios que eles tinham obtido com o Caso da Lavagem de Dinheiro. Depois que aquele acordo foi firmado, cidades modernas ergueram-se no deserto saudita, as cabras coletoras de lixo de Riad haviam se transformado em caminhões basculantes e agora os sauditas colhiam os frutos de algumas das mais avançadas tecnologias do mundo: fábricas dessalinizadoras de alta tecnologia, sistemas de tratamento de esgotos, redes de comunicações e de distribuição pública de energia elétrica.

Saddam Hussein indubitavelmente sabia que os sauditas também desfrutavam de um tratamento especial no que se referia a questões de leis internacionais. Os bons amigos deles em Washington fechavam os olhos a muitas das atividades sauditas, incluindo o financiamento de grupos fanáticos — muitos dos quais eram considerados pela maior parte do mundo como radicais à beira do terrorismo — e a acolhida de fugitivos internacionais. Na verdade, os Estados Unidos buscaram e receberam apoio financeiro da Arábia Saudita para a guerra afegã de Osama bin Laden contra a União Soviética. As administrações Reagan e Bush não só encorajaram os sauditas nesse sentido, como também pressionaram muitos outros países a fazer o mesmo — ou ao menos olhar para outro lado.

A presença de AEs em Bagdá era muito forte durante a década de 1980. Eles acreditavam que Saddam acabaria vendo a luz, e eu tive de concordar com esse pressuposto. Afinal de contas, se o Iraque fechasse um acordo semelhante ao dos sauditas, com Washington, Saddam basicamente poderia tomar como certo o governo do país, e até mesmo expandir o seu círculo de influência ao longo de toda aquela região do mundo.

Pouco importava que ele fosse um tirano doentio, que tinha o sangue de assassinos em massa nas mãos ou que os seus maneirismos e ações brutais invocassem a imagem de Adolf Hitler. Os Estados Unidos toleraram e até mesmo apoiaram esse tipo de homens muitas vezes antes. Ficaríamos felizes de oferecer-lhes papéis do governo americano em troca de petrodólares, em troca da promessa de não interromper o fornecimento de petróleo e em troca de um acordo desde que os lucros com esses papéis fossem usados para contratar empresas americanas para melhorar os sistemas de infraestrutura em todo o Iraque, para criar novas cidades e para converter os desertos em oásis. Estávamos dispostos a vender-lhes tanques e aviões de caça e a construir usinas nucleares e indústrias químicas, assim como fizéramos em tantos outros países, mesmo se essas teconologias pudessem eventualmente ser usadas para produzir armamentos avançados.

O Iraque era extremamente importante para nós, muito mais importante do que era óbvio nas aparências. Ao contrário da opinião pública corrente, o Iraque não tem a ver apenas com o petróleo. Também tem a ver com água e geopolítica. Tanto o rio Tigre quanto o Eufrates correm dentro do Iraque; assim, de todos os países nessa parte do mundo, o Iraque controla as fontes mais importantes de um recurso cada vez mais crucial: a água. Durante a década de 1980, a importância da água — tanto política quanto economicamente — tornou-se evidente para nós que trabalhávamos nos campos da energia e da engenharia. Na corrida rumo à privatização, muitas das maiores empresas que buscaram controlar as pequenas empresas de energia independentes agora se voltavam para os sistemas de privatização de água na África, na América Latina e no Oriente Médio.

Além do petróleo e da água, o Iraque ainda está situado numa posição muito estratégica. Ele faz fronteira com o Irã, o Kuwait, a Arábia Saudita, a Jordânia, a Síria e a Turquia, além de ter a sua costa toda no golfo Pérsico. O país está ao alcance de mísseis tanto de Israel quanto da ex-União Soviética. Os estrategistas militares equiparam o moderno Iraque ao vale do rio Hudson durante as guerras contra os franceses ou os índios e a Guerra de Secessão americana. No século XVIII, franceses, britânicos e americanos sabiam que quem controlasse o vale do rio Hudson controlaria o continente. Hoje, é conhecimento comum que quem controlar o Iraque terá a chave para controlar o Oriente Médio.

Acima de tudo o mais, o Iraque representava um enorme mercado para o conhecimento tecnológico e de engenharia americano. O fato de que o país situa-se sobre um dos mais extensos campos de petróleo do mundo (segundo algumas estimativas, ainda maiores do que da Arábia Saudita) assegurava que estava em uma posição para financiar enormes programas de infra-estrutura e industrialização. Todos os principais participantes — empresas de engenharia e construção; fornecedores de sistemas de computadores; fabricantes de aviões, mísseis e tanques; e empresas farmacêuticas e químicas — concentravam as suas atenções sobre o Iraque.

No entanto, no fim da década de 1980 ficou evidente que Saddam não estava assimilando o cenário dos AEs. Essa foi a principal frustração e um grande embaraço para a primeira administração Bush. Assim como o Panamá, o Iraque contribuiu para a imagem de incompetente de George H. W. Bush. Enquanto Bush procurava uma saída, Saddam escapava das suas mãos. Em agosto de 1990, ele invadiu o território altamente produtor de petróleo do xeque do Kuwait. Bush reagiu com uma denúncia contra Saddam por violar as leis internacionais, muito embora fizesse menos de um ano desde que o próprio Bush efetuara a invasão ilegal e unilateral do Panamá.

Não foi surpresa quando o presidente finalmente ordenou um ataque militar total. Cerca de 500 mil soldados americanos foram enviados como parte de uma força internacional. Durante os primeiros meses de 1991, um ataque aéreo foi lançado contra alvos civis e militares no Iraque. Ele foi seguido por um ataque por terra de mais de 100 horas que marchou sobre as desarmadas e desesperadamente inferiores forças armadas iraquianas. O Kuwait foi salvo. Um verdadeiro déspota fora punido, embora não conduzido à justiça. Os índices de popularidade de Bush elevaram-se a 90 por cento entre a população americana.

Eu me encontrava em Boston participando de reuniões no momento da invasão do Iraque — uma das poucas ocasiões em que realmente me pediram para fazer alguma coisa na SWEC. Lembro-me claramente do entusiasmo com que foi comemorada a decisão de Bush. Naturalmente, as pessoas em toda a organização Stone & Webster estavam empolgadas, embora não somente por causa de termos enfrentado um ditador sanguinário. Para eles, a vitória americana no Iraque oferecia possibilidades para lucros enormes, promoções e aumentos de salário."

A empolgação não se limitava àqueles de nós que atuavam nas empresas diretamente beneficiadas pela guerra. As pessoas em todo o país pareciam quase desesperadas para ver o nosso país reafirmar-se militarmente. Acredito que haja muitas razões para essa atitude, incluindo a mudança filosófica que ocorreu quando Reagan derrotou Carter, os reféns foram libertados no Irã e Reagan anunciou a sua intenção de renegociar o Tratado do Canal do Panamá. A invasão do Panamá por Bush reacendeu as chamas já um tanto apagadas.

Por baixo da retórica patriótica e dos chamados à ação, contudo, acredito que estivesse ocorrendo uma transformação muito mais sutil na maneira de ver o mundo por parte dos interesses comerciais americanos — e portanto da maioria das pessoas que trabalhavam para as corporações americanas. A marcha em direção ao império mundial tornara-se uma realidade em que grande parte do país participava. As idéias duais de globalização e privatização faziam importantes incursões em nossa psique.

Na análise final, isso não acontecia apenas nos Estados Unidos. O império mundial tornara-se exatamente isso; ele ultrapassava as fronteiras. O que antes considerávamos como corporações americanas eram agora verdadeiramente internacionais, até mesmo do ponto de vista legal. Muitas delas eram incorporadas em uma variedade de países; podiam escolher à vontade entre uma gama de leis e regulamentos sob os quais iria conduzir as suas atividades e uma quantidade de acordos comerciais e organizações globalizantes tornavam isso ainda mais fácil. Palavras como *democracia, socialismo* e *capitalismo* estavam se tornando quase obsoletas. A corporatocracia tinha se tornado um fato e se exercia cada vez mais como a única principal influência nas economias e políticas mundiais.

Em uma estranha reviravolta dos acontecimentos, eu sucumbi à corporatocracia quando vendi a IPS em novembro de 1990. Foi um negócio lucrativo para os meus sócios e para mim, mas nós a vendemos principalmente porque a Ashland Oil Company impusera uma enorme pressão sobre nós. Eu sabia por experiência que lutar contra eles teria sido extremamente custoso de muitas maneiras, ao passo que vender nos deixaria mais ricos. No entanto, a mim me tocou como era irônico que uma companhia petrolífera se tornasse a nova proprietária da minha empresa de energia alternativa; em parte eu me sentia um traidor.

A SWEC exigia muito pouco do meu tempo. Ocasionalmente, pediam que eu tomasse um avião para Boston, para participar de reuniões ou ajudar a preparar uma proposta. Às vezes eu era enviado a lugares como o Rio de Janeiro, para confraternizar com as pessoas atuantes e influentes de lá. Uma vez, fui à Guatemala em um jatinho particular. Com freqüência eu telefonava aos gerentes de projetos para lembrar-lhes que fazia parte da folha de pagamentos e estava à disposição. Receber todo aquele dinheiro para fazer tão pouco pesava na minha consciência. Eu conhecia bem o negócio e queria contribuir com algo de utilidade. Mas aquilo simplesmente não estava nos planos.

A imagem de ser um homem no meio me perseguia. Eu queria agir de algum modo que justificasse a minha existência e que pudesse transformar todos os aspectos negativos do meu passado em algo positivo. Continuei a trabalhar sub-repticiamente — e muito irregularmente — em *Consciência de um Assassino Econômico,* e ainda assim não me iludia acreditando que um dia seria publicado.

Em 1991, comecei a orientar pequenos grupos de pessoas na Amazônia para passar um tempo ali e aprender com os shuars, que estavam ansiosos para compartilhar o seu conhecimento sobre administração ambiental e técnicas de tratamento de saúde indígena. Durante os anos seguintes, a demanda por essas viagens aumentou rapidamente e resultou na formação de uma organização sem fins lucrativos, a Dream Change Coalition. Dedicada a mudar a maneira como as pessoas de países industrializados viam a terra e o nosso relacionamento com ela, a Dream Change desenvolveu um programa que abrangia o mundo todo e autorizou pessoas a criar organizações com missões semelhantes em muitos países. A revista *Time* escolheu-a como uma das 13 organizações cujas páginas na Internet refletiam melhor os ideais e metas do Dia da Terra.[1]

Ao longo da década de 1990, envolvi-me cada vez mais com o mundo das organizações sem fins lucrativos, ajudando a criar diversas organizações e contribuindo com a diretoria de outras. Muitas dessas organizações se desenvolveram a partir do trabalho de pessoas altamente dedicadas na Dream Change e envolvia o trabalho com povos indígenas na América Latina — os shuars e achuars na Amazônia, os quíchuas nos Andes, os maias na Guatemala — ou ensinando pessoas nos Estados Unidos e Europa sobre essas culturas. A SWEC aprovava esse trabalho filantrópico; era coerente com o compromisso da própria SWEC com a United Way. Também escrevi mais livros, sempre tomando o cuidado de focalizar os ensinamentos indígenas para evitar referências a atividades dos AEs. Além de aliviar o meu tédio, essas medidas me ajudaram a manter contato com a América Latina e as questões políticas que eu prezava tanto.

Mas tentar como eu tentei me convencer de que as minhas atividades não-lucrativas e literárias proporcionavam um equilíbrio, de que estava corrigindo erros cometidos nas minhas atividades do passado, parecia cada vez mais difícil. No fundo, eu sabia que estava me eximindo das responsabilidades com a minha filha. Jessica estava herdando um mundo em que milhões de crianças nasciam atreladas a dívidas que nunca seriam capazes de saldar. E eu tinha de assumir a responsabilidade por isso.

Os meus livros ganharam popularidade, especialmente um intitulado *The World Is As You Dream It.* O sucesso dele levou a crescentes exigências para que eu desse seminários e palestras. Às vezes, em pé diante de uma platéia em Boston ou Nova York ou Milão, eu era tocado pela ironia. Se o mundo fosse como eu sonhava, por que eu havia sonhado um mundo como esse? Como conseguir desempenhar um papel tão atuante sem manifestar um pesadelo desses?

Em 1997, fui contratado pelo Omega Institute para conduzir um seminário de uma semana no Caribe, em um hotel na ilha de St. John. Cheguei lá tarde da noite. Quando acordei no dia seguinte, fui até a minúscula sacada e me surpreendi olhando para exatamente a mesma baía onde, 17 anos antes, tomara a decisão de deixar a MAIN. Afundei na poltrona, tomado pela emoção.

Ao longo da semana, passei a maior parte do meu tempo de folga naquela sacada, olhando para a baía Leinster, tentando compreender os meus sentimentos. Acabei entendendo que embora tivesse pedido demissão, não dera o passo seguinte, e que a minha decisão de permanecer no meio era exatamente um preço devastador a pagar. No fim daquela semana, concluí que o mundo ao meu redor não era o que eu queria sonhar, e que precisava fazer exatamente o que estava instruindo os meus alunos a fazer: mudar os meus sonhos de maneiras que refletissem o que eu realmente queria da vida.

Quando voltei para casa, desisti da minha atividade de consultoria corporativa. O presidente da SWEC que me contratara estava agora aposentado. Um outro homem ocupava o cargo, o qual era mais jovem do que eu e estava aparentemente pouco preocupado se eu contasse a minha história. Ele iniciara um programa de corte de gastos e ficou feliz em não precisar me pagar mais aqueles honorários exorbitantes.

Eu decidi terminar o livro em que estivera trabalhando por tanto tempo, e só o fato de tomar essa decisão me proporcionou uma maravilhosa sensação de alívio. Troquei idéias sobre o texto com os meus amigos mais chegados, a maior parte deles participantes do mundo da não-lucratividade que estavam envolvidos com culturas indígenas e preservação da floresta tropical. Para a minha surpresa, eles ficaram pasmos. Temiam que a publicação fosse prejudicar o meu trabalho como professor e também as organizações sem fins lucrativos que eu apoiava. Muitos de nós ajudávamos tribos na Amazônia a proteger as suas terras das companhias petrolíferas; abrir o jogo, me disseram, poderia prejudicar a minha credibilidade e poderia causar um retrocesso em todo o movimento. Alguns até mesmo ameaçaram retirar o seu apoio.

Portanto, uma vez mais, parei de escrever. Em vez disso, me concentrei em levar as pessoas cada vez mais para dentro da Amazônia, mostrando-lhes um lugar e uma tribo que eram grandemente intocados pelo mundo moderno. Na verdade, era ali que eu estava em 11 de setembro de 2001.

CAPÍTULO 32

O 11 de Setembro e as Suas Conseqüências para Mim, Pessoalmente

Em 10 de setembro de 2001, eu estava descendo um rio na Amazônia equatoriana com Shakaim Chumpi, o co-autor do meu livro *Spirit of the Shuar.* Conduzíamos um grupo de 16 americanos que iriam visitar a comunidade dele no interior da floresta. Os visitantes tinham ido para aprender sobre o povo dele e para ajudar a preservar a sua preciosa floresta tropical.

Shakaim lutara como soldado no recente conflito Equador–Peru. A maioria das pessoas dos países maiores consumidores de petróleo nunca tinham ouvido falar dessa guerra; ainda assim, a luta fora basicamente para manter o fornecimento de petróleo. Embora a fronteira entre esses dois países estivesse em disputa havia muitos anos, só recentemente tornou urgente encontrar uma solução. O motivo da urgência era que as companhias petrolíferas precisavam saber com que país negociar no sentido de obter concessões para uso específico das terras com alta concentração de petróleo. As fronteiras precisavam ser definidas.

Os shuars formavam a primeira linha de defesa do Equador. Eles se mostraram guerreiros ferozes, muitas vezes sobrepujando forças adversárias em maior número e mais bem-equipadas. Os shuars não sabiam nada sobre a política por trás da guerra ou que essa solução abriria as portas para as companhias petrolíferas. Eles lutavam porque vinham de uma longa tradição de guerreiros e porque não estavam dispostos a permitir a presença de soldados estrangeiros nas suas terras.

Enquanto descíamos o rio a remo, observando os grupos de papagaios falantes voando acima da nossa cabeça, perguntei a Shakaim se a trégua ainda estava sendo respeitada. “Sim”, disse ele. “Mas temo lhe dizer que agora estamos nos preparando para guerrear contra vocês.” Ele continuou explicando que, é claro, não estava se referindo a mim, pessoalmente, nem às pessoas do meu grupo. "Vocês são nossos amigos", ele nos assegurou. Ele estava, conforme explicou, se referindo às nossas companhias petrolíferas e às forças militares que viriam à selva para defender os funcionários das empresas.

"Nós vimos o que eles fizeram com a tribo dos huaorani. Eles destruíram as florestas deles, poluíram os seus rios e mataram muitas pessoas, incluindo crianças. Hoje, os huaorani mal existem como povo. Não queremos que aconteça o mesmo conosco. Não vamos deixar que as companhias petrolíferas entrem no nosso território, assim como fizemos contra os peruanos. Todos juramos lutar até o último homem."[1]

Naquela noite, o nosso grupo sentou-se ao redor da fogueira no centro de uma linda e comprida casa shuar construída com talas de bambu amarradas enterradas no chão e o teto coberto por folhas de palmeiras. Contei sobre a minha conversa com Shakaim. Todos imaginamos como muitos outros povos no mundo sentiam-se da mesma maneira com relação às nossas companhias petrolíferas e ao nosso país. Quantos, como os shuars, estavam aterrorizados com medo de que entrássemos na vida deles e destruíssemos a sua cultura e a sua terra? Quanto nos odiavam?

Na manhã seguinte, fui ao pequeno escritório onde mantínhamos o nosso rádio pelo qual enviávamos e recebíamos notícias. Precisava arranjar pilotos para virem nos buscar dentro de alguns dias. Enquanto conversava com eles, ouvi um grito.

"Meu Deus!", o homem do outro lado do rádio exclamou. "Nova York está sendo atacada." Ele aumentou o som do rádio comercial que até então tocava música de fundo. Durante a meia hora seguinte, recebemos um relato minuto a minuto dos acontecimentos que se sucediam nos Estados Unidos. Assim como em todo o mundo, foi um momento que eu nunca esquecerei.

Quando voltei para a minha casa na Flórida, decidi que precisava visitar o Marco Zero, o lugar onde antes estiveram as torres gêmeas do World Trade Center, então comprei uma passagem para Nova York. Registrei-me no meu hotel no centro da cidade no início da tarde. Era um dia ensolarado de novembro, inesperadamente ameno. Caminhei pelo Central Park, cheio de entusiasmo, então me encaminhei para a parte da cidade onde antes eu passava uma porção de tempo, a região próxima a Wall Street agora conhecida como Marco Zero.

À medida que me aproximava, o meu entusiasmo foi substituído por uma sensação de horror. As visões e os cheiros eram sufocantes — uma destruição incrível; os esqueletos retorcidos e derretidos daqueles prédios antes imponentes; o entulho; o cheiro rançoso de fumaça, ruínas carbonizadas e carne queimada. Eu tinha visto tudo na TV, mas estar ali era diferente."

Não estava preparado para aquilo — especialmente para as pessoas. Dois meses haviam se passado e elas ainda permaneciam por ali, as que moravam ou trabalhavam nos arredores, as que sobreviveram. Um egípcio caminhava a esmo pelo lado da sua pequena sapataria, abanando a cabeça com incredulidade.

"Eu não consigo me acostumar com isso", murmurava. "Perdi muitos fregueses, muitos amigos. Meu sobrinho morreu lá em cima." Ele apontou para o céu azul. "Acho que vi quando ele saltou. Não sei... Foram tantos os que saltaram, de mãos espalmadas e agitando os braços como se pudessem voar."

Era mesmo uma surpresa o modo como as pessoas conversavam umas com as outras. Em plena Nova York. E elas iam além das palavras. Seus olhares se encontravam. Embora sombrias, elas trocavam olhares de compaixão, meios sorrisos que diziam mais que um milhão de palavras.

No entanto havia alguma coisa a mais, um sentimento sobre o lugar em si. A princípio, eu não conseguia entender; depois me ocorreu: a luz. A Baixa Manhattan era antes um cânion escuro, nos dias em que eu fazia as minhas peregrinações para essa parte da cidade para levantar capital para a IPS, quando costumava planejar as estratégias com os meus banqueiros investidores em jantares no Windows on the World. Era preciso subir àquela altura, no topo do World Trade Center, para poder ver a luz. Agora, ali estava ela no nível da rua. O cânion fora cortado ao meio, e os que se encontrassem na rua ao lado das ruínas eram aquecidos pelos raios solares. Eu não podia deixar de imaginar se a visão do céu, da luz, tinha ajudado as pessoas a abrir o coração. Eu me sentia culpado só de ter esses pensamentos.

Virei a esquina da Trinity Church e desci para Wall Street. De volta à velha Nova York, envolvida pelas sombras. Nada de céu, nada de luz. As pessoas andavam apressadas pela calçada, ignorando-se umas às outras. Um guarda gritou para um carro em marcha lenta.

Sentei-me nos primeiros degraus a que cheguei, no número 14. De algum lugar, o barulho de ventiladores gigantes ou de um exaustor se elevava acima dos outros ruídos. Parecia vir da maciça parede de pedra do prédio da Bolsa de Valores de Nova York. Observei as pessoas. Elas se atropelavam para cima e para baixo nas calçadas, saindo do escritório, apressadas em voltar para casa ou se encaminhando a um restaurante ou bar para falar de negócios. Algumas andavam aos pares e conversavam. A maioria, no entanto, andava sozinha e em silêncio. Tentei fazer contato pelo olhar; não aconteceu.

A sirene do alarme de um carro chamou a minha atenção na rua. Um homem saiu correndo de um prédio e apontou uma chave para o carro; o alarme foi desligado. Fiquei lá sentado em silêncio por vários minutos. Depois de um tempo, enfiei a mão no bolso e tirei um pedaço de papel cuidadosamente dobrado repleto de estatísticas.

Então eu o vi. Ele arrastava os pés pela rua, a cabeça baixa, olhando para o chão. Tinha uma barba rala acinzentada e usava um sobretudo encardido que parecia especialmente inadequado naquela tarde quente em Wall Street. Eu sabia que ele era afegão.

Ele relanceou o olhar para mim. Em seguida, depois de apenas um segundo de hesitação, começou a subir os degraus. Inclinou a cabeça polidamente e sentou-se ao meu lado, deixando um espaço entre nós. Pelo modo como ele olhava diretamente à frente, entendi que dependeria de mim iniciar a conversar.

"Bela tarde."

"Linda." O sotaque era forte. "Em ocasiões como esta, queremos a luz do sol."

"Está se referindo ao World Trade Center?"

Ele inclinou a cabeça, concordando.

"Você é do Afeganistão?"

Ele me olhou incrédulo.

"É assim tão óbvio?"

"Viajei muito. Recentemente, estive no Himalaia, Caxemira."

"Caxemira." Ele puxou a barba. "Muita luta."

"Sim, Índia e Paquistão, hindus e muçulmanos. Faz a gente pensar em religião, não é mesmo?"

Os olhos dele encontraram os meus. Eram castanhos-escuros, quase negros. Eles me pareceram sábios e tristes. Ele virou a cabeça de volta para o prédio da Bolsa de Valores. Com o dedo longo e nodoso, ele apontou para o prédio.

"Ou então", considerei "talvez se trate de economia, não de religião."

"Você foi um soldado?"

Não pude deixar de rir.

"Não. Um consultor de economia." Estendi-lhe o papel com as estatísticas. "Essas eram as minhas armas."

Ele estendeu a mão e pegou o papel.

"Números."

"Estatísticas mundiais."

Ele examinou a lista, depois deu uma risadinha.

"Não entendo." Devolveu o papel para mim.

"Os números nos dizem que 24 mil pessoas morrem a cada dia de fome."

Ele assobiou baixinho, depois refletiu um pouco sobre o assunto e suspirou.

"Eu quase fui um deles. Tinha uma pequena plantação de romãs próximo a Kandahar. Os russos chegaram e os *mujahideen* se esconderam nas árvores e nos canais de água." Ele ergueu as mãos e apontou-as como um fuzil. "Emboscada." Abaixou as mãos. "Todas as minhas plantações e canais de água foram destruídos."

"Depois disso, o que foi que você fez?"

Ele indicou com um movimento de cabeça a lista que eu segurava.

"Essa lista inclui mendigos?"

Não incluía, mas pensei e me lembrei.

"Cerca de 8 milhões no mundo, acho."

"Eu fui um deles." Ele balançou a cabeça, parecendo perdido em pensamentos. Ficamos ali sentados em silêncio durante alguns minutos antes que ele tornasse a falar. "Não gosto de mendigar. O meu filho morreu. Então plantei papoulas."

"Ópio?"

Ele deu de ombros.

"Sem plantações, sem água. A única maneira de alimentar a nossa família."

Senti um nó na garganta, um sentimento depressivo de tristeza combinado com culpa.

"Dizemos que plantar papoulas pelo ópio é coisa do demônio, mas mesmo assim muitas das nossas pessoas mais ricas fizeram fortuna com o tráfico de drogas."

Os olhos dele encontraram os meus e pareceram penetrar a minha alma.

"Você foi um soldado", declarou, inclinando a cabeça para confirmar o que dizia como um fato consumado. Depois levantou-se devagar e desceu cambaleando pelos degraus. Quis que ele ficasse, mas me senti incapaz de dizer qualquer coisa. Também me levantei e fui atrás dele. No fim dos degraus me detive por causa de uma placa. Nela via-se a imagem do prédio onde estivera sentado. No alto do prédio, ele indicava aos transeuntes de que aquela placa fora colocada ali pela Heritage Trails de Nova York. Lia-se:

> O Mausoléu de Helicarnasso montado no alto da torre do sino da igreja de São Marcos, em Veneza, na esquina da Wall e da Broad — este é o conceito de criação por trás do número 14 da Wall Street. Na época o prédio mais alto de um banco no mundo, o arranha-céu de 180 metros de altura originalmente abrigava a sede do Bankers Trust, uma das instituições financeiras mais ricas do país.

Fiquei ali assombrado e olhei para o alto do prédio. Pouco depois da virada do último século, o número 14 da Wall Street desempenhara o papel que o World Trade Center mais tarde assumiria; ele fora o próprio símbolo do poder e da dominação econômica. Também abrigara o Bankers Trust, uma das empresas a que eu recorrera para financiar a minha empresa de energia. Ele era uma parte essencial da minha herança — a herança, como o velho afegão tão apropriadamente observara, de um soldado.

Que eu terminasse o dia ali, conversando com ele, parecia uma estranha coincidência. Coincidência. A palavra me deteve. Pensei sobre como as nossas reações a coincidências moldam a nossa vida. Como eu deveria reagir a essa?

Continuando a caminhar, procurei entre as cabeças da multidão, mas não consegui encontrar nem sinal do homem. No prédio ao lado, havia uma enorme estátua embrulhada em plástico azul. Uma inscrição gravada na fachada de pedra do prédio indicava que se tratava do Federal Hall, o número 26 da Wall Street, onde em 30 de abril de 1789 George Washington fez o juramento ao assumir o cargo como primeiro presidente dos Estados Unidos. Aquele era o ponto exato onde o primeiro homem encarregado da responsabilidade de proteger a vida, a liberdade e a busca da felicidade para todas as pessoas fizera o seu juramento. Tão próximo do Marco Zero; tão perto de Wall Street.

Dei a volta no quarteirão, na direção de Pine Street. Fiquei frente a frente com a sede mundial do Chase, o banco construído por David Rockefeller, um banco semeado com dinheiro de petróleo e cultivado por homens como eu. Esse banco, uma instituição que servira aos AEs e que era um mestre em promover o império mundial, foi de muitas maneiras o próprio símbolo da corporatocracia.

Lembrei de ter lido que o World Trade Center foi um projeto iniciado por David Rockefeller em 1960, e que nos últimos anos o complexo tinha sido considerado um elefante branco. Tinha a fama de ser um erro financeiro, não adaptado às modernas tecnologias de fibra óptica e à Internet, além de sobrecarregado com um ineficiente e caro sistema de elevadores. Aquelas duas torres certa vez foram apelidadas de David e Nelson. Agora o elefante branco se fora.

Continuei caminhando, a passos lentos, quase relutantes. Apesar do calor da tarde, eu sentia frio, e entendi que uma estranha ansiedade, um presságio, tomava conta de mim. Não conseguia identificar a sua origem e tentei afastá-lo, apressando o passo. Acabei me encontrando uma vez mais olhando para o buraco chamuscado, os metais retorcidos, aquela grande cicatriz sobre a terra. Apoiei-me contra um prédio que escapara da destruição e olhei para o poço. Tentei imaginar as pessoas correndo apressadas da torre desabando e os bombeiros se precipitando para ajudá-las. Tentei pensar nas pessoas que saltaram, o desespero que sentiram. Mas nenhuma dessas imagens me ocorria.

Em vez disso, eu via Osama bin Laden recebendo dinheiro, e armas no valor de milhões de dólares, de um homem empregado por uma empresa de consultoria contratada pelo governo dos Estados Unidos. Então vi a mim mesmo sentado em um computador com a tela em branco.

Olhei ao redor, para longe do Marco Zero, para as ruas de Nova York que o fogo não alcançara e agora voltavam ao normal. Refleti sobre o que as pessoas que caminhavam por aquelas ruas pensavam de tudo isso — não simplesmente sobre a destruição das torres, mas também sobre as plantações de romãs arruinadas e os 24 mil que morriam de fome a cada dia. Imaginei se pensavam nessas coisas alguma vez, se eram capazes de se desprender dos seus empregos e carros devoradores de combustível e a sua participação nos lucros pelo tempo suficiente para considerar a sua própria contribuição para o mundo que estavam deixando para os filhos. Imaginei o que sabiam sobre o Afeganistão — não o Afeganistão da televisão, aquele coalhado de tendas e tanques militares americanos, mas o Afeganistão daquele velho. Imaginei o que aqueles 24 mil que morriam de fome todos os dias deviam pensar.

E então me vi, de novo, sentando diante de uma tela de computador em branco.

Concentrei a minha atenção de novo no Marco Zero. No momento, uma coisa era certa: o meu país estava pensando em vingança, e estava concentrado em países como o Afeganistão. Mas eu estava pensando sobre todos os outros lugares no mundo onde as pessoas odiavam as nossas empresas, os nossos militares, as nossas políticas, e a nossa marcha em direção ao império mundial.

Eu perguntei a mim mesmo, E quanto ao Panamá, ao Equador, à Indonésia, ao Irã, à Guatemala, à maior parte da África?

Afastei-me da parede em que estivera apoiado e comecei a andar para longe dali. Um homem baixo e corpulento agitava um jornal no ar e gritava em espanhol. Eu parei.

"A Venezuela à beira da revolução!", gritava acima do barulho do trânsito, das buzinas soando e das pessoas que passavam ao redor.

Comprei o jornal dele e fiquei ali por um instante correndo a vista pelo artigo de fundo. Era sobre Hugo Chávez, o presidente antiamericano democraticamente eleito da Venezuela e as correntes ocultas de ódio geradas pelas políticas americanas na América Latina.

E quanto à Venezuela?

CAPÍTULO 33

Venezuela: Salva por Saddam

Observei a Venezuela por muitos anos. Ela era um exemplo clássico de um país que subiu dos farrapos para a riqueza como resultado do petróleo. Era também um modelo do tumulto que a riqueza do petróleo fomenta, do desequilíbrio entre os ricos e pobres e de um país vergonhosamente explorado pela corporatocracia. Ela se tornara o modelo de um lugar para onde os AEs à moda antiga como eu convergiam com a nova versão corporativa.

Os acontecimentos sobre os quais eu lera no jornal naquele dia no Marco Zero eram um resultado direto das eleições de 1998, quando os pobres e desprivilegiados da Venezuela elegeram Hugo Chávez por maioria esmagadora como o seu presidente.[1] Ele imediatamente instituiu medidas drásticas, assumindo o controle dos tribunais e de outras instituições, dissolvendo o Congresso venezuelano. Ele denunciou os Estados Unidos pelo seu "imperialismo descarado", discursou veementemente contra a globalização e apresentou uma lei de hidrocarbonetos que era remanescente, até mesmo no nome, da que Jaime Roldós levara ao Equador pouco antes do seu helicóptero cair. A lei dobrava os direitos a serem pagos pelas companhias petrolíferas estrangeiras. Então Chávez desafiou a independência tradicional da companhia estatal, Petróleos de Venezuela, substituindo os seus altos executivos por pessoal leal a ele.[2]

O petróleo venezuelano é decisivo para a economia de todo o mundo. Em 2002, o país foi o quarto maior exportador de petróleo do mundo e o terceiro fornecedor dos Estados Unidos.[3] A Petróleos de Venezuela, com 40 mil funcionários e 50 bilhões de dólares anuais em vendas, representa 80 por cento da receita com exportações do país. Ela é de longe o fator mais importante da economia da Venezuela.[4] Ao assumir o controle do setor, Chávez se colocou como um dos maiores participantes do cenário mundial.

Muitos venezuelanos dizem que isso é uma questão de destino, a conclusão de um processo que começou 80 anos atrás. Em 14 de dezembro de 1922, um gigantesco jorro de petróleo brotou da terra próximo a Maracaibo. Cerca de 100 mil barris de petróleo bruto jorraram no ar a cada dia durante três dias e esse singular acontecimento geológico mudou a Venezuela para sempre. Em 1930, o país era o maior exportador de petróleo do mundo. Os venezuelanos consideravam o petróleo como uma solução para todos os seus problemas.

As receitas com o petróleo durante os 40 anos subseqüentes permitiram que a Venezuela evoluísse de um dos países mais pobres do mundo para um dos mais ricos da América Latina. Todas as estatísticas do país melhoraram: saúde, educação, empregos, longevidade e os índices de mortalidade infantil. Os negócios prosperaram.

Durante o embargo de petróleo de 1973 pela OPEP, os preços do petróleo dispararam e o orçamento nacional da Venezuela quadruplicou. Os AEs entraram em ação. Os bancos internacionais afluíram para o país com empréstimos que pagaram por enormes projetos de infra-estrutura e industriais e para os mais altos arranha-céus do continente. Então, na década de 1980, chegou o estilo corporativo dos AEs. Era a oportunidade ideal para eles cortarem os dentes recém-nascidos. A classe média venezuelana tornara-se considerável e oferecia um mercado maduro para uma vasta gama de produtos, mesmo que ainda houvesse um grande setor de pobres disponíveis para mão-de-obra nas unidades de produção em regime de semi-escravidão e indústrias manufatureiras.

Então os preços do petróleo despencaram e a Venezuela não conseguiu saldar a sua dívida. Em 1989, o FMI impôs duras medidas de austeridade e pressionou Caracas para apoiar a corporatocracia de muitas outras maneiras. Os venezuelanos reagiram com violência; tumultos mataram mais de 200 pessoas. A ilusão do petróleo como uma fonte sem fim de apoio estava desmanchada. Entre 1978 e 2003, a renda per capita da Venezuela caiu mais de 40 por cento.[5]

Enquanto a pobreza aumentava, o ressentimento se intensificava. O resultado foi a polarização, com a classe média brigando com os pobres. Como costuma acontecer em países cuja economia depende da produção de petróleo, os dados demográficos mudaram radicalmente. A economia afundando cobrou o seu preço da classe média e muitos caíram nas hierarquias dos pobres.

Os novos dados demográficos prepararam o terreno para Chávez — e para o conflito com Washington. Uma vez no poder, o novo presidente tomou medidas que desafiavam a administração Bush. Logo antes dos ataques de 11 de setembro, Washington estava considerando as suas opções. Os AEs tinham fracassado; era o momento de enviar os chacais?

Então o 11 de Setembro mudou todas as prioridades. O presidente Bush e os seus conselheiros concentraram-se na corrida pelo apoio da comunidade internacional às atividades americanas no Afeganistão e na invasão do Iraque. Acima de tudo, a economia americana encontrava-se no meio de uma recessão. A Venezuela foi relegada a um segundo plano. No entanto, era óbvio que em algum momento Bush e Chávez chegariam às vias de fato. Com os suprimentos de petróleo iraquianos e de outros países do Oriente Médio ameaçados, Washington não podia se dar o luxo de ignorar a Venezuela por muito tempo.

Caminhar pelo Marco Zero e por Wall Street, encontrar o homem afegão e ler sobre a Venezuela de Chávez levou-me a um ponto que eu tinha evitado por muitos anos, e ele me forçava a considerar seriamente as conseqüências das coisas que eu fizera nas últimas três décadas. Não era possível negar o papel que eu desempenhara ou o fato de que o meu trabalho como AE agora afetasse a geração da minha filha de várias maneiras muito negativas. Eu sabia que não podia mais postergar uma ação para reparar tudo o que eu fizera. Tinha de passar a minha vida a limpo, de uma maneira que ajudasse as pessoas a acordar para o fato da corporatocracia e compreenderem por que grande parte do mundo nos odiava.

Comecei a escrever mais uma vez, mas à medida que o fazia, parecia que a minha história era velha demais. De alguma forma, eu precisava atualizá-la. Pensei em viajar para o Afeganistão, o Iraque e a Venezuela e escrever um comentário contemporâneo sobre aqueles três países. Eles pareciam incorporar uma ironia aos atuais negócios do mundo: cada um passara por uma traumática perturbação política e terminara com líderes que deixavam muito a desejar (um cruel e despótico Talibã, um psicótico Saddam e um economicamente inepto Chávez), ainda assim em nenhum dos casos a corporatocracia reagira tentando resolver os problemas mais profundos desses países. Em vez disso, a reação fora simplesmente enfraquecer os líderes que permancessem no caminho das nossas políticas de petróleo. Em muitos aspectos, a Venezuela era a mais intrigante porque, enquanto a intervenção militar já ocorrera no Afeganistão e parecia inevitável no Iraque, a resposta da administração a Chávez permanecia um mistério. Até onde eu tinha conhecimento, a questão não era sobre se Chávez era um bom líder; era sobre a reação de Washington a um líder que se interpunha no caminho da marcha da corporatocracia rumo ao império mundial.

Antes que eu tivesse tempo de organizar essa viagem, contudo, as circunstâncias mais uma vez interferiram. O meu trabalho sem fins lucrativos me levou à América do Sul várias vezes em 2002. Uma família venezuelana cujos negócios haviam ido à falência durante o regime de Chávez participou de uma das minhas viagens à Amazônia. Tornamo-nos amigos íntimos, e eu ouvi o lado deles da história. Também conheci latino-americanos da outra extremidade do espectro econômico, que consideram Chávez um salvador. Os acontecimentos que se apresentaram em Caracas eram sintomáticos do mundo que nós, os AEs, havíamos criado.

Em dezembro de 2002, a situação tanto na Venezuela quanto no Iraque atingiu o ponto da crise. Os dois países estavam evoluindo para perfeitos contrapontos um do outro. No Iraque, todos os esforços sutis — tanto dos AEs quanto dos chacais — haviam falhado no sentido de forçar Saddam a cooperar e agora estávamos nos preparando para a solução final, a invasão. Na Venezuela, a administração Bush estava implantando o modelo iraniano de Kermit Roosevelt. Conforme publicou o *New York Times*,

> Centenas de milhares de venezuelanos encheram hoje as ruas daqui para declarar o seu compromisso com a greve geral nacional, agora no seu 28º dia, para forçar a renúncia do presidente Hugo Chávez.
>
> A greve, que conta com a adesão de cerca de 30 mil trabalhadores do setor petrolífero, ameaça dar curso a estragos sobre essa nação, a quinta maior produtora de petróleo do mundo, por vários meses...
>
> Nos últimos dias, a greve chegou a uma espécie de impasse. Chávez está usando trabalhadores contra a greve para tentar normalizar as operações na companhia petrolífera estatal. Os seus oponentes, liderados por uma coalizão de empresários e líderes trabalhistas, protestam, no entanto, que a sua greve vai levar a companhia e, portanto, o governo Chávez, ao colapso.[6]

Era exatamente assim que a CIA derrubara Mossadegh e o substituíra pelo xá. A analogia não poderia ter sido mais forte. Surpreendentemente, parecia que a história estava se repetindo 50 anos depois. Cinco décadas e ainda o petróleo era a força motivadora.

Em 4 de janeiro de 2003, os partidários de Chávez se chocaram com os seus oponentes. Duas pessoas foram baleadas e mortas e dezenas mais foram feridas. No dia seguinte, conversei com um velho amigo que por muitos anos estivera envolvido com os chacais. Como eu, ele nunca trabalhara diretamente para nenhum governo, mas tinha conduzido operações clandestinas em muitos países. Ele me disse que um empreiteiro particular o procurara para fomentar greves em Caracas e subornar chefes militares — muitos dos quais tinham sido treinados na Escola das Américas — a se voltar contra o presidente eleito. Ele recusara a oferta, mas me confidenciou: "O homem que aceitou o trabalho sabe o que está fazendo".[7]

No mesmo mês, janeiro de 2003, os preços do petróleo bruto subiram a níveis elevados e os inventários americanos fecharam no negativo pela primeira vez em 26 anos. Considerando a situação no Oriente Médio, eu sabia que a administração Bush estava fazendo tudo ao seu alcance para derrubar Chávez. Então chegou a notícia de que tinham conseguido; Chávez fora destituído. O *New York Times* aproveitou a oportunidade para dar uma perspectiva histórica — e também para identificar o homem que parecia desempenhar o papel de Kermit Roosevelt na Venezuela:

> Os Estados Unidos... apoiaram regimes autoritários em toda a América Central e do Sul durante e depois da Guerra Fria em defesa dos seus interesses econômicos e políticos.
>
> Na minúscula Guatemala, a Central Intelligence Agency montou um golpe para derrubar o governo democraticamente eleito em 1954, e sustentou governos subseqüentes de direita contra pequenos grupos rebeldes de esquerda por quatro décadas. Aproximadamente 200 mil civis morreram.
>
> No Chile, um golpe apoiado pela CIA ajudou a colocar o general Augusto Pinochet no poder de 1973 a 1990. No Peru, um frágil governo democrático ainda está desarticulando o papel da agência em uma década de apoio ao agora deposto e desonrado presidente Alberto K. Fujimori e o seu ignominioso espião-chefe, Vladimiro L. Montesinos.
>
> Os Estados Unidos tiveram de invadir o Panamá em 1989 para derrubar o seu narco-ditador Manuel A. Noriega, que, por mais de 20 anos, foi um valioso informante para o serviço de informações americano. E a luta para montar uma oposição desarmada contra os esquerdistas da Nicarágua na década de 1980 por todos os meios necessários, incluindo a venda de armas ao Irã contra dinheiro frio, levou a denúncias contra altos funcionários da administração Reagan.
>
> Entre os investigados na época estava Otto J. Reich, um veterano das lutas latino-americanas. Nenhuma acusação foi feita contra Reich. Ele de-

pois tornou-se o embaixador americano na Venezuela e agora serve como secretário-assistente de Estado para assuntos interamericanos por indicação presidencial. A queda de Chávez é um motivo de orgulho para ele.[8]

Se Reich e a administração Bush estavam comemorando o golpe contra Chávez, a festa foi interrompida de repente. Numa virada espetacular, Chávez recuperou o comando e foi reposto no poder menos de 72 horas depois. Ao contrário de Mossadegh no Irã, Chávez conseguiu manter os militares do seu lado, a despeito de todas as tentativas de envolver os oficiais de alta patente contra ele. Além disso, ele tinha a poderosa companhia estatal de petróleo do lado dele. A Petróleos de Venezuela desafiou os milhares de trabalhadores em greve e fez uma convocação geral.

Assim que a poeira baixou, Chávez endureceu a postura do seu governo sobre os funcionários da companhia petrolífera, purgou das forças armadas os poucos oficiais desleais que haviam sido persuadidos a traí-lo e forçou muitos dos seus adversários principais a deixar o país. Ele exigiu a sentença de 20 anos de prisão para dois importantes líderes da oposição, agitadores ligados a Washington que haviam se unido aos chacais para dirigir a greve nacional.[9]

Em última análise, toda a seqüência de acontecimentos foi uma calamidade para a administração Bush. Conforme publicou o *Los Angeles Times*,

> Os funcionários da administração Bush reconheceram terça-feira que haviam discutido a remoção do presidente venezuelano Hugo Chávez por meses com líderes militares e civis da Venezuela... O controle do golpe abortivo pela administração aconteceu sob uma crescente observação.[10]

Era óbvio que não só os AEs haviam falhado, mas também os chacais. A Venezuela em 2003 se revelava bem diferente do Irã em 1953. Eu fiquei imaginando se isso era um presságio ou uma anomalia — e que Washington seria a próxima.

Pelo menos por algum tempo, acredito que uma grave crise foi evitada na Venezuela — e Chávez foi salvo — por Saddam Hussein. A administração Bush não podia tomar o poder no Afeganistão, no Iraque e na Venezuela ao mesmo tempo. No momento, ela não tinha nem ímpeto militar nem o apoio político para fazê-lo. Eu sabia, contudo, que essas circunstâncias poderiam mudar rapidamente, e que o presidente Chávez tinha a probabilidade de enfrentar uma feroz oposição em futuro próximo. Não obstante, a Venezuela fazia lembrar que pouca coisa havia mudado em 50 anos — a não ser o resultado.

CAPÍTULO 34

Equador Revisitado

A Venezuela foi um caso clássico. No entanto, enquanto eu observava os acontecimentos se desdobrarem lá, ocorreu-me que as frentes de batalha verdadeiramente importantes estavam sendo desenhadas em outro país. Elas eram importantes não porque representassem mais em termos de dólares ou vidas humanas, mas porque envolviam questões que ultrapassavam as metas materialistas que geralmente definem os impérios. Essas frentes de batalha se estendiam além dos exércitos de banqueiros, executivos de empresas e políticos, mergulhando fundo na alma da civilização moderna. E elas estavam sendo estabelecidas em um país que eu conhecia e amava, um país onde trabalhara pela primeira vez como voluntário do Corpo de Paz: o Equador.

Nos anos que se seguiram desde a primeira vez que estive lá, em 1968, esse minúsculo país tinha se tornado uma vítima altamente característica da corporatocracia. Os meus contemporâneos e eu, e os nossos modernos equivalentes corporativos, conseguiram levar o país à virtual falência. Emprestamos bilhões de dólares para ele, de modo que pudesse contratar as nossas empresas de engenharia e construção para desenvolver projetos que ajudariam às famílias mais ricas. Como resultado, naquelas três décadas, o nível de pobreza oficial cresceu de 50 para 70 por cento, o subemprego ou o desemprego aumentaram de 15 para 70 por cento, a dívida pública aumentou de 240 milhões de dólares para 16 bilhões, e a participação nos recursos nacionais alocados para os cidadãos mais pobres declinou de 20 por cento para 6 por cento. Hoje, o Equador deve dedicar praticamente 50 por cento do seu orçamento nacional simplesmente para pagar as suas dívidas — em vez de ajudar os milhões de seus cidadãos que estão oficialmente classificados como perigosamente empobrecidos.[1]

A situação no Equador demonstra claramente que isso não é o resultado de uma conspiração; é um processo que ocorreu durante tanto a administração democrática quanto a republicana, um processo que envolveu todos os principais bancos multinacionais, muitas corporações e missões de ajuda externa de uma variedade de países. Os Estados Unidos desempenharam o papel principal, mas não estivemos agindo sozinhos.

Durante aquelas três décadas, milhares de homens e mulheres participaram do processo que colocou o Equador na posição delicada em que ele se encontrava no início do milênio. Alguns deles, como eu, tinham consciência do que estavam fazendo, mas a imensa maioria meramente desempenhara as tarefas que aprenderam nas faculdades de administração, engenharia e direito, ou seguiram a liderança de chefes com o meu perfil, que demonstravam o sistema pelo próprio exemplo de ganância e por meio de recompensas e punições calculadas para perpetuá-lo. Esses participantes viam as partes que desempenhavam como benignas, na pior das hipóteses; na maioria das visões otimistas, eles estavam ajudando um país pobre.

Embora inconscientes, enganadas e — em muitos casos — iludidas, essas pessoas não eram integrantes de uma conspiração clandestina; em vez disso, eram o produto de um sistema que promove a forma mais sutil e eficaz de imperialismo que o mundo jamais conheceu. Ninguém precisava sair para procurar homens e mulheres que pudessem ser subornados e ameaçados — eles já tinham sido recrutados por empresas, bancos e agências do governo. Os subornos consistiam de salários, bônus e pensões, além de políticas de seguros; as ameaças baseavam-se em costumes sociais, pressão dos pares e questões veladas sobre o futuro da educação dos filhos.

O sistema fora espetacularmente bem-sucedido. Na época em que começou o novo milênio, o Equador estava completamente encurralado. Ele estava nas nossas mãos, assim como um chefão da Máfia tem nas suas o homem cujo casamento da filha e o pequeno negócio foram financiados e depois refinanciados. Assim como qualquer bom mafioso, nós não tínhamos pressa. Podíamos nos dar o luxo de ser pacientes, sabendo que por baixo das florestas tropicais do Equador havia um mar de petróleo, sabendo que o dia certo haveria de chegar.

Aquele dia já tinha chegado quando, no início de 2003, saí de Quito com a minha caminhonete de luxo pela estrada sinuosa rumo à cidade na selva da Shell. Chávez se restabelecera na Venezuela. Ele havia desafiado George W. Bush e havia vencido. Saddam resistia na sua posição e se preparava para ser invadido. Os suprimentos de petróleo haviam se esvaziado a um nível mais baixo desde as últimas três décadas e as perspectivas de conseguir mais de nossas fontes primárias pareciam desanimadoras — e portanto, o mesmo acontecia com a saúde das folhas de balanço das corporatocracias. Precisávamos de um ás na mão. Chegara o momento de cobrar a nossa dívida com os equatorianos.

Ao passar pela gigantesca represa no rio Pastaza, compreendi que ali no Equador a batalha não era simplesmente a luta clássica entre os ricos do mundo contra os mais pobres, entre os exploradores e os explorados. As frentes dessa batalha acabariam por decidir quem éramos nós como civilização. Estávamos dispostos a forçar esse minúsculo país a abrir a sua parte da floresta amazônica para as nossas companhias petrolíferas. A devastação que resultaria disso seria incomensurável.

Se insistíssemos em cobrar a dívida, as repercussões iriam além da nossa capacidade de quantificá-la. Não se tratava simplesmente da destruição de culturas indígenas, vidas humanas e centenas de milhares de espécies de animais, répteis, peixes, insetos e plantas, alguns dos quais poderiam conter a cura para um sem-número de doenças. Não se tratava apenas de que as florestas tropicais absorvem os gases do efeito estufa causado pelas nossas indústrias, liberam o oxigênio necessário à nossa vida e dão origem às nuvens que em última análise criam uma grande porcentagem da água potável do mundo. Aquilo ia além de todos os argumentos convencionais feitos por ecologistas para salvar lugares dessa natureza, penetrando fundo nas nossas almas.

Se insistíssemos nessa estratégia, estaríamos continuando com um modelo imperialista que começara muito antes do Império Romano. Nós rejeitamos a escravidão, mas o nosso império mundial escraviza mais pessoas do que os romanos e todas as outras potências coloniais antes de nós. Eu imaginava como poderíamos executar uma política imediatista dessa no Equador e ainda viver com a nossa consciência coletiva.

Olhando pela janela da caminhonete para as encostas desmatadas dos Andes, uma região que durante os meus dias de Corpo de Paz fora exuberante de plantas tropicais, de repente me surpreendi com outra conclusão. Ocorreu-me naquele momento que aquela visão do Equador como uma frente de batalha importante era algo puramente pessoal, que na verdade todo país onde eu trabalhara, todo país com recursos cobiçados pelo império, era igualmente importante. Eu tinha a minha própria ligação com esse aqui, que remontava desde aqueles dias do final da década de 1960, quando perdi a minha inocência nesse lugar. No entanto, era subjetivo, uma predisposição pessoal.

Embora as florestas equatorianas fossem preciosas, assim como os povos indígenas e todas as outras formas de vida que as habitavam, elas não eram mais preciosas do que os desertos do Irã e os ancestrais beduínos de Yamin. Não eram mais preciosas do que as montanhas de Java, os mares da costa das Filipinas, as estepes da Ásia, as savanas da África, as florestas da América do Norte, as calotas de gelo do Ártico nem do que centenas de outros lugares ameaçados. Cada um deles representa uma batalha para mim e cada um deles nos força a ir buscar as profundezas da nossa alma individual e coletiva.

Recordei-me de uma estatística que resume tudo isso de uma vez: a relação entre o rendimento de um quinto da população mundial dos países mais ricos e um quinto dos países mais pobres variou de 30 para 1 em 1960 para 74 para 1 em 1995.[2] E o Banco Mundial, a Agência Americana para o Desenvolvimento Internacional (USAID), o FMI e o restante dos bancos, corporações e governos envolvidos na "ajuda" internacional continuam a nos dizer que estão fazendo o seu trabalho, que o progresso tem avançado.

Portanto, aqui estava eu de novo no Equador, no país que era apenas um dentre muitos nas frentes de batalha mas que ocupa um lugar especial no meu coração. Estávamos em 2003, 35 anos depois que eu chegara ali pela primeira vez como integrante de uma organização americana que carrega a palavra *paz* no seu nome. Dessa vez, eu viera com a finalidade de tentar impedir uma guerra que por três décadas ajudara a provocar.

Parecia que os acontecimentos no Afeganistão, no Iraque e na Venezuela podiam ser suficientes para nos impedir de outro conflito; ainda assim, no Equador a situação era muito diferente. Essa guerra não requeria as forças armadas americanas, pois seria travada por poucos milhares de guerreiros indígenas equipados apenas com lanças, machadinhas e fuzis de um único tiro, de carregar pela boca. Eles enfrentariam o moderno exército equatoriano, um punhado de conselheiros das Forças Especiais americanas e mercenários treinados pelos chacais contratados pelas companhias petrolíferas. Essa seria uma guerra, como o conflito de 1995 entre Equador e Peru, da qual a maioria das pessoas nos Estados Unidos nunca ouviu falar, e recentes acontecimentos haviam aumentado sucessivamente a probabilidade dessa guerra.

Em dezembro de 2002, os representantes de uma companhia petrolífera acusaram uma comunidade indígena de tomar como reféns uma equipe de seus trabalhadores; eles sugeriam que os guerreiros envolvidos eram membros de um grupo terrorista, com implicações de possíveis ligações com a al-Qaeda. Era um assunto especialmente complicado, porque a companhia de petróleo não havia recebido permissão do governo para fazer perfurações. No entanto, a companhia alegava que os seus trabalhadores tinham o direito de fazer estudos preliminares, pesquisas que não envolviam perfurações — uma alegação veementemente questionada pelos grupos indígenas alguns dias depois, quando apresentaram o seu lado da história.

Os trabalhadores da companhia petrolífera, insistiam os representantes tribais, haviam ingressado em terras em que não tinham permissão de entrar; os guerreiros não carregavam armas, nem haviam ameaçado os trabalhadores com violência de nenhuma natureza. Na verdade, eles haviam escoltado os trabalhadores para a aldeia, onde lhes ofereceram alimento e *chicha*, a cerveja local. Enquanto os visitantes faziam sua refeição, os guerreiros persuadiram os guias dos trabalhadores a ir embora. No entanto, afirmava a tribo, os trabalhadores em nenhum momento foram mantidos ali contra a vontade; eles eram livres para ir aonde quisessem.[3]

Dirigindo pela estrada, lembrei-me de que os shuars tinham me dito em 1990 quando, depois de vender a IPS, eu retornara ali para me oferecer para ajudá-los a salvar as suas florestas. "O mundo é aquilo que você sonha", eles tinham dito, e então observaram que nós do Norte tínhamos sonhado com indústrias enormes, uma porção de carros e gigantescos arranha-céus. Agora descobríamos que a nossa visão fora na verdade um pesadelo que acabaria nos destruindo.

"Mudem esse sonho", os shuars me advertiram. E ali estava, mais de uma década depois, e a despeito do trabalho de muitas pessoas e de organizações sem fins lucrativos, incluindo aquelas com as quais eu tinha trabalhado, o pesadelo adquirira novas e horríveis proporções.

Quando a minha caminhonete finalmente entrou na cidade na selva da Shell, eu tive de abrir caminho para chegar à reunião. Os homens e mulheres que participavam representavam muitas tribos: Kichwa, Shuar, Achuar, Shiwiar e Zaparo. Alguns tinham caminhado durante dias através da selva, outros tinham vindo em pequenos aviões, mantidos por organizações sem fins lucrativos. Alguns usavam os seus tradicionais saiotes, traziam as faces pintadas e cocares de penas, embora a maioria tentasse imitar as pessoas da cidade, usando calças, camisetas e sapatos.

Os representantes da comunidade acusada de tomar reféns falaram primeiro. Eles nos contaram que pouco depois que os trabalhadores retornaram para a companhia petrolífera, mais de uma centena de soldados equatorianos chegaram à sua pequena comunidade. Eles nos lembraram que estava começando uma estação especial na floresta, a época da frutificação da *chonta*. Uma árvore sagrada para as culturas indígenas, ela dá frutos uma vez por ano e isso é o sinal do começo da estação de acasalamento para muitos dos pássaros da região, incluindo espécies raras e ameaçadas. Quando se reúnem em bandos nessa época, os pássaros são extremamente vulneráveis. As tribos mantêm políticas rígidas que proíbem a caça desses pássaros durante a estação da chonta.

"A chegada dos soldados não poderia ter acontecido em momento pior", explicou uma mulher. Senti a dor daquela mulher e dos seus companheiros enquanto eles contavam as suas trágicas histórias sobre como os soldados ignoravam as proibições. Eles atiravam nos pássaros por esporte e para se alimentar. Além disso, eles passavam sobre as plantações das famílias, bananeiras e campos de mandioca, geralmente destruindo de modo irreparável o solo desprotegido. Usavam explosivos para pescar nos rios, e comiam animais de estimação das famílias. Eles confiscavam as armas de fogo e até as zarabatanas dos caçadores locais, cavavam latrinas inadequadas, poluíam os rios com óleo combustível e solventes, molestavam sexualmente as mulheres e não se incomodavam em dar uma destinação correta ao lixo, o que atraía insetos e vermes.

"Nós tínhamos duas alternativas", disse um homem. "Podíamos lutar ou engolir o nosso orgulho e fazer o melhor possível para reparar os danos. Decidimos que não era a hora de lutar." Ele contou como tentaram contrabalançar os abusos dos militares, incentivando o seu povo a ficar sem comer. Ele chamou àquilo de jejum mas na verdade parecia aproximar-se da inanição voluntária. Os idosos e as crianças ficaram desnutridos e adoeceram.

Eles falaram sobre as ameaças e subornos. "Meu filho", disse uma mulher "fala inglês tanto quanto espanhol e vários dialetos indígenas. Ele trabalhava como guia e tradutor para uma empresa de ecoturismo. Eles lhe pagavam um salário decente. A companhia petrolífera ofereceu-lhe dez vezes mais. O que ele podia fazer? Agora ele escreve cartas denunciando a antiga empresa e todos os outros que vêm nos ajudar, e nessas cartas ele chama as companhias petrolíferas de nossas amigas." Ela sacudiu o corpo, como um cachorro depois de um banho para se livrar da água. "Ele não é mais um de nós. Meu filho..."

Um homem mais velho, usando o tradicional adereço de cabeça de um xamã, se levantou. "Vocês sabem sobre aqueles três que escolhemos para nos representar contra as companhias de petróleo, que morreram naquele desastre de avião? Bem, não vou ficar aqui para lhes dizer o mesmo que muitos dizem: que as companhias petrolíferas provocaram o desastre. Mas posso lhes dizer que essas três mortes deixaram uma grande lacuna na nossa organização. As companhias petrolíferas não perderam tempo e preencheram a lacuna com gente delas."

Outro homem apareceu com um contrato e começou a lê-lo. Em troca de 300 mil dólares, era cedido um imenso território para uma empresa madeireira. Estava assinado por três funcionários tribais.

"Estas não são as assinaturas verdadeiras deles", afirmou ele. "Eu sei muito bem; um deles é o meu filho. Este é um outro tipo de assassínio. Desacreditar os nossos líderes."

Parecia irônico e estranhamente apropriado que isso estivesse acontecendo numa região do Equador onde as companhias petrolíferas ainda não tinham permissão para perfurar petróleo. Elas tinham feito perfurações em muitas áreas ao redor dessa, e os povos indígenas presenciaram os resultados, tinham testemunhado a destruição dos seus vizinhos. Enquanto eu ouvia, me perguntei como os cidadãos do meu país reagiriam se reuniões como aquela fossem transmitidas pela CNN ou no noticiário da noite.

As reuniões eram fascinantes e as revelações profundamente perturbadoras. Mas algo mais também acontecia, fora do local formal daquelas sessões. Durante os intervalos, no almoço e à noite, quando conversei com as pessoas em particular, muitas vezes me perguntavam por que os Estados Unidos estavam ameaçando o Iraque. A guerra iminente era discutida nas primeiras páginas dos jornais equatorianos que chegavam até essa cidadezinha na selva, e a cobertura era muito diferente da que era feita nos Estados Unidos. Ela incluía referências à propriedade pela família Bush das companhias petrolíferas e da United Fruit, e do papel do vice-presidente Cheney como CEO da Halliburton.

Esses jornais eram lidos a homens e mulheres que nunca tinham freqüentado uma escola. Todo mundo parecia ter interesse pelo assunto. Ali estava eu, na floresta Amazônica, entre pessoas iletradas que muitos nos Estados Unidos consideram "atrasadas", até mesmo "selvagens", e ainda assim as questões que discutiam e as perguntas que faziam tinham tudo a ver com o cerne do império mundial.

Depois de partir de Shell, passando no caminho pela represa hidrelétrica e o alto dos Andes, continuei pensando sobre a diferença entre o que eu tinha visto e ouvido durante essa viagem ao Equador e aquilo com o que tinha me acostumado nos Estados Unidos. Parecia que as tribos amazônicas tinham muita coisa a nos ensinar, que apesar de todo o nosso estudo e nossas muitas horas lendo revistas e assistindo às notícias pela televisão, carecíamos da consciência que eles de alguma forma desenvolveram. Essa linha de raciocínio me fez pensar na "Profecia do Condor e da Águia", que ouvira muitas vezes em toda a América Latina e de profecias semelhantes que encontrara ao redor do mundo.

Praticamente todas as culturas conheciam profecias de que no final da década de 1990 entraríamos num período de excepcional transição. Nos mosteiros do Himalaia, em retiros cerimoniais na Indonésia e reservas indígenas na América do Norte, das profundezas da Amazônia aos picos dos Andes e nas antigas cidades maias da América Central, eu ouvi falar que esse momento que atravessamos é especial para a história da humanidade, e que cada um de nós nasceu nessa época porque temos uma missão a cumprir.

Os títulos e as palavras das profecias diferem ligeiramente. Elas variam em torno da Nova Era, do Terceiro Milênio, da Era de Aquário, do Início do Quinto Sol, ou do fim de antigos calendários e do começo de novos. Contudo, apesar da terminologia variada, elas têm uma porção de coisas em comum, e a Profecia do Condor e da Águia é bem característica. Segundo ela, nas brumas do início dos tempos, as sociedades humanas se dividiram e tomaram dois caminhos diferentes: o do condor (representando o coração, a intuição e o misticismo) e o da águia (representando o cérebro, a razão e o materialismo). Na década de 1490, reza a profecia, os dois caminhos convergiriam e a águia levaria o condor à beira da extinção. Então, 500 anos depois, na década de 1990, uma nova época começaria, em que o condor e a águia teriam a oportunidade de se reencontrar e voar juntos no mesmo céu, pelo mesmo caminho. Se o condor e a águia aproveitarem a oportunidade, as conseqüências serão as mais excepcionais, diferentes de tudo o que foi conhecido até então.

A Profecia do Condor e da Águia pode ser considerada em muitos níveis — a interpretação comum é que ela prevê a comunhão dos conhecimentos indígenas com as tecnologias da ciência, o equilíbrio entre yin e yang e a ligação entre as culturas do norte e do sul. No entanto, mais profunda ainda é a mensagem que ela transmite sobre a consciência; ela diz que chegamos a uma época em que podemos nos beneficiar de inúmeras maneiras de ver a nós mesmos e ao mundo, e que podemos usar esse conhecimento como um trampolim para níveis superiores de consciência. Como seres humanos, podemos realmente acordar e evoluir para uma espécie mais consciente.

O povo do condor da Amazônia faz parecer muito óbvio que se estamos para fazer perguntas sobre a natureza do que é o ser humano neste novo milênio, e sobre o nosso compromisso em avaliar as nossas intenções para as próximas várias décadas, então precisamos abrir os olhos e ver as conseqüências dos nossos atos — as ações da águia — em lugares como o Iraque e o Equador. Devemos nos chacoalhar para acordar. Nós, que vivemos no país mais poderoso que a história já viu, devemos parar de nos preocupar tanto com o resultado das novelas açucaradas, jogos de futebol, o balanço do trimestre e com os índices diários da Bolsa de Valores, e em lugar disso devemos reavaliar quem somos e que futuro queremos para os nossos filhos. A alternativa de parar e fazer essas perguntas importantes é simplesmente perigosa demais.

CAPÍTULO 35

Rompendo o Verniz

Logo depois da minha volta do Equador em 2003, os Estados Unidos invadiram o Iraque pela segunda vez em pouco mais de uma década. Os AEs fracassaram. Os chacais fracassaram. Então moças e rapazes estavam sendo enviados para matar e morrer entre as areias do deserto. Uma questão importante que a invasão levantou, mas que eu imaginava que poucos americanos estariam em condições de considerar, era o que isso significaria para a Casa Real de Saud. Se os Estados Unidos controlarem o Iraque, que de acordo com muitas estimativas tem mais petróleo que a Arábia Saudita, pareceria haver pouca necessidade de continuar honrando o pacto que fizemos com a família real saudita na década de 1970, o acordo que se originou com o Caso da Lavagem de Dinheiro da Arábia Saudita.

O fim de Saddam, como o fim de Noriega no Panamá, mudaria a fórmula. No caso do Panamá, depois de termos recolocado as nossas marionetes, controlamos o Canal, independentemente dos termos do tratado que Torrijos e Carter negociaram. Uma vez controlado o Iraque, então, poderíamos romper com a OPEP? Será que a família real saudita se tornaria irrelevante na arena política mundial do petróleo? Uns poucos sábios já estavam questionando por que Bush atacou o Iraque em vez de canalizar todos os nossos recursos na perseguição da al-Qaeda no Afeganistão. Poderia ser que do ponto de vista dessa administração — essa família do petróleo — estabelecer suprimentos de petróleo, assim como uma justificativa para contratos de construção, era mais importante do que caçar terroristas?

Havia também um outro resultado possível, no entanto; a OPEP pode tentar se reafirmar. Se os Estados Unidos assumirem o controle do Iraque, os outros países produtores de petróleo podem ter pouco a perder em aumentar os preços do petróleo e/ou reduzir o fornecimento. Essa possibilidade estava vinculada a outro cenário, o qual tem implicações que provavelmente recairiam sobre algumas pessoas estranhas ao mundo das altas finanças internacionais, e que, no entanto, poderiam inclinar as escalas do equilíbrio geopolítico e acabar derrubando o sistema que a corporatocracia tanto se empenhara para construir. Poderia, na verdade, se revelar como sendo o único fator que causaria a autodestruição do primeiro império verdadeiramente mundial.

Em última análise, o império mundial depende em grande parte do fato de que o dólar funcione como a moeda corrente no mundo e que a Casa da Moeda americana tenha o direito de imprimir esses dólares. Assim, fazemos empréstimos a países como o Equador com o pleno conhecimento de que eles nunca irão reembolsá-los; na verdade, não queremos que eles honrem os seus débitos, uma vez que o não-pagamento é o que nos dá o poder de ação, a nossa influência, o direito de cobrar. Em condições normais, correríamos o risco de acabar liquidando os nossos próprios fundos; afinal de contas, nenhum credor pode suportar tantas insolvências assim. No entanto, as nossas não são circunstâncias normais. Os Estados Unidos imprimem moeda que não é lastreada por ouro. Na verdade, não é lastreada por nada além de uma confiança geral em todo o mundo na nossa economia e na nossa capacidade de disciplinar as forças e os recursos do império que criamos para nos apoiar.

A capacidade de imprimir moeda nos dá um imenso poder. Significa, entre outras coisas, que podemos continuar a fazer empréstimos que nunca serão pagos — e que nós mesmos podemos acumular uma dívida gigantesca. No início de 2003, a dívida nacional dos Estados Unidos excedeu os desconcertantes 6 trilhões de dólares e foi projetada a atingir 7 trilhões antes do final do ano — aproximadamente 24 mil dólares para cada cidadão americano. A maior parte dessa dívida foi contraída com países asiáticos, especialmente o Japão e a China, que compram papéis do Tesouro americano (basicamente IOUs*) com fundos acumulados pela venda de bens de consumo — incluindo mercadorias como aparelhos eletrônicos, computadores, automóveis, utensílios e roupas — para os Estados Unidos e o mercado mundial.[1]

Desde que o mundo aceite o dólar como a sua moeda corrente, essa dívida excessiva não representa um grave obstáculo à corporatocracia. No en-

---

* IOU, documento de dívida; iniciais da expressão *I owe you*. (N. do T.)

tanto, se outra moeda aparecer para substituir o dólar, e se alguns dos credores dos Estados Unidos (Japão ou China, por exemplo) decidirem cobrar a dívida, a situação mudará drasticamente. Os Estados Unidos de repente se verão na situação mais precária.

Na verdade, hoje a existência dessa moeda não é mais hipotética; o euro entrou no cenário financeiro internacional em 1º de janeiro de 2002, e está granjeando prestígio e força a cada mês que passa. O euro oferece uma oportunidade incomum para a OPEP, se ela decidir retaliar pela invasão do Iraque, ou se por alguma outra razão ela decidir testar a sua força contra os Estados Unidos. Uma decisão da OPEP de trocar o dólar pelo euro como a sua moeda corrente abalaria o império até os alicerces. Se isso acontecesse, e se um ou dois credores de peso exigirem que paguemos as nossas dívidas em euros, as conseqüências seriam enormes.

Eu tinha essas idéias em mente na manhã da Sexta-feira da Paixão, 18 de abril de 2003, enquanto caminhava pela curta distância da minha casa para a garagem reformada que funciona como meu escritório, sentava-me à minha escrivaninha, ligava o computador e, como de costume, entrava na página do *New York Times* na Internet. O título principal saltou-me aos olhos; ele imediatamente me transportou dos meus pensamentos sobre as novas realidades das finanças internacionais, a dívida nacional e euros de volta à minha antiga profissão: "EUA Dão à Bechtel o Maior Contrato na Reconstrução do Iraque".

O artigo informava: "A administração Bush conferiu ao grupo Bechtel de San Francisco o primeiro contrato importante hoje para um plano de ampla reconstrução do Iraque". Mais adiante na página os autores do artigo informavam os leitores de que "Os iraquianos vão trabalhar com o Banco Mundial e o Fundo Monetário Internacional, instituições em que os Estados Unidos exercem grande influência, para remodelar todo o país".[2]

Grande influência! Havia um subentendido.

Eu acessei outro artigo do *Times*, "Empresa Tem Ligações em Washington e no Iraque". Corri os olhos pelos primeiros parágrafos, que repetiam a maioria das informações do artigo anterior e cheguei ao seguinte parágrafo:

> A Bechtel tem laços antigos com as instituições de segurança nacional... Um dos seus diretores é George P. Shultz, que foi secretário de Estado do presidente Ronald Reagan. Antes de trabalhar para a administração de Reagan, Shultz, que também atua como conselheiro de alto nível da Bechtel, foi o presidente da empresa, trabalhando ao lado de Caspar W. Wein-

berger, que atuou como executivo na sede da empresa em San Francisco antes de ser indicado secretário da Defesa. Este ano, o presidente Bush indicou o executivo-chefe da Bechtel, Riley P. Bechtel, para trabalhar no Conselho de Exportação do presidente.[3]

Nesses artigos estava um resumo da história moderna, a motivação para o império mundial, em poucas palavras. O que estava acontecendo no Iraque e era contado na imprensa matutina era o resultado do trabalho que Claudine havia me treinado para fazer cerca de 35 anos antes, e do trabalho de outros homens e mulheres que compartilhavam um desejo intenso pela glorificação de si próprios não diferente da que eu havia conhecido. Ele marcava o ponto atual do progresso da corporatocracia ao longo da estrada que colocava todas as pessoas do mundo sob a sua influência.

Esses artigos eram sobre a invasão do Iraque em 2003 e sobre os contratos que estão sendo assinados no presente, ambos para reconstruir aquele país dos destroços criados pelos nossos militares e para construir um novo nos moldes do modelo moderno e ocidentalizado. Ainda assim, sem dizê-lo, as notícias de 18 de abril de 2003 também se reportavam ao início da década de 1970 e ao Caso da Lavagem de Dinheiro da Arábia Saudita. Esse caso, e os contratos que derivaram dele, estabeleceu novos e irrevogáveis precedentes que permitiam — na verdade confiavam sob mandato — as empresas americanas de engenharia e construção e o setor petroleiro a cooptar o desenvolvimento de um reino no deserto. No mesmo golpe de força, esse mesmo caso estabelecia novas regras para a gestão mundial do petróleo, redefinia a geopolítica e forjava com a família real saudita uma aliança que asseguraria a sua hegemonia assim como o seu compromisso para jogar segundo as nossas regras.

Enquanto lia aqueles artigos, não pude deixar de imaginar como muitas outras pessoas sabiam, como eu, que Saddam ainda estaria no poder se participasse do jogo segundo as nossas regras como os sauditas. Ele teria os seus mísseis e as fábricas de substâncias químicas; nós as teríamos fabricado para ele e o nosso pessoal estaria encarregado de atualizá-las e cuidar da sua manutenção. Teria sido um acordo muito agradável — assim como fora o da Arábia Saudita.

Até agora, a corrente dominante da mídia tem tido o cuidado de não dar publicidade a essa história. Mas hoje, aqui está ela. Na verdade, era uma mera insinuação; os artigos eram apenas os mais brandos fantasmas de um resumo, ainda assim a história parecia estar emergindo. Imaginando se o

New York Times estava tomando uma postura rebelde, consultei a página da CNN na Internet e li: "Bechtel Ganha Contrato no Iraque". A história da CNN era muito semelhante à do *Times*, a não ser pelo fato de que acrescentava:

> Várias outras empresas em diversas ocasiões foram consideradas como concorrentes possíveis para o trabalho, seja como licitantes primários, seja como partes de equipes, incluindo a unidade Kellogg Brown & Root (KBR) a Halliburton Co. — da qual o vice-presidente Dick Cheney uma vez foi CEO... A Halliburton [já] ganhou um contrato, que pode chegar a 7 bilhões de dólares e durar até 2 anos, para fazer reparos de emergência na infra-estrutura petrolífera do Iraque.[4]

A história da marcha para o império mundial parecia realmente estar vazando. Não os detalhes, nem o fato de que era uma história trágica de dívidas, enganos, escravização, exploração e a mais espetaculosa captura da história do coração, da mente, da alma e dos recursos de pessoas ao redor do mundo. Nada naqueles artigos sugeria que a história do Iraque em 2003 fosse a continuação de uma história vergonhosa. Nem eles revelavam que essa história, tão antiga quanto o império, agora se repete em novas e aterrorizantes dimensões, tanto por causa da sua magnitude nessa época de globalização quanto por causa da sutileza com que é executada. A despeito das suas falhas, porém, a história parecia estar vazando, quase relutantemente.

A idéia da história relutante, vazando, chegou bem perto de casa. Ela me fazia lembrar da minha história pessoal e dos muitos anos que hesitara em contá-la. Eu sabia de longa data que tinha uma confissão a fazer; ainda assim, posterguei a sua execução. Olhando para trás, vi que as minhas dúvidas, os fiapos de culpa, estavam presentes desde o começo. Eles tinham começado no apartamento de Claudine, até mesmo antes de eu assumir o compromisso de ir para a Indonésia naquela primeira viagem, eles me perseguiram quase incessantemente por todos esses anos.

Eu também sabia que, se as dúvidas, a dor e a culpa não me incomodassem constantemente, eu nunca teria posto nada para fora. Assim como muitos outros, eu não teria feito nada. Eu não teria resolvido ficar numa praia nas Ilhas Virgens nem teria decidido me demitir da MAIN. Assim mesmo, eu continuava a adiar, exatamente como nós, como uma cultura, continuamos a adiar.

Aqueles títulos pareceram dar uma sugestão sobre a aliança entre as grandes corporações, bancos internacionais e governos, mas como o meu currículo na MAIN, as histórias mal tocavam a superfície. Era um verniz, uma aparência enganosa. A verdadeira história tinha pouco a ver com o fato de que as maiores empresas de engenharia e construção estavam uma vez mais recebendo bilhões de dólares para desenvolver um país segundo a nossa imagem — entre as pessoas que com toda a certeza não desejavam refletir essa imagem — ou aquela que um grupo de homens da elite estava repetindo um ritual antigo de abuso de privilégios de suas altas posições no governo.

Mas esse quadro apenas é simples demais. Ele implica que tudo o que precisaríamos fazer, se decidíssemos consertar os erros do sistema, seria pôr esses homens para fora. Ele alimenta as teorias da conspiração e portanto oferece uma desculpa conveniente para ligar a TV e esquecer de tudo, confortáveis na nossa visão de terceira classe da história, que diz o seguinte: "Eles" tomarão conta de tudo; o barco do Estado está em boas condições de navegabilidade e com pouco esforço voltará ao seu curso normal. Vamos ter de esperar pela próxima eleição, mas tudo vai acabar da melhor maneira possível.

A verdadeira história do império moderno — da corporatocracia que explora pessoas desesperadas e está executando a mais brutal, egoísta e em última análise autodestrutiva captação de recursos da história — tem pouco a ver com o que foi publicado nos jornais naquela manhã e tem tudo a ver conosco. E isso, é claro, explica por que temos tanta dificuldade para escutar a história verdadeira. Preferimos acreditar no mito que milhares de anos de evolução social finalmente aperfeiçoou o sistema econômico ideal, em vez de encarar o fato de que nós meramente acreditamos no conceito falso e o aceitamos como uma verdade sagrada, absoluta. Nós nos convencemos de que todo crescimento econômico beneficia a humanidade e que quanto maior o crescimento, mais disseminados são os benefícios. Finalmente, nós nos persuadimos uns aos outros de que o corolário desse conceito é válido e moralmente justo: as pessoas que se distinguem trabalhando em prol do crescimento econômico devem ser exaltadas e recompensadas, ao passo que as que nascem nas margens estão disponíveis para exploração.

Esse conceito e esse corolário são usados para justificar todas as formas de pirataria — são dadas licenças para violar, pilhar e assassinar pessoas no Irã, no Panamá, na Colômbia, no Iraque e em toda parte. Os AEs, os chacais e os militares prosperam desde que as suas atividades possam ser mostradas para gerar crescimento econômico — e eles quase sempre demonstram esse crescimento. Graças às "ciências" predispostas a fazer previsões, a econometria e as estatísticas, se você bombardear uma cidade e depois a reconstruir, os dados mostram um gigantesco salto no crescimento econômico.

A verdadeira história é que estamos vivendo uma mentira. Assim como o meu currículo na MAIN, criamos um verniz que esconde os cânceres fatais por baixo da superfície. Esses cânceres são expostos pelos raios X das nossas estatísticas, que revelam o fato aterrorizante de que o império mais poderoso e mais opulento apresenta taxas escandalosamente elevadas de suicídio, abuso de drogas, divórcios, molestação de menores, estupros e assassinatos, e que assim como um câncer maligno, esses sofrimentos espalham os seus tentáculos num raio cada vez mais longo a cada ano. No nosso coração, cada um de nós sente a dor. Nós clamamos por mudanças. Ainda assim, tapamos a boca com as mãos, sufocando esse clamor, e assim continuamos sem ser ouvidos.

Seria ótimo se pudéssemos simplesmente pôr toda a culpa em uma conspiração, mas não podemos. O império depende da eficácia de grandes bancos, corporações e governos — a corporatocracia —, mas isso não é uma conspiração. Essa corporatocracia somos nós mesmos — ela existe por nossa causa —, e é por isso, é claro, que a maioria de nós acha difícil tomar uma posição e se opor. Preferimos vislumbrar conspiradores tramando nas sombras, porque a maioria de nós trabalha para um desses bancos, corporações ou governos, ou de alguma maneira dependemos deles para bens e serviços que eles produzem e colocam no mercado. Não podemos morder a mão que nos alimenta.

Esse era o problema em que eu pensava quando me sentei olhando para os títulos na tela do meu computador. E ele levantava uma série de questões. Como você pode ir contra um sistema que parece fornecer a você a sua casa e o seu carro, alimento e roupas, eletricidade e tratamento de saúde — mesmo quando você perceba que o sistema também cria um mundo em que 24 mil pessoas morrem de fome a cada dia e milhões mais odeiam você, ou pelo menos odeiam a política praticada por representantes que você elegeu? Como você encontra a coragem para sair da linha e desafiar os conceitos que você e os seus vizinhos sempre aceitaram como uma verdade absoluta, mesmo quando você desconfia de que o sistema está pronto para destruir a si mesmo? Sem pressa, eu me levantei e fui para os fundos da casa para me servir de outra xícara de café.

Dei uma pequena volta e peguei o meu exemplar do *Palm Beach Post*, caído ao lado da caixa do correio na entrada de casa. Ele tinha o mesmo artigo Bechtel-Iraque, com o crédito dado ao *New York Times*. Mas agora eu notei a data no cabeçalho: 18 de abril. Era uma data famosa, pelo menos na Nova Inglaterra, instilada em mim pelos meus parentes ligados à Guerra de Secessão e pelo poema de Longfellow:

Listen, my children, and you shall hear
Of the midnight ride of Paul Revere,
On the eighteenth of April, in Seventy-five;
Hardly a man is now alive
*Who remembers that famous day and year.**

Neste ano, a Sexta-feira da Paixão calhou de cair no aniversário da cavalgada de Paul Revere. Ver essa data na primeira página do *Post* me fez pensar naquele prateiro da colônia correndo no seu cavalo através das ruas escuras das cidades da Nova Inglaterra, agitando o chapéu no ar e gritando: "Os ingleses estão chegando!" Revere arriscou a vida para difundir a notícia, e os americanos leais reagiram. Eles pararam o império, naquele momento.

Eu perguntei a mim mesmo o que os havia motivado, por que aqueles americanos coloniais estavam dispostos a sair da linha. Muitos dos cabeças eram prósperos. O que os inspirara a arriscar o seu negócio, a morder a mão que os alimentava, a arriscar a vida? Cada um deles indubitavelmente tinha razões pessoais, e ainda assim deve ter havido alguma força unificadora, alguma energia ou catalisador, uma centelha que acendeu a chama de todos naquele momento singular da história.

E então me ocorreu: as palavras.

A verdadeira história sobre o Império Britânico e seu sistema mercantil egoísta e em última análise autodestrutivo bem contada foi a centelha. A exposição do significado subjacente, por meio das palavras de homens como Tom Paine e Thomas Jefferson, acendeu a imaginação dos seus compatriotas, abriu os corações e as mentes. Os colonos começaram a questionar, e quando o fizeram, descobriram uma nova realidade que deixava de lado os artifícios, a aparência enganosa. Eles discerniram a verdade por baixo da pátina, entenderam a maneira como o Império Britânico os manipulava, enganava e escravizava.

---

* "Prestem atenção, filhos, e ouvirão contar / Da cavalgada noturna de Paul Revere, / No dezoito de abril de setenta e cinco; / Nenhum homem hoje entre os vivos / Lembra-se desse famoso dia e ano." (N. do T.)

Eles viram que os seus mestres ingleses tinham criado um sistema e então conseguiram convencer a maioria das pessoas de uma mentira — que aquele era o melhor sistema que a humanidade poderia oferecer, que as perspectivas para um mundo melhor dependiam de canalizar os recursos por intermédio do rei da Inglaterra, que um sistema imperial de comércio e de política era o meio mais eficiente e humano de ajudar a maioria da população — quando na realidade a verdade era que o sistema enriquecia apenas uns poucos à custa de muitos. Essa mentira, e a resultante exploração, perdurou e se expandiu por décadas, até que um punhado de filósofos, comerciantes, fazendeiros, pescadores, desbravadores, escritores e oradores começaram a falar a verdade.

Palavras. Pensei sobre o poder das palavras e tornei a encher a minha xícara de café, voltei para o escritório e me sentei à frente do computador.

Desliguei a página da CNN na Internet e abri o arquivo em que estivera trabalhando na noite anterior. Li o último parágrafo que escrevera:

> Esta história *precisa* ser contada. Vivemos numa época de crises terríveis — e enormes oportunidades. A história deste assassino econômico em particular é a história de como chegamos ao ponto onde nos achamos e por que estamos sempre deparando com crises que parecem insuperáveis. Esta história precisa ser contada porque apenas entendendo os nossos erros do passado seremos capazes de aproveitar melhor as oportunidades futuras... Mais importante ainda, esta história precisa ser contada porque hoje, pela primeira vez na história, um país tem a capacidade, o dinheiro e o poder para mudar tudo isso. Ele é o país onde eu nasci e aquele ao qual servi como um AE: os Estados Unidos da América.

Dessa vez eu não iria parar. As coincidências da minha vida e as escolhas que eu fizera em torno delas haviam me levado até aquele ponto. E eu iria em frente.

Pensei de novo naquele outro homem, aquele corredor solitário galopando através do interior às escuras da Nova Inglaterra, gritando a sua advertência. O prateiro sabia que as palavras de Paine e de Jefferson tinham chegado antes dele, que as pessoas já tinham lido aquelas palavras em casa e discutido nas tavernas. Paine havia mostrado a verdade sobre a tirania do Império Britânico. Jefferson proclamara que a nossa nação era dedicada aos princípios da vida, da liberdade e da busca da felicidade. E Revere, correndo na noite, entendeu que os homens e mulheres por todas as colônias estavam fortalecidos por aquelas palavras; eles se levantariam e lutariam por um mundo melhor.

Palavras...

Tomei a minha decisão de parar de procrastinar, de acabar finalmente o que havia começado tantas vezes ao longo de todos aqueles anos, de passar tudo a limpo, de confessar — de escrever as palavras deste livro.

EPÍLOGO

Chegamos ao fim deste livro e também ao começo. Você provavelmente está se perguntando o que fazer agora, o que pode fazer para deter a corporatocracia e dar um fim a essa insana e autodestrutiva marcha para o império mundial. Você está pronto para deixar o livro de lado e precipitar-se sobre o mundo.

Você quer idéias, e eu posso lhe dar algumas.

Poderia observar que o capítulo que você acabou de ler, sobre a Bechtel e a Halliburton no Iraque, trata de notícias velhas. No momento em que você ler este texto, ele pode parecer redundante. No entanto, a importância daqueles artigos de jornal vai muito além da desatualização do seu conteúdo. Aquele capítulo, espero, vai mudar a maneira como você vê as notícias, ajudar você a ler nas entrelinhas de todo artigo de jornal que aparecer à sua frente e questionar as profundas implicações de cada noticiário de rádio e televisão que sintonizar.

As coisas não são o que parecem. A NBC é propriedade da General Electric, a ABC é da Disney, a CBS é da Viacom e a CNN faz parte do gigantesco conglomerado AOL Time Warner. A maioria dos nossos jornais, revistas e editoras é de propriedade — e manipulada — pelas gigantescas corporações internacionais. A nossa mídia faz parte da corporatocracia. Os funcionários e diretores que controlam praticamente todos os nossos meios de comunicação conhecem o lugar deles; eles aprendem ao longo de toda a vida que uma das coisas mais importantes do trabalho que fazem é perpetuar, fortalecer e expandir o sistema que herdaram. Eles são muito eficientes nisso, e quando encontram resistência, podem se tornar cruéis, impiedosos. Portanto a responsabilidade é sua de ver a verdade por trás do verniz e expô-la. Converse com a sua família e amigos; espalhe a notícia.

Eu poderia lhe dar uma lista de coisas simples a fazer. Por exemplo, reduza o seu consumo de petróleo. Em 1990, antes da primeira invasão americana do Iraque, o país importava 8 milhões de barris de petróleo; em 2003 e na segunda invasão, esse consumo aumentou mais de 50 por cento, para mais de 12 milhões de barris.[1] Da próxima vez que você sentir vontade de ir às compras, leia um livro em vez disso, faça exercícios ou meditação. Reduza as dimensões da sua casa, do seu armário, do seu carro, do seu escritório e da maioria das coisas que faz na vida. Proteste contra os acordos de "livre" mercado e contra as empresas que exploram as pessoas desesperadas em fábricas onde se trabalha por mais de catorze horas diárias e também contra aquelas que saqueiam o ambiente.

Eu poderia lhe dizer que existe uma grande esperança dentro do sistema atual, que não há nada inerentemente errado com os bancos, corporações e governos — ou com as pessoas que os administram — e que elas certamente não têm de compor uma corporatocracia. Eu poderia entrar em detalhes sobre como os problemas com que deparamos hoje em dia não são o resultado de instituições maliciosas; em vez disso, elas derivam de conceitos falaciosos sobre o desenvolvimento econômico. O erro não está nas instituições em si, mas na nossa percepção sobre a maneira como elas funcionam e interagem entre si, e sobre o papel que os seus gerentes desempenham no processo.

Na verdade, aquelas redes mundiais altamente eficazes de comunicação e distribuição poderiam ser usadas para produzir mudanças positivas e solidárias. Imagine se o "sopro" da Nike, os arcos do MacDonald's e o logotipo da Coca-cola se tornassem símbolos de empresas cuja meta principal fosse distribuir roupas e alimentos para os pobres do mundo de maneiras benéficas para o meio ambiente. Isso não é mais irrealista do que mandar o homem à lua, desmontar a União Soviética ou criar uma infra-estrutura que permita àquela empresa chegar a todos os cantos do planeta. Precisamos de uma revolução no nosso método educacional, para ensinar a nós e aos nossos filhos a pensar, questionar e ter a coragem de agir. Você pode dar o exemplo. Seja um professor e um aluno; inspire todo mundo que vive ao seu redor por meio do seu exemplo.

Eu poderia encorajar você a tomar atitudes específicas que teriam conseqüências sobre os valores da sua vida. Manifeste-se toda vez que aparecer um fórum em que você possa participar, escreva cartas e e-mails, telefone para expor as suas dúvidas e preocupações, vote a favor de diretorias de escolas mais esclarecidas, comissões de bairro e organizações locais. Quando você tiver de comprar alguma coisa, faça-o de maneira consciente; sinta-se comprometido com o que faz.

Eu poderia lembrar você do que os shuars me disseram em 1990, que o mundo é aquilo que a gente sonha, e que podemos transformar aquele velho pesadelo de indústrias poluidoras, estradas engarrafadas e cidades superpopulosas por meio de um novo sonho baseado em princípios que respeitem o planeta e sejam socialmente responsáveis de sustentabilidade e igualdade. Depende de nós transformar a nós mesmos, de mudar o paradigma.

Eu poderia enumerar as incríveis oportunidades que temos à nossa disposição para criar um mundo melhor, agora mesmo: alimento e água suficientes para todos; medicamentos para curar doenças e prevenir epidemias que devastam sem necessidade milhões de pessoas hoje em dia; sistemas de transporte que possam distribuir os artigos essenciais até aos mais remotos cantos do planeta; a capacidade de melhorar os níveis de instrução e oferecer os benefícios da Internet para tornar possível a qualquer pessoa do planeta se comunicar com qualquer outra; instrumentos para solução de conflitos que possam tornar as guerras obsoletas; tecnologias que explorem tanto a vastidão do espaço quanto a mais minúscula, subatômica energia, que pode então ser aplicada para desenvolver lares mais ecológicos e eficazes para todos; suficientes recursos para atender a tudo isso; e muito mais.

Eu poderia sugerir medidas para você tomar imediatamente, para ajudar os outros a entender as crises e as oportunidades.

— Proponha grupos de estudos sobre *Confissões de um Assassino Econômico* na livraria ou biblioteca próxima da sua casa, ou em ambas.
— Crie uma apresentação para uma escola elementar do seu bairro sobre o seu assunto predileto (esportes, culinária, formigas — quase tudo) e use o pretexto para ajudar os alunos a acordar para a verdadeira natureza da sociedade em que eles nasceram.
— Envie e-mails para todos os endereços do seu arquivo, expressando sentimentos provocados por este e outros livros que você leu.

Mas eu desconfio que você já pensou na maioria dessas coisas. Você só precisa escolher uns dois temas que mais lhe agradem e colocar em prática, compreendendo que todos eles fazem parte de um compromisso muito maior que você e eu devemos ter. Nós precisamos nos comprometer de maneira total e inequívoca a acordar a nós mesmos e a todos à nossa volta. Devemos ouvir a sabedoria das profecias, abrir o coração e a mente para as possibilidades, tornarmo-nos conscientes e então partir para a ação.

No entanto, este livro não é uma receita; ele é uma confissão, pura e simples. É a confissão de um homem que se permitiu tornar-se um peão, um joguete, um assassino econômico; um homem que concordou com um sistema corrupto porque ele oferecia muitas coisas atraentes e porque a aceitação era fácil de justificar; um homem que sabia das coisas mas que encontrava maneiras de encontrar desculpas em nome da sua própria ambição, para explorar gente desesperada e pilhar o planeta; um homem que tirou o máximo de vantagem do fato de ter nascido em uma das mais abastadas sociedades que a história jamais conheceu e que também podia se apiedar de si mesmo porque os seus pais não estavam no topo da pirâmide; um homem que ouviu os seus professores, leu os livros técnicos sobre desenvolvimento econômico e depois seguiu o exemplo de outros homens e mulheres que legitimaram cada ato que promove o império mundial, mesmo se essa ação resultar em assassinato, genocídio e destruição do ambiente; um homem que treinou outros para seguirem as suas pegadas. Esta é a minha confissão.

O fato de você ter lido até aqui indica que pode estar relacionado em algum nível pessoal com a minha confissão, que você e eu temos muita coisa em comum. Podemos ter trilhado caminhos diferentes, mas dirigimos veículos semelhantes, usamos os mesmos combustíveis e paramos para comer em restaurantes de propriedade das mesmas corporações.

Para mim, confessar foi uma parte do meu despertar pessoal. A exemplo de todas as confissões, esse é o primeiro passo para a redenção.

Agora é a sua vez. Você precisa fazer a sua própria confissão. Depois de passar tudo a limpo sobre quem você é, por que está neste momento da história, por que tem feito as coisas que faz — aquelas de que se orgulha, e as outras — e onde pretende chegar agora, vai experimentar uma imediata sensação de alívio. Pode não ser nada além de uma euforia.

Acredite em mim quando digo que escrever este livro foi algo profundamente emotivo, e geralmente uma experiência dolorosa e humilhante. Foi assustador de uma maneira como nada do que fiz antes foi assustador. Mas ele me abriu para uma sensação de alívio que eu não conhecia até então, uma sensação que posso apenas explicar como sendo um êxtase.

Faça a si mesmo essas perguntas. O que eu preciso confessar? Como eu me enganei e aos outros? Onde eu procrastinei? Por que me permiti ser sugado para dentro de um sistema que eu sabia ser desequilibrado? O que vou fazer para assegurar que as nossas crianças e as crianças de toda parte sejam capazes de realizar o sonho dos fundadores dos Estados Unidos, o sonho de vida, liberdade e a busca da felicidade? Que caminho eu vou tomar para acabar com a fome desnecessária, e assegurar que nunca mais aconteça um dia como o 11 de Setembro? Como posso ajudar as nossas crianças a entender que as pessoas que levam uma vida voraz, desequilibrada, merecem piedade e que nunca devem ser imitadas, mesmo se aquelas pessoas se apresentarem, pela mídia que elas controlam, como ícones culturais e tentarem nos convencer de que coberturas de luxo e iates trazem felicidade? Que mudanças devo procurar fazer nas minhas atitudes e percepções? De que fóruns devo participar para ensinar os outros e aprender mais sobre mim mesmo?

Essas são as perguntas essenciais do nosso tempo. Cada um de nós precisa respondê-las da nossa própria maneira e expressar as nossas respostas com clareza, inequivocamente. Paine e Jefferson e todos os outros patriotas americanos estão nos observando por sobre os nossos ombros. As palavras deles continuam a nos inspirar hoje em dia. Os espíritos daqueles homens e mulheres que deixaram as suas terras e os seus barcos de pesca e saíram para enfrentar o poderoso Império Britânico, e aqueles que lutaram para emancipar os escravos durante a Guerra Civil, e aqueles que sacrificaram a vida para proteger o mundo do fascismo, falam por nós. Assim como os espíritos dos que ficaram em casa e fizeram alimentos e roupas e deram o seu apoio moral, e todos os homens e mulheres que defenderam o que foi ganho naqueles campos de batalha: professores, poetas, artistas, empreendedores, profissionais da saúde, artesãos... você e eu.

O momento é nosso. Agora é hora de cada um e todos nós ir para a linha de combate, para fazer as perguntas importantes, inquirir a nossa alma em busca das respostas de cada um e partir para a ação.

As coincidências da sua vida, e as escolhas que você fez para reagir a elas, fizeram você chegar até este ponto...

HISTÓRICO PESSOAL DE JOHN PERKINS

1963 Concluiu a escola preparatória, entra no Middlebury College.

1964 Faz amizade com Farhad, filho de um general iraniano. Sai de Middlebury.

1965 Trabalha para jornais da Hearst em Boston.

1966 Ingressa na Boston University College of Business Administration.

1967 Casa-se com uma antiga colega de classe de Middlebury, cujo "Tio Frank" é um executivo do alto escalão da Agência de Segurança Nacional (ASN).

1968 Tem seu perfil qualificado pela ASN como ideal para um assassino econômico. Com a bênção do Tio Frank, entra para o Corpo de Paz e é indicado para a Amazônia equatoriana, onde antigas tribos indígenas lutam contra companhias petrolíferas.

1969 Vive na floresta tropical e nos Andes. Vivencia diretamente as práticas enganosas e destrutivas utilizadas pelas companhias petrolíferas e pelas agências governamentais, e as suas conseqüências negativas sobre as culturas locais e sobre o meio ambiente.

1970 No Equador, conhece o vice-presidente da empresa de consultoria internacional MAIN, o qual também é um funcionário de ligação da ASN.

1971 Entra para a MAIN, submete-se a um treinamento clandestino em Boston para ser um assassino econômico (AE), sendo depois enviado a Java, na Indonésia, como integrante de uma equipe de onze homens. Luta com a consciência sob pressão para falsificar estudos econômicos.

1972 Em razão da sua disposição de "cooperar", é promovido a economista-chefe e considerado como um "garoto prodígio". Conhece líderes importantes, incluindo o presidente do Banco Mundial, Robert McNamara. Enviado com uma indicação especial ao Panamá. Faz amizade com o presidente e líder carismático panamenho, Omar Torrijos; toma conhecimento da história do imperialismo americano e da determinação de Torrijos de transferir a posse do Canal dos Estados Unidos para o Panamá.

1973 A carreira dispara. Trabalha pela construção do império com a MAIN; continua a atuar no Panamá; viaja intensamente e conduz estudos na Ásia, na América Latina e no Oriente Médio.

1974 Usado como AE para iniciar um feito gigantesco na Arábia Saudita. A família real concorda em investir bilhões de dólares da receita com o petróleo em títulos americanos e permite que o Departamento do Tesouro americano use os juros desses investimentos para contratar empresas americanas para construir sistemas de energia e de abastecimento de água, estradas, portos e cidades no reino. Em troca, os Estados Unidos garantem que a família real continuará a governar. Isso servirá como um modelo para os futuros acordos dos AEs, incluindo aquele que acabou fracassando no Iraque.

1975 Promovido outra vez — o sócio mais jovem nos cem anos de história da MAIN — e nomeado gerente de Planejamento Econômico e Regional. Publica uma série de artigos influentes; palestras em Harvard e outras instituições.

1976 Encabeça importantes projetos em todo o mundo, na África, na Ásia, na América Latina, na América do Norte e no Oriente Médio. Fica sabendo a respeito da abordagem revolucionária do xá do Irã para construir um império.

1977 Em virtude de relacionamentos pessoais na Colômbia, é exposta a um levante de colonos que são rotulados como terroristas comunistas e traficantes de drogas, mas que na verdade não passam de agricultores tentando proteger sua família e o seu lar.

1978 Tirado às pressas do Irã por Farhad. Juntos, eles vão a Roma, onde mora o pai de Farhad, um general iraniano, que prevê a queda iminente do xá e culpa a política americana, os líderes corruptos e os governos despóticos pela onda de ódio que varre o Oriente Médio. Ele adverte que se os Estados Unidos não se tornarem mais compreensivos, a situação irá se deteriorar.

1979 Luta com a consciência enquanto o xá foge do país e os iranianos invadem a Embaixada americana, fazendo 52 reféns. Compreende que os Estados Unidos são um país trabalhando para negar a verdade sobre o seu papel imperialista no mundo. Depois de anos de tensão e freqüentes separações, divorcia-se da primeira esposa.

1980 Sofre com uma profunda depressão, a culpa e a compreensão de que deixara-se prender pelas armadilhas do dinheiro e do poder na MAIN. Pede demissão.

1981 Fica profundamente perturbado quando o presidente do Equador, Jaime Roldós (que fazia uma campanha com uma plataforma política contra as Companhias Petrolíferas), e o do Panamá, Omar Torrijos (que provocara a ira dos poderosos interesses de Washington, em razão das suas posições quanto ao Canal do Panamá e as bases americanas), morrem em desastres de avião que carregam todos os sinais de assassínios pela CIA. Casa-se pela segunda vez, com uma mulher cujo pai é o arquiteto-chefe da Bechtel Corporation e é responsável pelo projeto e construção de cidades na Arábia Saudita — trabalho financiado desde 1974 por acordo dos AEs.

1982 Cria a Independent Power Systems Inc. (IPS), uma empresa comprometida em produzir eletricidade por meios não agressivos ao ambiente. É pai de Jessica.

1983-1989 Obtém um sucesso espetacular como CEO da IPS, com muita ajuda de "coincidências" — pessoas em altas posições, descontos em impostos etc. Como pai, sofre com a crise mundial e com o seu papel quando AE. Começa a escrever um livro em que conta tudo, mas recebe uma oferta altamente lucrativa como consultor, com a condição de que não escreva o livro.

1990-1991 Em seguida à invasão americana do Panamá e à prisão de Noriega, vende a IPS e se aposenta aos 45 anos. Pensa em escrever o livro da sua vida como AE, mas em vez disso é persuadido a concentrar suas energias na criação de uma organização sem fins lucrativos, um empreendimento que, comentam na ocasião, seria influenciado negativamente por um livro daquele tipo.

1992-2000 Assiste aos fracassos dos AEs no Iraque, os quais resultam na primeira Guerra do Golfo. Três vezes começa a escrever o livro sobre o trabalho como AE, mas então cede a ameaças e subornos. Tenta aliviar a consciência escrevendo livros sobre povos indígenas, apoiando organizações sem fins lucrativos, palestrando em fóruns sobre a Nova Era, viajando para o Amazonas e o Himalaia, encontrando-se com o Dalai Lama etc.

2001-2002 Lidera um grupo de americanos no interior da Amazônia e está lá com uma tribo indígena no 11 de setembro de 2001. Passa um dia no Marco Zero e se compromete a escrever o livro que pode curar a sua dor e expor a verdade por trás do AEs.

2003-2004 Retorna à Amazônia equatoriana para encontrar-se com tribos indígenas que ameaçam iniciar uma guerra contra as companhias petrolíferas; escreve *Confissões de um Assassino Econômico.*

NOTAS

Prefácio

1. The United Nations World Food Programme, http://www.wfp.org/ index.asp?section=1 (consultado em 27 de dezembro de 2003). Além disso, a National Association for the Prevention of Starvation calcula que "A cada dia, 34 mil crianças abaixo de 5 anos de idade morrem de fome ou doenças preveníveis resultantes da fome" (http://www.napsoc.org, consultado em 27 de dezembro de 2003). A Starvation.net calcula que "se acrescentássemos as duas formas principais (depois da fome) pelas quais os mais pobres entre os pobres morrem, doenças causadas pela água e AIDS, chegaríamos a um total diário aproximado de 50 mil mortes" (http://www.starvation.net, consultado em 27 de dezembro de 2003).
2. Resultados do Departamento de Agricultura americano, publicados pelo Food Research and Action Center (FRAC), http://www.frac.org (consultado em 27 de dezembro de 2003).
3. Nações Unidas. *Human Development Report.* (Nova York: Nações Unidas, 1999).
4. "Em 1998, o United Nations Development Program calculou que custaria 9 bilhões de dólares a mais (acima dos gastos atuais) para oferecer água tratada e esgotos para todas as pessoas do mundo. Custaria 12 bilhões de dólares a mais, disseram, para custear programas de atendimento de saúde da maternidade para todas as mulheres de todo o mundo. Mais 13 bilhões de dólares seriam suficientes não só para dar alimento suficiente a todas as pessoas, mas também tratamento de saúde básico. Com um acréscimo de 6 bilhões de dólares seria possível oferecer educação fundamental para todos... A soma de tudo isso daria 40 bilhões de dólares" — John Robbins, autor de *Diet for a New America* e *The Food Revolution,* http://www.foodrevolution.org (consultado em 27 de dezembro de 2003).

Prólogo

1. Gina Chavez *et al.*, *Tarimiat — Firmes en Nuestro Territorio: FIPSE vs. ARCO,* orgs. Mario Melo e Juana Sotomayor (Quito, Equador: CDES e CONAIE, 2002).
2. Sandy Tolan, "Ecuador: Lost Promises", National Public Radio, *Morning Edition,* 9 de julho de 2003, http://wwvv.npr.org/programs/morning/features/2003/jul/latinoil (consultado em 9 de julho de 2003).
3. Juan Forero, "Seeking Balance: Growth vs. Culture in the Amazon", *New York Times,* 10 de dezembro de 2003.
4. Abby Ellin, "Suit Says ChevronTexaco Dumped Poisons in Ecuador", *New York Times,* 8 de maio de 2003.

5. Chris Jochnick, "Perilous Prosperity", *New Internationalist,* junho de 2001, http://www.newint.org/issue335/perilous.htm. Para mais informações, veja também Pamela Martin, *The Globalization of Contentious Politics: The Amazonian Indigenous Rights Movement* (Nova York: Rutledge, 2002); Kimerling, *Amazon Crude* (Nova York: Natural Resource Defense Council, 1991); Leslie Wirpsa, trad., *Upheaval in the Back Yard: Illegitimate Debts and Human Rights — The Case of Ecuador-Norway* (Quito, Equador: Centro de Derechos Económicos y Sociales, 2002); e Gregory Palast, "Inside Corporate America", *Guardian,* 8 de outubro de 2000.
6. Para informações sobre as conseqüências do petróleo sobre as economias nacional e mundial, veja Michael T. Mare, *Resource Wars: The New Landscape of Global Conflict* (Nova York: Henry Holt & Co., 2001); Daniel Yergin, *The Prize: The Epic Quest for Oil, Money & Power* (Nova York: Free Press, 1993); e Daniel Yergin e Joseph Stanislaw, *The Commanding Heights: The Battle for the World Economy* (Nova York: Simon & Schuster, 2001).
7. James S. Henry, "Where the Money Went", *Across the Board,* março/abril de 2004, pp. 42-45. Para mais informações, veja o livro de Henry, *The Blood Bankers: Tales from the Global Underground Economy* (Nova York: Four Walls Eight Windows, 2003).
8. Gina Chavez *et al., Tarimiat — Firmes en Nuestro Territorio: FIPSE vs. ARCO,* org. Mario Melo e Juana Sotomayor (Quito, Equador: CDES e CONAIE, 2002); *Petróleo, Ambiente y Derechos en la Amazonía Centro Sur,* Editión Víctor López A, Centro de Derechos Económicos y Sociales, OPIP, IACYT-A (sob os auspícios de Oxfam America) (Quito, Equador: Sergrafic, 2002).
9. Sandy Tolan, "Ecuador: Lost Promises", National Public Radio, *Morning Edition,* July 9, 2003, http://www.npr.org/programs/morning/features/2003/jul/latinoil (consultado em 9 de julho de 2003).
10. Para saber mais sobre os chacais e outros tipos de matadores, veja P. W. Singer, *Corporate Warriors: The Rise of the Privatized Military Industry* (Ithaca, NY, e Londres: Cornell University Press, 2003); James R. Davis, *Fortune's Warriors: Private Armies and the New World Order* (Vancouver e Toronto: Douglas & McIntyre, 2000); Felix I. Rodriguez e John Weisman, *Shadow Warrior: The CIA Hero of 100 Unknown Battles* (Nova York: Simon and Schuster, 1989).

Capítulo 2. "Para o Resto da Vida"

1. Para um relato detalhado dessa operação fatal, veja Stephen Kinzer, *All the Shah's Men: An American Coup and the Roots of Middle East Terror* (Hoboken, NJ: John Wiley & Sons, Inc., 2003).
2. Jane Mayer, "Contract Sport: What Did the Vice-President Do for Halliburton?", *New Yorker,* 16-23 de fevereiro de 2004, p. 83.

Capítulo 3. Indonésia: Lições para um AE

1. Para saber mais sobre a Indonésia e a sua história, veja Jean Gelman Taylor, *Indonesia: Peoples and Histories* (New Haven e Londres: Yale University Press, 2003); e Theodore Friend, *Indonesian. Destinies* (Cambridge, MA, e Londres: The Belknap Press of Harvard University, 2003).

Capítulo 6. No Papel de Inquisidor

1. Theodore Friend, *Indonesian Destinies* (Cambridge, MA, e Londres: The Belknap Press of Harvard University; 2003), p 5.

Capítulo 10. Presidente e Herói do Panamá

1. Veja David McCullough, *The Path Between the Seas: The Creation of the Panama Canal 1870-1914* (Nova York: Simon and Schuster, 1999); William Friar, *Portrait of the Panama Canal: From Construction to the Twenty-First Century* (Nova York: Graphic Arts Publishing Company, 1999); Graham Greene, *Conversations with the General* (Nova York: Pocket Books, 1984).
2. Veja "Zapata Petroleum Corp.", *Fortune*, abril de 1958, p. 248; Darwin Payne, *Initiative in Energy: Dresser Industries, Inc.1880-1978* (Nova York: Simon and Schuster, 1979); Steve Pizzo *et al.*, *Inside Job: The Looting of America's Savings and Loans* (Nova York: McGraw Hill, 1989); Gary Webb, *Dark Alliance: The CIA, The Contras, and the Crack Cocaine Explosion* (Nova York: Seven Stories Press, 1999); Gerard Colby e Charlotte Dennet, *Thy Will Be Done, The Conquest of the Amazon: Nelson Rockefeller and Evangelism in the Age of Oil* (Nova York: HarperCollins,1995).
3. Manuel Noriega com Peter Eisner, *The Memoirs of Manuel Noriega, America's Prisoner* (Nova York: Random House, 1997); Omar Torrijos Herrera, *Ideario* (Editorial Universitaria Centroamericano, 1983); Graham Greene, *Conversations with the General* (Nova York: Pocket Books, 1984).
4. Graham Greene, *Conversations with the General* (Nova York: Pocket Books, 1984); Manuel Noriega com Peter Eisner, *The Memoirs of Manuel Noriega, America's Prisoner* (Nova York: Random House, 1997).
5. Derrick Jensen, *A Language Older than Words* (Nova York: Context Books, 2000), pp. 86-88.
6. Graham Greene, *Conversations with the General* (Nova York: Pocket Books, 1984); Manuel Noriega com Peter Eisner, *The Memoirs of Manuel Noriega, America's Prisoner* (Nova York: Random House, 1997).

Capítulo 13. Conversas com o General

1. William Shawcross: *The Shah's Last Ride: The Fate of an Ally* (Nova York: Simon and Schuster, 1988); Stephen Kinzer, *All the Shah's Men: An American Coup and the Roots of Middle East Terror* (Hoboken, NJ: John Wiley & Sons, Inc., 2003), p. 45.
2. Há muitas obras escritas sobre Arbenz, a United Fruit e a violenta história da Guatemala; veja, por exemplo (o meu professor de ciência política na Boston University), Howard Zinn, *A People's History of the United States* (Nova York: Harper & Row, 1980); Diane K. Stanley, *For the Record: The United Fruit Company's Sixty-Six Years in Guatemala* (Cidade da Guatemala: Centro Impresor Piedra Santa, 1994). Para consultas rápidas: "The Banana Republic: The United Fruit Company", http://www.mayaparadise.com/ufcle.html; "CIA Involved in Guatemala Coup, 1954"; http://www.english.upenn.edu/~afilreis/50s/guatemala.html. Para saber mais sobre a família Bush: "Zapata Petroleum Corp.", *Fortune*, abril de 1958, p. 248.

Capítulo 14. Entrando num Novo e Sinistro Período da História da Economia

1. "Robert S. McNamara: 8th Secretary of Defense", http://www.defenselink.mil (consultado em 23 de dezembro de 2003).

Capítulo 15. O Caso da Lavagem de Dinheiro da Arábia Saudita

1. Para mais informações sobre os acontecimentos a partir do embargo de 1973 e as suas conseqüências, veja: Thomas W. Lippman, *Inside the Mirage: America's Fragile Partners-*

hip with Saudi Arabia (Boulder CO: Westview Press, 2004), pp. 155-59; Daniel Yergin, *The Prize: The Epic Quest for Oil, Money & Power* (Nova York: Free Press, 1993); Stephen Schneider, *The Oil Price Revolution* (Baltimore: Johns Hopkins University Press, 1983); Ian Seymour, *OPEC: Instrument of Change* (Londres: McMillan, 1980).

2. Thomas W. Lippman, *Inside the Mirage: America's Fragile Partnership with Saudi Arabia* (Boulder CO: Westview Press, 2004), p. 160.
3. David Holden e Richard Johns, *The House of Saud, The Rise and Rule of the Most Powerful Dynasty in the Arab World* (Nova York: Holt Rinehart and Winston, 1981), p 359.
4. Thomas W. Lippman, *Inside the Mirage: America's Fragile Partnership with Saudi Arabia* (Boulder CO: Westview Press, 2004), p. 167.

Capítulo 16. Corrompendo e Financiando Osama bin Laden

1. Robert Baer, *Sleeping with the Devil: How Washington Sold Our Soul for Saudi Oil* (Nova York: Crown Publishers, 2003), p. 26.
2. Thomas W. Lippman, *Inside the Mirage: America's Fragile Partnership with Saudi Arabia* (Boulder CO: Westview Press, 2004), p. 162.
3. Thomas W. Lippman, *Inside the Mirage: America's Fragile Partnership with Saudi Arabia* (Boulder CO: Westview Press, 2004), p. 2.
4. Henry Wasswa, "Idi Amin, Murderous Ugandan Dictator, Dies", Associated Press, 17 de agosto de 2003.
5. "The Saudi Connection", *U.S. News & World Report,* 15 de dezembro de 2003, p. 21.
6. "The Saudi Connection", *U.S. News & World Report*, 15 de dezembro de 2003, pp. 19, 20, 26.
7. Craig Unger, "Saving the Saudis", *Vanity Fair*, outubro de 2003. Para saber mais sobre o envolvimento da família Bush, da Bechtel etc., veja: "Zapata Petroleum Corp."; *Fortune*, abril de 1958, p. 248; Darwin Payne, *Initiative in Energy: Dresser Industries, Inc.1880-1978* (Nova York: Simon and Schuster, 1979); Nathan Vardi, "Desert Storm: Bechtel Group Is Leading the Charge" e "Contacts for Contracts", ambos da *Forbes,* 23 de junho de 2003, pp. 63-66; Graydon Carter, "Editor's Letter: Fly the Friendly Skies..." *Vanity Fair,* outubro de 2003; Richard A. Oppel com Diana B. Henriques, "A Nation at War: The Contractor. Company has ties in Washington, and to Iraq"; *New York Times,* 18 de abril de 2003.

Capítulo 17. As Negociações sobre o Canal do Panamá e Graham Greene

1. Veja por exemplo: John M. Perkins, "Colonialism in Panama Has No Place in 1975", *Boston Evening Globe,* página de editoriais, 19 de setembro de 1975; John M. Perkins, "U.S.-Brazil Pact Upsets Ecuador", *The Boston Globe,* página de editoriais, 10 de maio de 1976.
2. Sobre exemplos de artigos de John Perkins publicados em revistas técnicas, veja: John M. Perkins *et al.*, "A Markov Process Applied to Forecasting, Part I - Economic Development" e "A Markov Process Applied to Forecasting, Part II - The Demand for Electricity", The Institute of Electrical and Electronics Engineers, Conference Papers C 73 475-1(julho de 1973) e C 74 146-7 (janeiro de 1974), respectivamente; John M. Perkins e Nadipuram R. Prasad, "A Model for Describing Direct and Indirect Interrelationships Between the Economy and the Environment", *Consulting Engineer,* abril de 1973; Edwin Vennard, John M. Perkins e Robert C. Ender, "Electric Demand from Interconnected Systems", *TAPPI Journal* (Technical Association of the Pulp and Paper Industry), 28º edição da publicação, 1974; John M. Perkins *et al.*, "Iranian Steel: Implications for the Economy and

the Demand for Electricity" e "Markov Method Applied to Planning", apresentado na Fourth Iranian Conference on Engineering, Pahlavi University, Shiraz, Irã, 12-16 de maio de 1974; e *Economic Theories and Applications: A Collection of Technical Papers* com um Prefácio de John M. Perkins (Boston: Chas. T. Main, Inc., 1975).
3. John M. Perkins, "Colonialism in Panama Has No Place in 1975", *Boston Evening Globe,* página de editoriais, 19 de setembro de 1975.
4. Graham Greene, *Getting to Know the General* (Nova York: Pocket Books, 1984), pp. 89-90.
5. Graham Greene, *Getting to Know the General* (Nova York: Pocket Books, 1984).

Capítulo 18. O Rei dos Reis do Irã
1. William Shawcross, *The Shah's Last Ride: The Fate of an Ally* (Nova York: Simon and Schuster, 1988). Para saber mais sobre a ascensão do xá ao poder, veja H. D. S. Greenway, "The Iran Conspiracy", *Nova York Review of Books,* 23 de setembro de 2003; Stephen Kinzer, *All the Shah's Men: An American Coup and the Roots of Middle East Terror* (Hoboken, NJ: John Wiley & Sons, Inc., 2003).
2. Para saber mais sobre Yamin, sobre o projeto Deserto Florescente e sobre o Irã, veja John Perkins, *Shapeshifting* (Rochester, VT: Destiny Books, 1997).

Capítulo 20. A Queda de um Rei
1. Para saber mais sobre a ascensão do xá ao poder, veja H. D. S. Greenway, "The Iran Conspiracy", *Nova York Review of Books,* 23 de setembro de 2003; Stephen Kinzer, *All the Shah's Men: An American Coup and the Roots of Middle East Terror* (Hoboken, NJ: John Wiley & Sons, Inc., 2003).
2. Veja os artigos de capa da revista *Time* sobre o aiatolá Ruhollah Khomeini, 12 de fevereiro de 1979, 7 de janeiro de 1980 e 17 de agosto de 1987.

Capítulo 21. Colômbia: Pedra Angular da América Latina
1. Gerard Colby e Charlotte Dennet, *Thy Will Be Done, The Conquest of the Amazon: Nelson Rockefeller and Evangelism in the Age of Oil* (Nova York: HarperCollins,1995), p. 381.

Capítulo 24. O Presidente do Equador contra as Grandes Companhias Petrolíferas
1. Sobre amplos detalhes sobre o SIL, a sua história, atividade e associação com as companhias petrolíferas e os Rockefellers, veja Gerard Colby e Charlotte Dennet, *Thy Will Be Done, The Conquest of the Amazon: Nelson Rockefeller and Evangelism in the Age of Oil* (Nova York: HarperCollins, 1995); Joe Kane, *Savages* (Nova York: Alfred A. Knopf, 1995) (para informações sobre Rachel Saint, pp. 85, 156, 227).
2. John D. Martz, *Politics and Petroleum in Ecuador* (New Brunswick e Oxford: Transaction Books, 1987), p. 272.
3. José Carvajal Candall, "Objetivos y Políticas de CEPE" (Quito, Equador: Primer Seminario,1979), p. 88.

Capítulo 26. Morte de Presidente no Equador
1. John D. Martz, *Politics and Petroleum in Ecuador* (New Brunswick e Oxford: Transaction Books, 1987), p. 272.
2. Gerard Colby e Charlotte Dennet: *Thy Will* Be *Done, The Conquest of the Amazon: Nelson Rockefeller and Evangelism in the Age of Oil* (Nova York, HarperCollins, 1995), p. 813.

3. John D. Martz, *Politics and Petroleum in Ecuador* (New Brunswick e Oxford: Transaction Books, 1987), p. 303.
4. John D. Martz, *Politics and Petroleum in Ecuador* (New Brunswick e Oxford: Transaction Books, 1987), pp. 381, 400.

Capítulo 27. Panamá: Outra Morte Presidencial

1. Graham Greene, *Getting to Know the General* (Nova York: Pocket Books, 1984), p. 11.
2. George Shultz foi secretário do Tesouro e *chairman* do Conselho de Política Econômica sob Nixon-Ford, 1972-1974, presidente do Bechtel Group, 1974-1982, secretário de Estado sob Reagan-Bush, 1982-1989; Caspar Weinberger foi diretor do Departamento de Administração e Orçamento e secretário da Saúde, Educação e Bem-estar sob Nixon-Ford, 1973-75, vice-presidente e conselheiro-geral do Bechtel Group, 1975-80, secretário de Defesa sob Reagan-Bush, 1980-87.
3. Durante o caso Watergate em 1973, no testemunho que prestou perante o Senado americano, John Dean foi o primeiro a revelar as intrigas americanas para assassinar Torrijos; em 1975, nas investigações do Senado sobre a CIA, comandadas pelo senador Frank Church, foram prestados mais testemunhos sobre planos para matar tanto Torrijos quanto Noriega. Veja, por exemplo, Manuel Noriega com Peter Eisner, *The Memoirs of Manuel Noriega, America's Prisoner* (Nova York: Random House, 1997), p. 107.

Capítulo 28. A Minha Empresa de Energia, a Enron e George W. Bush

1. Para mais informações sobre a IPS, a sua subsidiária totalmente própria Archbald Power Corporation e o CEO John Perkins, veja Jack M. Daly e Thomas J. Duffy, "Burning Coal's Waste at Archbald", *Civil Engineering,* julho de 1988; Vince Coveleskie, "Co-Generation Plant Attributes Cited", *The Scranton Times,* 17 de outubro de 1987; Robert Curran, "Archbald Facility Dedicated", *Scranton Tribune,* 17 de outubro de 1987; "Archibald Plant Will Turn Coal Waste into Power", *Citizen's Voice,* Wilkes-Barre, PA, 6 de junho de 1988; "Liabilities to Assets: Culm to Light, Food", editorial, *Citizen's Voice,* Wilkes-Barre, PA, 7 de junho de 1988.
2. Joe Conason, "The George W. Bush Success Story", *Harpers Magazine,* fevereiro de 2000; Craig Unger, "Saving the Saudis", *Vanity Fair,* outubro de 2003, p. 165.
3. Craig Unger, "Saving the Saudis", *Vanity Fair,* outubro de 2003, p. 178.
4. Veja George Lardner Jr. e Lois Romano, "The Turning Point After Coming Up Dry", *Washington Post,* 30 de julho de 1999; Joe Conason, "The George W. Bush Success Story", *Harpers Magazine,* fevereiro de 2000; e Sam Parry, "The Bush Family Oiligarchy — Part Two: The Third Generation", http://www.nevnetizen.com/presidential/ bushoiligarchy.htm (consultado em 19 de abril de 2002).
5. Esta teoria ganhou um novo significado e parecia pronta para atrair a atenção de uma investigação pública quando, anos depois, ficou claro que a empresa de contabilidade altamente respeitada de Arthur Andersen havia conspirado com os executivos da Enron para lograr os consumidores de energia, os funcionários da Enron e o público americano em bilhões de dólares. A iminente guerra contra o Iraque em 2003 desviou as atenções. Durante a guerra, Bahrain desempenhou um papel decisivo na estratégia do presidente George W. Bush.

Capítulo 29. Eu Aceito um Suborno

1. Jim Garrison, *American Empire: Global Leader or Rogue Power?* (San Francisco: Berrett-Koehler Publishers, Inc., 2004), p. 38.

Capítulo 30. Os Estados Unidos Invadem o Panamá

1. Manuel Noriega com Peter Eisner, *The Memoirs of Manuel Noriega, America's Prisoner* (Nova York: Random House, 1997), p. 56.
2. David Harris, *Shooting the Moon: The True Story of an American Manhunt Unlike Any Other, Ever* (Boston: Little, Brown and Company, 2001), pp. 31-34.
3. David Harris, *Shooting the Moon: The True Story of an American Manhunt Unlike Any Other, Ever* (Boston: Little, Brown and Company, 2001), p. 43.
4. Manuel Noriega com Peter Eisner, *The Memoirs of Manuel Noriega, America's Prisoner* (Nova York: Random House, 1997), p. 212; Veja também Craig Unger, "Saving the Saudis", *Vanity Fair,* outubro de 2003, p. 165.
5. Manuel Noriega com Peter Eisner, *The Memoirs of Manuel Noriega, America's Prisoner* (Nova York: Random House, 1997), p. 114.
6. Veja www.famoustexans.com/georgebush.htm, p. 2.
7. Manuel Noriega com Peter Eisner, *The Memoirs of Manuel Noriega, America's Prisoner* (Nova York: Random House, 1997), pp. 56-57.
8. David Harris, *Shooting the Moon: The True Story of an American Manhunt Unlike Any Other, Ever* (Boston: Little, Brown and Company, 2001), p. 6.
9. www.famoustexans.com/georgebush.htm, p. 3.
10. David Harris, *Shooting the Moon: The True Story of An American Manhunt Unlike Any Other, Ever* (Boston: Little, Brown and Company, 2001), p. 4.
11. Manuel Noriega com Peter Eisner, *The Memoirs of Manuel Noriega, America's Prisoner* (Nova York: Random House, 1997), p. 248.
12. Manuel Noriega com Peter Eisner, *The Memoirs of Manuel Noriega, America's Prisoner* (Nova York: Random House, 1997), p. 211.
13. Manuel Noriega com Peter Eisner, *The Memoirs of Manuel Noriega, America's Prisoner* (Nova York: Random House, 1997), p. xxi.

Capítulo 31. O Fracasso dos AEs no Iraque

1. Morris Barrett, "The Web's Wild World", *Time,* 26 de abril de 1999, p. 62.

Capítulo 32. O 11 de Setembro e as Suas Conseqüências para Mim, Pessoalmente

1. Para saber mais sobre os huaoranis, veja Joe Kane, *Savages* (Nova York: Alfred A. Knopf, 1995).

Capítulo 33. Venezuela: Salva por Saddam

1. "Venezuela on the Brink", editorial, *New York Times,* 18 de dezembro de 2002.
2. *The Revolution Will Not Be Televised,* dirigido por Kim Bartley e Donnacha O'Briain (associados ao Irish Film Board, 2003). Veja www.chavezthefilm.com.
3. "Venezuelan President Forced to Resign", Associated Press, 12 de abril de 2002.
4. Simon Romero, "Tenuous Truce in Venezuela for the State and its Oil Company", *New York Times,* 24 de abril de 2002.
5. Bob Edwards, "What Went Wrong with the Oil Dream in Venezuela", National Public Radio, *Morning Edition,* 8 de julho de 2003.
6. Ginger Thompson, "Venezuela Strikers Keep Pressure on Chávez and Oil Exports", *New York Times,* 30 de dezembro de 2002.
7. Para saber mais sobre os chacais e outros tipos de matadores, veja: P. W. Singer, *Corporate Warriors: The Rise of the Privatized Military Industry* (Ithaca, NY, e Londres: Cornell

University Press, 2003); James R. Davis, *Fortune's Warriors: Private Armies and the New World Order* (Vancouver e Toronto: Douglas & McIntyre, 2000); Felix I. Rodriguez e John Weisman, *Shadow Warrior: The CIA Hero of 100 Unknown Battles* (Nova York: Simon and Schuster, 1989).

8. Tim Weiner, "A Coup by Any Other Name", *New York Times,* 14 de abril de 2002.
9. "Venezuela Leader Urges 20 Years for Strike Chiefs", *Associated Press,* 22 de fevereiro de 2003.
10. Paul Richter, "U.S. Had Talks on Chávez Ouster", *Los Angeles Times,* 17 de abril de 2002.

Capítulo 34. Equador Revisitado

1. Chris Jochnick, "Perilous Prosperity", *New Internationalist,* junho de 2001, http://www.newint.org/issue335/perilous.htm.
2. Nações Unidas. *Human Development Report* (Nova York: Nações Unidas, 1999).
3. Para obter mais informações sobre o caso dos reféns, veja Alan Zibel, "Natives Vejak Redress for Pollution", *Oakland Tribune,* 10 de dezembro de 2002; artigos do *Hoy* (jornal diário de Quito, Equador) de 10-28 de dezembro de 2003; "Achuar Free Eight Oil Hostages", *El Commercio* (jornal diário de Quito), 16 de dezembro de 2002 (também transmitido pela Reuters); "Ecuador: Oil Firm Stops Work because Staff Seized, Demands Government Action" e "Sarayacu — Indigenous Groups to Discuss Release of Kidnapped Oil Men", *El Universo* (jornal diário de Guayaquil, Equador), http://www.eluniverso.com, 24 de dezembro 2002; e Juan Forero, "Seeking Balance: Growth vs. Culture in the Amazon", *New York Times,* 10 de dezembro de 2003. Informações atualizadas sobre os povos amazônicos do Equador podem ser encontradas na página da Pachamama Alliance: http://www.pachamama.org.

Capítulo 35. Rompendo o Verniz

1. Estatísticas da dívida nacional do Bureau of the Public Debt, publicadas em www.publicdebt.treas.gov/opd/opdpenny.htm; estatísticas da renda nacional do Banco Mundial em www.worldbank.org/data/databytopic/GNIPC.pdf.
2. Elizabeth Becker e Richard A. Oppel, "A Nation at War: Reconstruction. U.S. Gives Bechtel a Major Contract in Rebuilding Iraq", *New York Times,* 18 de abril de 2003, http://www.nytimes.com/2003/04/18/international/ worldspecial/18REBU.html.
3. Richard A. Oppel com Diana B. Henriques, "A Nation at War: The Contractor. Company Has Ties in Washington, and to Iraq", *New York Times,* 18 de abril de 2003, http://www.nytimes.com/2003/04/18/international/ worldspecial/18CONT.html.
4. http://money.cnn.com/2003/04/17/news/companies/war-bechtel/index.htm.

Epílogo

1. Energy Information Administration, publicado no *USA Today*, 1º de março de 2004, p. 1.

SOBRE O AUTOR

John Perkins viveu quatro vidas: como um assassino econômico (AE); como CEO de uma bem-sucedida empresa de energia alternativa, que foi recompensado por não revelar o seu passado como AE; como um especialista em culturas indígenas e xamanismo, como professor e escritor que usou os seus conhecimentos para promover a ecologia e a sustentabilidade enquanto continuava a honrar o voto de silêncio sobre a sua vida como AE; e como um escritor que, ao contar a história verídica da sua vida sobre os seus extraordinários negócios como AE, revelou o mundo das intrigas internacionais e corrupção que está convertendo a república americana num império mundial desprezado por um número cada vez maior de pessoas em todo o planeta.

Como AE, o trabalho de John foi convencer os países do Terceiro Mundo a aceitar enormes empréstimos para o desenvolvimento de infra-estrutura — empréstimos que eram muito maiores do que o necessário — e garantir que os projetos de desenvolvimento fossem contratados junto a corporações americanas como a Halliburton e a Bechtel. Depois que esses países estavam atrelados a dívidas gigantescas, o governo americano e as agências de ajuda externa aliadas a ele podiam então controlar essas economias e assegurar que o petróleo e outros recursos fossem canalizados para servir aos interesses de construção do império mundial.

Na atribuição de AE, John viajou por todo o mundo e foi até mesmo um participante direto ou uma testemunha de alguns dos acontecimentos mais dramáticos da história moderna, incluindo o Caso da Lavagem de Dinheiro da Arábia Saudita, a queda do xá do Irã, a morte do presidente do Panamá, Omar Torrijos, a subseqüente invasão do Panamá e os acontecimentos que levaram à invasão do Iraque em 2003.

Em 1980, Perkins fundou a Independent Power Systems, Inc. (IPS), uma empresa de energia alternativa. Sob a sua liderança como CEO, a IPS tornou-se uma empresa extremamente bem-sucedida num mercado de alto risco em que a maioria dos seus concorrentes faliu. Muitas "coincidências" e favores de pessoas em posição de poder ajudaram a fazer da IPS uma líder do setor. John também trabalhou como consultor altamente remunerado em algumas das corporações cujos bolsos ele anteriormente havia ajudado a encher — assumindo esse papel em parte por causa de uma série de ameaças não tão veladas e pagamentos lucrativos.

Depois de vender a IPS em 1990, John tornou-se um defensor dos direitos indígenas e de movimentos ambientais, trabalhando especialmente em afinidade com tribos amazônicas para ajudá-las a preservar as suas florestas. Ele escreveu cinco livros, publicados em muitos idiomas, sobre culturas indígenas, xamanismo, ecologia e sustentabilidade; deu aulas em universidades e centros de aprendizado de quatro continentes; e fundou e trabalhou na diretoria de diversas organizações sem fins lucrativos de vanguarda.

Uma das organizações sem fins lucrativos que ele fundou e dirigiu, a Dream Change Coalition (depois simplesmente Dream Change, ou DC), tornou-se um modelo na inspiração de pessoas a alcançar as suas próprias metas e, ao mesmo tempo, ser mais conscientes das conseqüências que a vida de cada um tem sobre os outros e sobre o planeta. A DC busca fortalecer as pessoas a desenvolver comunidades mais equilibradas e sustentáveis. O programa da DC intitulado Pollution Offset Lease for Earth (POLE) visa contrabalançar a poluição atmosférica que criamos, ajudar os povos indígenas a preservar as suas florestas e a promover a consciência da importância da terra. A DC desenvolveu um programa de atuação de âmbito mundial e tem inspirado as pessoas de muitos países a criar organizações com missões semelhantes.

Durante a década de 1990 e continuando no novo milênio, John manteve o seu voto de silêncio sobre a sua vida como AE e continuou a receber lucrativos pagamentos de grandes empresas. Ele aliviava a culpa aplicando no trabalho sem fins lucrativos grande parte do dinheiro que ganhava como consultor. O canal de televisão Arts & Entertainment fez um programa especial com ele intitulado "Headhunters of the Amazon", narrado por Leonard Nimoy. A revista *Italian Cosmopolitan* publicou um longo artigo sobre os seminários "Shapeshifting" que ele conduziu na Europa. A revista *Time* escolheu a Dream Change como uma das treze organizações do mundo cujas páginas na Internet refletiam melhor as metas e os ideais do Dia da Terra.

Então aconteceu o 11 de Setembro de 2001. Os acontecimentos terríveis daquele dia convenceram John a arrancar o véu de segredo ao redor da vida que levou com AE, ignorar as ameaças e os subornos e a escrever *Confissões de um Assassino Econômico.* Ele acabou se convencendo da própria responsabilidade de compartilhar com as pessoas o seu conhecimento privilegiado sobre o papel que o governo americano, as organizações de "ajuda" multinacionais e as corporações haviam desempenhado em levar o mundo a um ponto onde um evento daquelas proporções poderia acontecer. Ele queria revelar o fato de que os AEs estão mais presentes em toda parte hoje em dia do que nunca. Ele sentiu que devia isso ao seu país, à filha, a todas as pessoas ao redor do mundo que sofrem por causa do trabalho que ele e os seus colegas fizeram, e a si mesmo. Neste livro, ele descreve o caminho perigoso que o seu país está trilhando no momento em que se afasta dos ideais originais da república americana e em direção a conquistar o império mundial.

Os livros anteriores de John Perkins são *Shapeshifting, The World Is As You Dream It, Psychonavigation, The Stress-Free Habit* e *Spirit of the Shuar.*

Para saber mais sobre John, para descobrir onde ele vai proferir alguma palestra, para encomendar os seus livros ou para entrar em contato com ele, basta consultar o seguinte endereço na Internet:

www.JohnPerkins.org.

Para descobrir mais sobre o trabalho da Dream Change, a organização 501(c)3 sem fins lucrativos que está transformando a consciência mundial, basta visitar a página da Internet:

www.dreamchange.org.